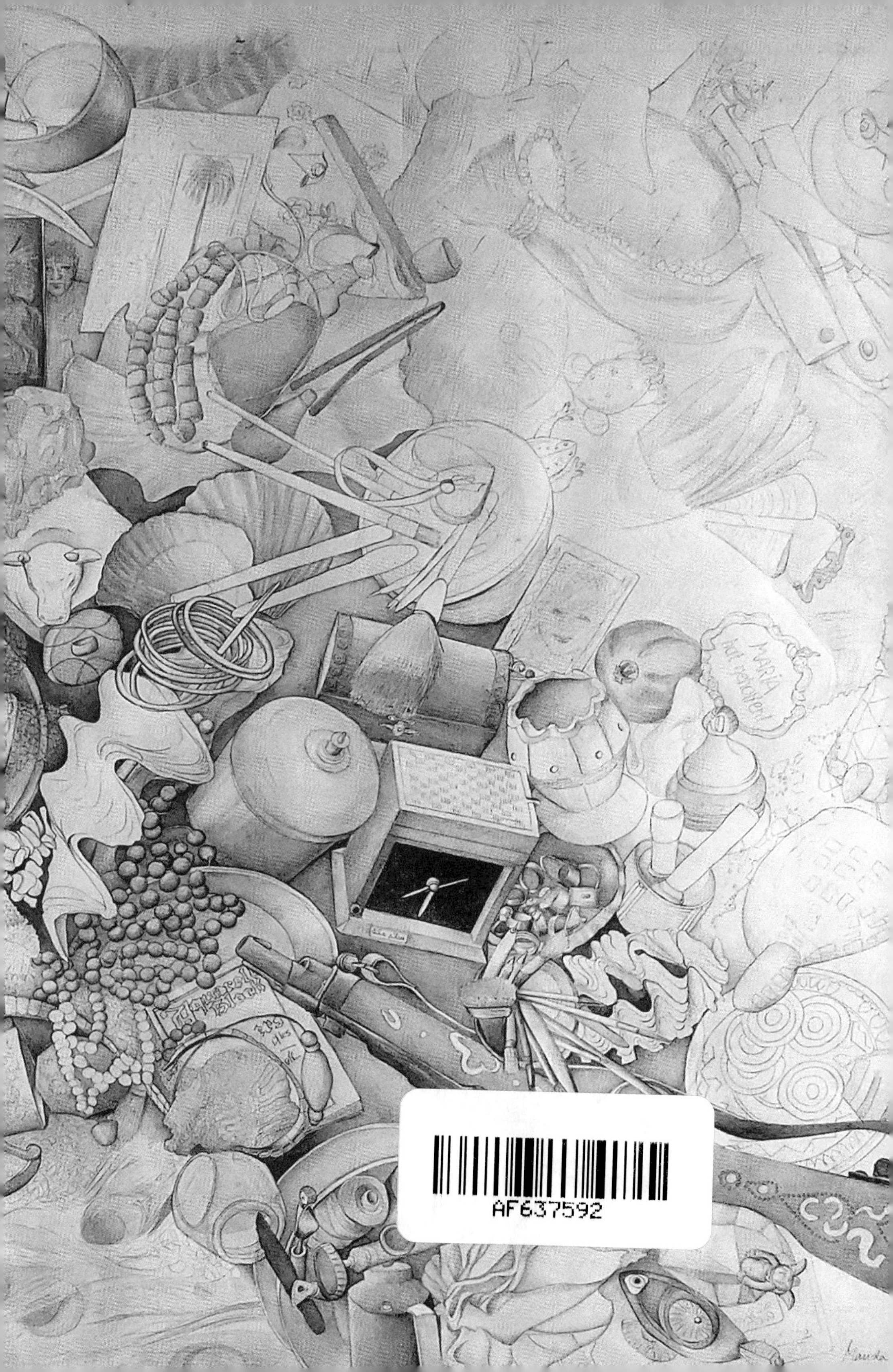
MARIA hat geholfen!

Für Marion,
meine geliebte Schwiegertochter

Marianne Manda

GESCHICHTEN AUS MEINER WUNDERKAMMER

EDITION TANDEM

INHALT

Wüsten-Dschinn

Um eine Kultur zu verstehen, muss man eine zweite kennen.
– Slimane Zeghidour

DIE MANDA

Eigentlich will sie Naturforscherin werden. Mit einer umgehängten Botanisier-Trommel samt Schmetterlingsnetz durch die Savanne streifen. Will Insekten fangen, das Pampasgras bis unterm Kinn. Zu guter Letzt aber wird sie selbst von der Natur erforscht. Doch das ist eine sehr, sehr lange Geschichte ...

Mein Kindheitstraum als kleine Forscherin wird mir fast in die Wiege gelegt. Denn Vater und Mutter sind naturverbundene und romantische Menschen. Sie *waren* es – haben sie doch ihr Dasein auf Erden schon längst mit himmlischen Gefilden getauscht. Der Vater im Alter von 86 Jahren. Krebs rafft ihn dahin. Meine Mutter schließt mit 96 Jahren ihre Augen. Ist einfach friedlich eingeschlafen. Leider nimmt mir der Tod auch meine beiden jüngeren Brüder Joseph und Michael. Und mein dritter Bruder, der Franzi, starb bereits mit drei Jahren.

Zunächst auf Mumps behandelt, glaubten dies meine Eltern nach zwei Tagen nicht mehr. So packt der Vater den Kleinen kurzentschlossen in eine Decke und trägt ihn im Laufschritt in das damals nur eine Straße weiter liegende Altstädtische Krankenhaus. Ein Blick vom Arzt ins Franzis Hals zeigt die lebensgefährliche Infektionskrankheit Diphterie. Sie verlangt eine sofortige Isolation, die es in Kempten damals noch nicht gab. So fährt ein Rettungswagen den Vater und den kleinen Sohn mit Blaulicht nach Immenstadt. Diese fünfundzwanzig Kilometer Wegzeit entscheiden wahrscheinlich über Franzis Leben oder Tod. Ein in der Eile ohne Betäubung gemachter Luftröhrenschnitt kann meinen Bruder nicht mehr retten – sein kleines Kinderherz hat versagt. Gebrochen kommt der Vater alleine zurück.

Für beide Eltern ist es ein unfassbares Unglück. Und drei Tage später erkrankt der andere Bruder an denselben Symptomen.

Das Josefle kommt ebenfalls mit Blaulicht in die Isolierstation von Immenstadt. Er überlebt die schwere Krankheit. Er wurde aber so jäh aus der Familie gerissen und von Gewohntem abgeschottet, dass der Schock den Fünfjährigen noch Jahre später belastet.

Wir dürfen ihn nicht persönlich besuchen. Aber jeden Sonntag fahren wir, auf drei Familienmitglieder geschrumpft, mit dem Zug nach Immenstadt. Wir können dem armen Buben nur aus einem Fenster der damalig ärztlichen Notbaracke zuwinken. Fünf Zimmer weiter wird er von einer Schwester aus dem Fenster gehalten. Sechs Wochen dauert sein Aufenthalt, und sechsmal winken wir einander aus den Fenstern zu. Das Josefle schaut zwar nur irritiert, und eine Schwester schüttelt ihm zum Zuwinken jedes Mal am Handgelenk das Händchen zu uns hinüber. Wieder zu Hause, darf der kleine Prinz wegen des geschwächten Herzens keinerlei Aufregung ausgesetzt werden. Das heißt genau genommen, dass man ihm nichts verweigern darf. Und so wird das Josefle für einige Monate zu unserem kleinen Haus-Tyrannen.

Ich als Zehnjährige leide sowohl am Fehlen des kleinen Bruders Franzi als auch an der Trauer der Eltern. Sogar Wut mischt sich ein. Und ein Warum. Warum der kleine, geliebte Lausebengel Franzi? Auf immer haben uns einige Onkel und Tanten verlassen, auch die Großeltern, ein paar liebe Freundinnen, und – noch jung an Jahren – meine Cousine Gertrud. Richtig alt werden bedeutet, dass einer nach dem anderen geht, mit dem man bekannt, befreundet oder verwandt ist oder mit dem man sogar sein Leben teilt.

In unserer westlichen Gesellschaft ist das Sterben immer noch ein Tabu. Zumindest fast eines. Im Orient wird das Ende eines Erdendaseins als ganz natürliche Sache hingenommen. Das Sterben gehört zum Leben und das Leben zum Sterben. Beides gehört zusammen. Und beides ist ein Geschenk Gottes. In den traditionellen jemenitischen Wohnhäusern für Großfamilien ist im obersten Geschoss immer eine Kammer, wo die Verstorbenen gewaschen und verabschiedet werden. Mit buntem Glas gefasste Bogenfenster lassen gedämpftes Licht in den Raum und überziehen ihn mit funkelndem Sonnenmuster als letzten Erdengruß. Eine aus Lehm gebaute Liegefläche, mit gehärtetem und getünchtem Gips überzogen, wartet dann schon auf die nächste Seele. Eine Abflussrinne durch den Raum und ein Rohr durch die dicke Lehmwand nach draußen vervollständigen mit ein paar Wassereimern die Ausstattung des kleinen Kultraums.

Auch Morde kamen in meinem Umfeld vor. Eine Cousine zweiten Grades wird von ihrem eifersüchtigen Ehemann erschossen, und fünf Bekannte aus meiner Arbeitswelt im Orient erliegen gezielten Schüssen aus Kalaschnikows. Zwei Suizide in der Verwandtschaft und noch ein dritter von einer Bekannten vervollständigen mein Panoptikum dieser Art. Ein guter Freund ist zum Glück nur beinahe im Jenseits gelandet. Als Wunderkind erzogen und auch als solches schon in jungen Jahren als Künstler gefeiert, stand er nicht so ganz gefestigt im Leben. Und erträgt es wegen einer unglücklichen Liebschaft nicht mehr. Er beschließt, nach Rom zu fahren, sich in ein Hotelbett zu legen, um mit den dafür vorgesehenen Tabletten sein Dasein zu beenden. Da liegt er nun unweit von den Tempeln der Venus – ausgerechnet der Venus –, und der Vesta, des Hadrian und des Apollo, liegt umgeben von den Geistern Neros, Caligulas, Cäsars und Diocletians.

Er, der Freund, liegt im Bett eines Fünfsternehotels. Mit dem samtigen Roten einer Flasche Châteauneuf du Pape spült er die fünfzig Tabletten hinunter. Und er liegt und wartet. Die großen, hundertjährigen Pinien flirren draußen im Sonnenlicht, schauen durchs Fenster. Roms Verkehrsfluss gibt die Akustik dazu. Der Abend kommt und fächelt seine kühle Luft ins Zimmer. Der Freund wartet und hält in Rückenlage die Hände schön gefaltet. Und wartet noch im Dunkeln. Ein kleines Schläfchen holt ihn ein, aber nicht der Gevatter Tod. So geht auch die Nacht vorbei. Zwar ist ihm etwas seltsam, aber die Tabletten verhalfen ihm nicht ins Jenseits. Die mühsam gesammelten Schlaftabletten stecken unangetastet in der Reisetasche.

Der Todeswunschdussel hat seine besagten Todespillen mit Aspirin verwechselt. Sigmund Freud funkte hier sicher dazwischen und zwinkerte ihm zu. So der Sigmund überhaupt zwinkern konnte.

Der liebe Freund lebt dank seines folgenträchtigen Versehens noch heute und auch sehr gerne. Er bereichert die Menschheit weiterhin mit seiner Kunst – und bekam für seine Leistungen sogar das Bundesverdienstkreuz am Bande.

Nun tauche ich aber wieder in unser Familienleben ein. Ein weiteres Brüderchen beglückt unsere trauernde Familie, ein Michael. Er wird natürlich der Sonnenschein aller. Und sein Gemüt bringt unserer Familie eine wunderbare Beruhigung.

Inzwischen bin ich die Familienälteste und höchstwahrscheinlich die nächste, die abtritt. Bin die Einundachtzigjährige. Aber eine, die nicht aus dem Fenster steigt und verschwindet und auch nicht eine, die nur hinausschaut. Immer noch bin ich in der Welt da draußen unterwegs.

Die frühe Manda

NERO

Während Cäsar im Jahre 52 vor Christi ganz Gallien eroberte, werden 9 nach Christi die Römer bei der Schlacht im Teutoburger Wald schmählich davongejagt. Im Alpenvorland jedoch hatten sie es sich bereits gemütlich eingerichtet. Ihre Lebensart gipfelte in der Badekultur. Ihre Kriegskunst war legendär. Ihre Kaiser wurden zu Göttern.

Die in Rätien beheimateten Kelten assimilierten sich relativ schnell mit der römischen Besatzung, wurden aber auch versklavt, verjagt, ermordet. Ihr kulturelles Erbe verschmolz rasch mit der römischen Kultur.

Obwohl der römische Geschichtsschreiber Strabo bereits 15 vor Christi von einer keltischen Siedlung im Bereich von Kempten im Allgäu berichtet, ist diese bisher nicht gefunden worden. Sicher ist allerdings, dass sich dort römische Heere niederließen, die sich bis ins vierte Jahrhundert behaupten konnten. Aus einem Heerlager wird eine Niederlassung, daraus eine Siedlung, und aus der Siedlung eine Stadt. Oben am rechten Illerufer entsteht sie, und die Römer geben ihr den Namen Cambodunum. Dann holen sich die römischen

Soldaten ihre römischen Frauen und Familien hierher in die Fremde. Weit hinein ins neu entstandene Land Rätien wird die Provinzhauptstadt Cambodunum gerühmt. Ausgebaute Heeresstraßen bieten gute Verbindungen nach Ost, nach Nord und in die südliche Heimat.

Und wie es das Schicksal so will, siedelt sich im cambodunensischen Kempten ein Gerhard Weber mit Familie an. Er ist frisch gebackener Doktor der Archäologie im römischen Fachbereich. Er beginnt, die alte Römerstadt oben auf dem Lindenberg zu erkunden, zu erforschen, auszugraben und zu konsolidieren. Immerhin erstreckt sich die Bebauung fast einen Quadratkilometer über dem Illerabbruch. Gerhard Weber prägte und prägt für Jahrhunderte Kemptens Geschichte und Kultur mit frisch ausgegrabenen Erkenntnissen. Er ist nicht nur ein guter Ausgräber mit Visionen, er ist auch offen für Neues, offen für nicht Alltägliches, offen für Kunst. Deshalb haben der Stadtarchäologe und ich immer einen guten Draht zueinander. Denn ich zeichne zwischenzeitlich und immer wieder bis weit in die 1980er Jahre für ihn archäologische Funde.

Davor beginnt meine Laufbahn als wissenschaftliche Zeichnerin in München an der Maximilians-Universität. Und dort macht mich Prof. Ulbert auf Gerhard Weber aufmerksam. Schnell war es klar, dass ich für ihn in der alten Hofmühle arbeiten werde. Und schon am ersten Tag seines Umzugs hierher, bin ich von ihm und seiner Frau Lisa zu sich nach Hause zum Mittagessen eingeladen. Zu einem Schnellgericht für Berufstätige. In zehn Minuten war alles fertig. Und heute noch zählen die Spagetti mit aufgelöstem Rockfort Käse und verdünnter Sahne zu meinen bevorzugten Schnellgerichten.

Unsere gemeinsamen Unternehmungen erstrecken sich aber nicht nur aufs Spagettiessen. Ich zeichne Fundstücke, ich zeichne eine Rekonstruktion der Tempelanlage für den Besichtigungsbereich, ich spucke Feuer auf dem römischen Gelände, ich darf in den Thermen eine Performance aufführen über soziale Konstellationen, darf im Chapuis-Park die nächtliche Wanderung *Zauber-Garten* installieren, entwerfe Plakate. Auf Gerhard Webers Vermittlung hin kann ich das Chapuis-Türmchen für ein paar Jahre mieten. Wohne dort sogar einige Zeit ohne Strom und Wasser. Gerhard hat immer noch sein Herz auf dem rechten Fleck. Und das lässt ihn ungewöhnliche Schritte tun:

Den römischen Kaiser Nero hat er nach Kempten eingeladen.

Die Einladung erfolgt im Jahre 1985. Und zwar zur jährlichen Kemptener Festwochenausstellung im August, einer Wirtschaftsmesse. Und siehe da, der Kaiser nimmt die Ehre an. Er macht sich auf den Weg hinauf in den Norden, durchquert die Poebene, wo die Teutonen einstmals den Römern zu schaffen machten und überwindet mit seinem Tross die Alpen. Seine Elefanten werden gerade auf anderen Feldzügen gebraucht. Das schöne Illertal erwartet ihn, Kempten trägt sein Festgewand, und Nero kleidet sich in Tunika und Toga für Staatsempfänge. Sein Herold bläst auf dem Cornu, der Horntrompete. Alles ist zum Auftritt bereit. Mit großem Gepränge ziehen Kaiser Nero und seine Gespielin Nivea in einer goldenen Sänfte in das Festgelände ein. Huldvoll und gemessen winkt er dem fremden Volke zu. Die noch sehr dem Barbarentum verhafteten Menschen schauen zunächst skeptisch auf den hohen Besuch, wie die Allgäuer halt so sind. Als Nero jedoch die Marmorstufen zu seinem Palast im kleinen Pavillon im Stadtpark hinaufschreitet und Nivea mit ihrer Schönheit und Lieblichkeit in der Sonne erstrahlt, ist der Bann gebrochen. Das fremde Volk bejubelt das von Edelsteinen funkelnde Paar. Müde von der langen Reise winkt Nero zurück in die Menge, schreitet in seinem Refugium zum Diwan und legt sich seufzend darauf. Erfrischungen stehen bereit, wie Früchte und Wein. Doch gleich darauf gibt er das Zeichen, die wallenden Vorhänge und die Baldachine rundum zu schließen, denn der Tag neigt sich bereits in die nordische Dämmerung.

Schon früh am nächsten Morgen versammelt sich das fremde Volk vor dem Palast. Es ist seltsam gekleidet. Bei den Frauen sind die Mieder eng geschnürt. In Rom hält man es mit lockeren Gewändern und mit freien Brüsten. Bei den männlichen Wesen fällt eine Kopfbedeckung auf, mit einem wippenden braunen Busch obendrauf. Seltsame Unterhosen aus Leder lassen die Knie frei, aber die Waden sind schon wieder bedeckt. Aber nur diese. Wird da am Leder und an der Wolle gespart? Oder finden Kemptens Ureinwohner ihre Kleider gar schön? Auch die kehlig ausgestoßenen Schreie befremden und wecken den Kaiser und seine Gespielin aus süßen Träumen. Alle wollen es miterleben, wie ein Kaiser aufsteht und sich wäscht, wie er isst und trinkt. Bald kräht auch ein Hahn, und man kann Geräusche aus dem Schlafgemach hören. Neros Gähnen dringt bis in die hintersten Reihen des Publikums.

Endlich werden die Vorhänge von des Kaisers Herold aufgezogen. Noch liegt das Paar auf dem Diwan, aber ein lebhafter Streit ist zugange. Nivea beschwert sich lautstark, dass ihr Espresso kalt sei. Nero erhebt sich genervt, gähnt nochmal ausgiebig und zeigt seiner Gespielin die kalte Schulter. Gelangweilt betrachtet er durch ein Spektrum lange Zeit sein Publikum. Dann finden sich rasch die Sänftenträger am Fuße der Stufen ein. Der Herold bläst wieder sein Cornu. Ein Diener reicht die Toga. Nero begibt sich jedoch im Nachthemd zur Sänfte, nimmt hoheitsvoll Platz. Er wird zum unweit gelegenen Stadtparkteich getragen. Das fremde Volk begleitet seine Hoheit jauchzend und jodelnd. Würdevoll steigt Nero in den Teich und verrichtet seine Morgenwäsche. Nach einer gründlichen Massage wird er gravitätisch vom Diener in seine Toga gekleidet.

Zurück im Pavillon-Palast geht er gemessenen Schrittes auf und ab und übt seine Stimme. Er lässt sich seine Lyra reichen und beginnt zu singen. Nivea tanzt dazu einen Schlangentanz. Neros Lieblingsdiener Paulinus fächelt dem Herrscherpaar mit Pfauenfedern die kühle Allgäuer Morgenluft zu. Die vier Sänftenträger und der Herold lagern auf der Wiese und warten auf Befehle. Der Hofstaat selbst darf die städtischen Annehmlichkeiten auf dem Lindenberg genießen. In den großen Thermenanlagen vergnügt er sich, geht im Forum spazieren, betet im Tempel, besichtigt die Basilika und übt sich in Kampfspielen. Nero hingegen begibt sich nun selbst unter das fremde Volk.

Er erkundet diese und jene Messeneuheit. Mit Erstaunen betrachtet er einen elektrischen Rasierapparat, schüttelt beim Fissler Schnellkochtopf sein Haupt, klopft auf die dreifach isolierten Fenster für Gebäude. Seine Vorurteile bestärken sich, als es mittags nach Käse und Zwiebeln stinkt. Angewidert kehrt er diesem den Rücken. Müde geht es zurück ins Refugium im Park. Über den Lieferdienst von McDonald's ist Nero hingegen sehr zufrieden. Zwei Mc Chicken, dazu Pepsicola und Donuts. Dieses Mahl schmeckt ihm. Nach einer kleinen Ruhepause mit ausgiebig Rotwein, zieht es den Herrscher wieder in die Messezelte, bewundert von seinen Untertanen. Nivea hingegen lackiert sich die Fuß- und Fingernägel und probiert neue Faltenwürfe ihres Kleides aus.

Vor der Dämmerung singt Nero für sein Publikum noch eine Rezitation. Seneca hat sie als Loblied auf ihn, den Kaiser, gedichtet.

Und so geht der erste Tag von Neros Besuch zur Neige und ein neuer beginnt. Sobald sich Nero zeigt, sei es in seinem Palast, im Teich oder auf dem Messegelände: das fremde Volk jubelt ihm begeistert zu. Er lässt sich in seiner Sänfte durch Tausende von Messebesuchern tragen. Angekündigt mit den Cornu-Stößen des Herolds, bewedelt mit dem großen Pfauenfederfächer. Die Huldigungen nimmt er mit einer leichten Neigung seines bekränzten Hauptes entgegen. Landwirtschaftliche Geräte und Maschinen dazu faszinieren den Kaiser besonders. So lässt er sich gegen Ende der Festwochentage im Korb eines Drehleiterkrans über die Köpfe seiner Untertanen emporfahren. Für diese sieht es aus, als ob der Imperator himmelwärts fliegt. Den tausend Kehlen des begeisterten Volkes entweicht ein Schrei der Begeisterung.

Immer wieder gibt es dann auf Kemptens Wiesen Kämpfe von Neros Gladiatoren zu sehen. Neros Daumen entscheidet über Sieg oder Niederlage. Mit offenen Mündern nimmt das bajuwarische Keltenvolk als Publikum Anteil. Sie bestätigen einander, was die Römer doch für unbändige Kerle sind. Schnell lernt der hehre Besuch beim Auftauchen mehrerer seltsamer Personen, sich in Pose zu stellen:

Diese halten sich komische Geräte an die Augen. Und tags darauf erkennt er sich wieder als Erscheinung auf einem Papier. Das Volk nennt es *Allgäuer Zeitung*. Stolz blickt sich Nero selbst in die Augen, aber heimlich fürchtet er sich vor dem Zauberwerk. Von der Aufwartung durch Cambodunums Stadtgöttin Camboduna fühlt er sich dagegen sehr geschmeichelt. Beim Hofhalten verbeugen sich vor ihm auch Landwirtschaftsminister Ignaz Kiechle, Wirtschaftsminister Anton Jauman und Oberbürgermeister Dr. Joseph Höß.

Die Sommertage werden etwas kühler. Nero wird unruhig. Die Zeit der Heimkehr naht. Nero entwendet einem Besucher eine Packung Streichhölzer. Nero betrachtet seine Baldachine. Nero zündelt mit den Streichhölzern. Aber er testet anscheinend nur das, was in seinen Gedanken vor sich geht. Er übt seine gottbegnadete Stimme. Wahrscheinlich verankert sich hier in Kempten sein Entschluss, Rom brennen zu sehen.

Jetzt hält ihn nichts mehr in der Allgäuer Augustluft. Sein Tross packt das Reisegepäck, ein letzter Schlaf im Pavillon-Palast, und im sich anzeigenden Morgengrauen sind Nero, Nivea und deren Gefolge bereits über Durach Richtung Oy-Rettenberg unterwegs in heimatliche Gefilde.

Dieses Nero-Life-Spektakel entsprang meiner Idee. Aber nur dank der Offenheit von Gerhard Weber und seinem Geschick, etwas Geld über die Stadt Kempten aufzutreiben, kam das Event zustande. Mein eigener Einsatz, wie so oft bei Künstlern, konnte nicht honoriert werden. So sammelte ich wieder mal nur Punkte für mein Seelenheil. Aber Spaß hat es gemacht.

Unser Stadtarchäologe war also der Produzent, Marianne Manda die Managerin für das unmittelbare Geschehen um Nero. Ich besorgte die Schauspieler, besorgte die nötigen Utensilien, war für die Ausstattung zuständig, half bei deren Herstellung, nähte die Vorhänge und war für Bühnenbild und für die Dramaturgie verantwortlich. Es spielten richtige Schauspieler von einer Münchner

Experimentierbühne. Ernst Häusinger brillierte als Nero. Seine Gespielin Nivea war Grazia Lega. Weiter sind noch Jörg Schulz und Michael Pfalzer zu nennen.

Gerhard Weber baute ein gesamtrömisches Spektakel um den hehren Besuch herum. Es gab Akrobaten, Gladiatoren und Ringkämpfer, Gaukler, Zauberer, Pantomimen und eine richtige Theatergruppe. Sogar die Stadtgöttin Camboduna erwies Nero ein paar Mal ihre Aufwartung, und die legendären römischen Soldaten des Alpenmarschierers Dr. Marcus Junkelmann paradierten vor dem römischen Herrscher und Gott.

Nero beäugte immer wieder sein Publikum mit einem großen Prisma aus meinem Hausstand. Ein Lorbeerkranz mit Diamanten wand sich um sein edles Haupt und an einem seiner Finger trug er einen riesigen Ring mit einem noch riesigeren Rubin. Es war eine Leihgabe von Freundin Elfi Heim. Leider ging dieser Ring verloren, was mir sehr peinlich war.

Erst nach einem Jahr, wieder zur Festwochenzeit, fällt mir ein, dass Nero diesen Ring vielleicht bei einem seiner Morgenbäder verloren haben könnte. So steige auch ich in den mit grünen Schlieren überzogenen Teich, durchsuche seinen trüben Grund und – finde Elfis protzigen Ring tatsächlich unversehrt.

In der Allgäuer Zeitung steht als Nachruf zur 37. Allgäuer Festwoche u.a.: Der unbestrittene Kaiser der Festwoche war Nero. Seine Auftritte waren jeweils von „Heerscharen" von Zuschauern bevölkert …

Einen traurigen Nachtrag füge ich noch an: Cambodunums Nero alias Ernst Häusinger verstarb eineinhalb Jahre später im blühenden Alter von 35 Jahren.

Inshallah

INSHALLAH

Was haben Gott und Allah und unser Handy gemeinsam? Meiner Meinung nach die Anrufung *Inshallah!*

Das Abendland sagt überheblich dazu, dass mit diesem Wort immer eine Hintertüre offengehalten und keine verbindliche Aussage gemacht wird. Denn *Inshallah* heißt aus dem Arabischen übersetzt „So Gott will!"

Das Abendland sagt aber das Gleiche mit „Im Namen Gottes". Nur verwenden wir diesen Ausdruck so nicht mehr. Er ist altmodisch geworden. Trotzdem meinten wir damit, dass man nicht jedes Tun wirklich in der Hand hat. Immer kann irgendetwas dazwischenkommen, was nicht geplant war. Sei nun Gott oder das Schicksal daran beteiligt – unser Wille ist nicht ausschließlich unser Wille. Er ist auch anderen Faktoren ausgesetzt. Fromme Menschen legen dies in Gottes Hände oder eben in die von Allah.

Das unverzichtbare Handy bewirkt dieselben Eigenschaften. Kein telefonisches Verabreden ist mehr wirklich verbindlich. Meistens kommt: „Lass uns nochmal telefonieren!" Diese Eigenschaften sind aber vom Menschen gemacht, nicht von irgendwelchen schicksalhaften Widernissen. Man will sich nicht mehr festlegen. Es könnte ja noch etwas Besseres daherkommen. Unser Götze Handy hat hier die Dinge in die Hand genommen. Ist es nicht so? Aber auch ich komme ohne dieses schreckliche Götzending nicht mehr über die Runden.

Und trotzdem blicke ich auf ein wunderbares Leben zurück, das bis vor einigen Jahren auch *ohne* funktionierte. Kindheit und Jugend ließen mir viel Freiheit, mich zu entfalten. Im Januar geboren, habe ich aber auch einen Januskopf. Bin langmütig und jähzornig. Bin ausdauernd und ungeduldig. Bin eigenbrötlerisch, lebe aber monatelang in Ausgrabungsorten mit wohngemeinschaftsartigen Zuständen. Und das mehr als volle vierzig Jahre meines Lebens.

Der Jemen nimmt sogar die Hälfte dieser Zeit ein. Und er war für mich wohl am prägendsten, interessantesten, liebenswertesten. Ich achte diese so fremde Kultur. Ich liebe sie, ohne meine westliche Identität aufzugeben. Ich weiß aber auch, dass ich trotz der jahrelangen Aufenthalte nur an der Oberfläche der Erkenntnis und des Verstehens kratze.

Das für uns Westler so indifferente *Inshallah* ist ein sozialer Begriff. Denn Allah ist gnädig, Allah ist barmherzig, Allah ist großzügig, er ist lebensspendend. Es gibt 99 Eigenschaften, die Allah im positiven Sinne zugesprochen sind. Unser Altes Testament hingegen ist eher eine einzige Racheverschwörung. Erst Jesus predigt die Liebe im Christentum. Die sich ja auch in den Menschenrechten manifestieren sollte. Sollte!

Meine ersten Jahre im Orient ärgere ich mich immer über dieses *Inshallah*. Inzwischen verwende ich es selber. Es hat etwas Verbindendes, etwas „man weiß um das Menschsein". Man kann mit *Inshallah* sogar eine Hoffnung ausdrücken: „Ich besuche Dich heute Nachmittag, *Inshallah*." Und da komme ich immer wieder zu dem Schluss, dass wir Menschen uns gar nicht so sehr unterscheiden, egal welche Kultur uns prägt. Das Menschsein an sich verbindet uns. Ob wir von hier oder von dort sind, uns friert es, wenn es kalt ist. Es tut uns weh, wenn wir uns verletzen. Wir sind hungrig und durstig, wir brauchen unseren Schlaf. Wir brauchen ein Dach über dem Kopf. Wir verlieben uns, und wir trauern.

Es gibt aber auch einen ganzen Sack voll Möglichkeiten, im Orient aus Nichtwissen anzuecken. Dort ist man geduldig, und als Fremde oder Fremder hat man immer einen Ausländerbonus. Doch selbst in kleinen Dingen gehen die Konventionen auseinander. Und vielleicht sind es ja eben *nur* die kleinen Dinge, die befremden, die Hass möglich machen, hier wie dort. Beim genaueren Hinschauen könnten viele Barrieren von selbst zerfallen. Ja, wir im Westen sind nicht so hitzköpfig. Nicht so emotional. Vielleicht aber auch nicht so liebenswert.

Kleinigkeiten fallen mir auf. Wenn ich zum Beispiel einer meiner arabischen Freundinnen ein Geschenk überreiche, vielleicht Fatima, dann wird es mit einem Kopfnicken und vielleicht noch mit einem leisen „Danke" angenommen. Es wird beiseitegelegt und in meinem Beisein nicht geöffnet. Auch wenn ich einen ganzen Nachmittag mit Fatima zusammensitze.

Im Abendland hingegen bedankt man sich etwas stürmischer und öffnet das Geschenk sofort. Denn man will ja zeigen, wie sehr man sich darüber freut. Im Morgenland scheint das sofortige Öffnen unhöflich zu sein. Wenn man sich zu sehr freut und die Packung gar aufreißt, erscheint das als gierig. In die Seelen meiner arabischen Freunde und Freundinnen kann ich nach vierzig Jahren zusammen leben, zusammen arbeiten immer noch nicht wirklich schauen. Aber im Laufe der Zeit lernt man, die Verhaltensmuster etwas mehr zu ergründen. Und das, was einem an Liebenswürdigkeit gegeben wird, wärmt einen mit Freude. Das sich Mögen reicht hier zu einer Freundschaft, ohne das Beharren auf gleichen Meinungen politischer und religiöser Art. Im Westen begegnet einem diese Gabe nur selten. Schnell wird man in eine Schublade gesteckt oder gar ausgegrenzt. Etwas fällt mir in den arabischen Ländern besonders auf: Die freundliche Verbindlichkeit Menschen gegenüber, die man nicht gerade als Freunde haben möchte.

Ein schnelles Fazit: Wir sind doch etwas verschieden. Ein etwas Bedächtigeres: Wir Abendländler können eine Menge von unseren Schwestern und Brüdern lernen. Ein Langzeitfazit von mir lautet noch mal: Wir leben auf demselben Erdenrund. Unsere Grundbedürfnisse sind dieselben.

Natürlich werden unsere Empfindungen von der kulturellen Erziehung her unterschiedlich wahrgenommen. Aber grundsätzlich können wir verstehen, warum es Fatima oder Abdallah gutgeht, warum sie sich freuen oder warum sie traurig sind. Für mich sind die jahrzehntelangen Erlebnisse und Erfahrungen im Orient eine Bereicherung. Sicher, es gibt auch Idioten, aber die dürften erstens zu gleichen Teilen weltweit zu finden sein und zweitens überall nur aus einer kleinen Minderheit bestehen.

Also will ich mich mit der liebenswerten Mehrheit beschäftigen und versuchen, einige weitere Unterschiede herauszufinden. Wie sind sie also, diese arabisch geborenen und aufgewachsenen Menschen? Der allergrößte aller Unterschiede ist ihre Freundlichkeit, ihre Liebenswürdigkeit, ihre Hilfsbereitschaft. Die soziale Gemeinschaft steht vor unserem westlichen ICH.

Es gibt Unterschiede im Austragen von Befindlichkeiten. Wir schreien nicht so schnell, wenn es Streit gibt, wir trauern auch leiser. Wir jammern bei Schmerzen weniger. Haben aber dieselben. Dann gibt es Stilbrüche, was in einem sozialen Umfeld vielleicht nicht so gut ankommt. Das sich die Handgeben hat die Politik mit ihren Corona-Verordnungen sowieso abgeschafft. Früher konnte man da in diverse Fettnäpfchen treten. Was ist höflich, was nicht? Was kränkt? Vollkommen tabu ist es, sich bei Tisch zu schneuzen. Wenn es sich nicht vermeiden lässt, dann geht man auf die Toilette, und bei einer Erkältung ist Besuch sowieso undenkbar. Wenn man am Boden sitzt, ist es sehr unhöflich, dem gegenüber Sitzenden die Fußsohlen, gar die nackten, hinzustrecken. Fremden Männern zu lange in die Augen schauen wird falsch ausgelegt. Zu lautes Lachen auf der Straße ist ordinär.

Und ja, die Kleiderfrage. Noch vor zwanzig Jahren war es ein Unding, als männlicher Tourist kurze Hosen zu tragen. Sie wurden als Unterhosen klassifiziert. Und heute irgendwie immer noch. Besonders in den Emiraten lässt die korrekte Männerkleidung nur die Hände und beschuhte Füße sehen. Und das Kopftuch gehört dazu. Nur heißt es da nicht Kopftuch, sondern eleganter *Kefije*. Bei den Damen ist es mit ihrer Bedeckung dasselbe. Die ganz Frommen tragen auch noch Handschuhe und gucken nur durch Tuchschlitze in die Welt. Aber bei uns quillt und hängt alles Mögliche nicht sehr würdevoll aus immer kleiner werdenden Kleidungsteilen. Aber unverdrossen kümmern sich viele

Touristinnen nicht um Schicklichkeit. Mit etwas Zurückhaltung könnte man die Achtung vor der fremden Kultur und dem gastgebenden Land zeigen. Aber selbst bei politischen Aufwartungen ist so etwas anscheinend nicht mehr in. Geschehen und gezeigt in Doha von unserer Innenministerin.

Wenn ich mich verabrede, dann frage ich immer scherzend: „Arabische oder deutsche Zeit?“. Das drückt auch schon aus, dass man selbst auf Pünktlichkeit Wert legt. Was in südlicheren Ländern oft nicht so genau genommen wird. Immer wieder höre ich von Touristen, denen privat etwas zu Essen angeboten wird: „Das kann man doch nicht abschlagen, das wäre unhöflich.“ Nun ja, oft wird das Essen wirklich nur aus Höflichkeit angeboten. Und oft ist es das letzte Brot und das letzte Stück Fleisch, das dann auf dem Tisch stehen würde. Höflich ist, dreimal etwas zum Essen anbieten, sehr unhöflich, es beim ersten Mal schon annehmen. Das dritte Angebot meint man dann verbindlich.

Ich bekomme umgekehrt immer wieder mit, dass die Einheimischen klar und deutlich sagen, dieses oder jenes mögen wir nicht. Ich hatte einmal ein Ehepaar zum Essen eingeladen, das zwei Jahre in Deutschland verbrachte. Noch sehr unerfahren denke ich, die freuen sich sicher, ein deutsches Essen hingestellt zu bekommen. Also Hühnersuppe mit Nudeln, Kartoffelsalat mit Würstchen aus Rindfleisch, Selleriesalat mit Käse und zum Nachtisch Bananen mit Rosinen, Joghurt und Chili. An der Suppe nippten sie nur, und das Hauptessen verschmähten sie komplett mit einem „Das mögen wir nicht“. Die Nachspeise wird dann gnädig angenommen. Daraus lerne ich, dass man ein Essen auch ablehnen kann.

Allerdings redet man sich eleganter mit der Begründung heraus, dass einem heute nicht wohl ist oder gar, dass man heute fastet. Dann staunt die andere Seite. Denn Fasten ist muslimisch. Und die aus dem Westen, die fasten auch? „Ja“, kann man dann sagen: „Die sechs Wochen vor Ostern sind eine Fastenzeit. Und eine kleine gibt es auch vor Weihnachten, die vier Adventswochen“.

Wahrscheinlich kenne ich das als Urgestein nur noch von den alten Zeiten her. Heutzutage kann man die Lebkuchen, die eigentlich erst das Christkind am 24. Dezember bringen sollte, schon im August kaufen.

Mein Mann und ich, wir leben über die Winterhälfte des Jahres seit Langem in Kairo. Und da erwählten wir bewusst eine Wohnung in Downtown. Dort ist das alte, elegante Einkaufszentrum – und das ist es immer noch. Ganze Heerscharen von Einkaufsbummlern wälzen sich dicht an dicht durch die Straßen. Nach und nach werden die wunderbaren Hausfronten und Geschäftseingänge saniert. Die Regierung gibt seit ein paar Jahren große Summen dafür aus. Um uns herum wohnen und arbeiten aber eher die einfacheren Leute. Und dies macht uns das Viertel so lebenswert. Touristen sind hier eine Seltenheit, und die meisten Ausländer leben im schicken Zamalek. Das ist eine Insel im Nil, auch im Zentrum von Kairo. Die meisten Botschaften befinden sich dort, und man kann Brie-Käse aus Frankreich kaufen und Kalbfleisch und Zitronengras und Filterkaffee und bayerische Brezeln, die scheußlich schmecken.

Wir leben also gerne in unserem Viertel *Wast Al Balad*. Wir mögen die Menschen, die hier quasi ihr Wohnzimmer auf der Straße haben. Unsere kleine Umgebung ist wie eine große Familie. Unsere unmittelbaren Wohnungsnachbarn sind Amal und Saleh. Sie ist 86 und ihr Ehemann, der zweite, ungefähr 15 Jahre jünger. Amal war ehemaliges Ballettmädchen und tanzte im Chor in der Kairoer Oper. Ballettopern und Opern mit Balletteinlagen brachten sie auf die Bretter der Welt. Ihr erster, leider verstorbener Mann Munir trug sie auf Händen. Er war promovierter Augenarzt an einer Kinderklinik in Kairo. Er verstarb in jungen Jahren. Aber Amal erlag nach der Trauerzeit den Verführungskünsten von Saleh. Sie turtelten über die beieinanderliegenden Balkone hinweg, und Amal ging öfter als nötig zum Staubtuchausschütteln hinaus. Viele Jahre sind sie nun verheiratet. Aber Amal hat einen Hausaltar für ihren verstorbenen Munir errichtet. Mit Foto und Blümchen und weiterem Nippes. Ihr Saleh hält das anscheinend aus. Amals Körper gleicht einem verdorrten

Stecken, aber sie bewegt sich immer noch wie ein junges Mädchen mit viel Körpersprache.

Wir neue Nachbarn verursachten den Beiden durch die Totalsanierung unserer Wohnung viel Krach und Staub. Als kleine Abbitte und zum Kennenlernen laden wir das Paar zu Tee und Kuchen ein. Im Bademantel stehen die Beiden schließlich strahlend vor unserer Tür. Amal mit wirrem Medusenhaupt und knallrot lackierten Fingernägeln. Schnell schließen wir uns ins Herz. Saleh ist Masseur und besucht seine Kundschaft immer zu Hause. Er zeigt stolz seine straffen Muskeln, lässt sie tanzen und prüft sogar fachmännisch meine und Georgs Oberarme. Na ja, die könnten noch besser in Schuss sein, meint er. Und da Georg seit Längerem zusehends schlechter geht, erkennt dies ein Körperfreak natürlich sofort. So läutet es eines Nachmittags an unserer Tür. Davor steht Saleh, Amal im Schlepptau, und sie winken uns in ihre Wohnung, wollen uns etwas zeigen.

Nun, da steht ein vorsintflutliches Trainingsgerät mit Hebeln und Gewichten. Das hat Saleh für Georg organisiert, weil er seinen Körper trainieren soll. Perplex stehen wir vor dem Monstrum von zwei Metern Länge und eineinhalb in der Breite. Natürlich wollen wir das schreckliche Gestell nicht in unserer wunderschön gestalteten Wohnung. Aber wir trauen uns nicht, es abzulehnen, denn Saleh ist schon dabei, erst die Gewichte und dann das Ungetüm, in seine Einzelteile zerlegt, zu uns hinüber zu schleifen. Da stehen wir nun, winken den Beiden noch zu und stieren auf das Geschenk. Diskutieren hin und her, wohin damit, aber wir wollen das Gerät einfach nicht haben. So beschließen wir am nächsten Morgen, Ashraf, unseren Hausverwalter, zu fragen. Er sorgt für Ordnung in dem hundertjährigen Gebäude und hat viel Erfahrung mit Menschen. Und er weiß ein bisschen, wie Ausländer ticken.

In der ägyptischen Kultur ist es nicht üblich, einem Unfreundlichkeiten ins Gesicht zu sagen. Eine Einladung abzulehnen, bedarf guter Gründe. Ashraf vertraue ich voll. Ich kann ihn fragen, wie viel ich dem Schreiner für dieses Brett bezahlen soll, kann ihn fragen, ob jenes Verhalten so in Ordnung ist. Normalerweise ist man immer höflich, auch wenn das Gesagte eine Unwahrheit beinhaltet. Das nennt man *eine weiße Lüge*. Sie ist erlaubt. Denn man will den Fragenden nicht kränken. Besonders schwierig ist es, auf der Straße nach einem Weg zu fragen. Meine jahrzehntelange Erfahrung zeigt immer wieder, dass man lieber nach Timbuktu geschickt wird, als dass einer zugibt, den Weg nicht zu kennen. Einem Fremden gegenüber darf man doch nicht unhöflich sein. Und der nächste Gefragte könnte es ja wissen.

Ich frage also Ashraf, was wir mit dem Trainingsgerät tun sollen. Da Saleh das Turnungetüm eh aus einer leerstehenden Wohnung einfach herausgeholt hat, klingelt unser guter Geist bei den Nachbarn und erklärt unverblümt, dass wir das Ding nicht annehmen wollen und dass es zurück in die andere Wohnung soll, jetzt sofort. *Challas*, aus Schluss, Ende. Dabei klatscht er so in die Hände, dass ritschratsch, eine Hand sich nach oben, die andere nach unten bewegt. Dann sollen wir aber doch unsere Türe zu machen, er will den Nachbarn noch etwas sagen, das wir offensichtlich nicht hören sollen. Ich vermute, dass Ashraf den Beiden zutuschelt, dass Ausländer immer etwas komisch sind und dass man ihnen solch ein Benehmen nicht übelnehmen darf. Wir schlafen die nächste Nacht etwas besser als die vorhergehende.

Nun will ich aber auch noch eine andere Meinung einholen. Und zwar die unserer Freundin Soumaya. Sie ist Anthropologin und stammt aus dem Großbürgermilieu. Ich frage sie, ob wir richtig gehandelt haben. Mit großen Augen erklärt sie rundweg, dass die Ablehnung dieses doch so teuren Geräts falsch gewesen sei. Das darf man doch nicht ablehnen, das sei sehr beleidigend. Nun frage ich sie, was sie wohl täte, wenn ich mit einem Ungetüm von Sofa bei ihr anrücken und erklären würde, dass dies ein Geschenk von mir sei. Soumaya blinzelt etwas verdutzt. Aber sie gibt nicht zu, dass sie mein Geschenk ablehnen würde. So einigen wir uns darauf, dass es halt nicht üblich sei, so *große* Geschenke zu übergeben. Ja, der Fehler liege dann doch einfach beim Schenkenden.

In dieser Welt bewege ich mich inzwischen wie ein Fisch im Wasser. Allerdings gibt es auch immer wieder einen Ashraf, der einem aus Verlegenheiten hilft. Wie war das weiter oben damit, was uns trennt und was uns verbindet? Was uns trennt, sind nur Kleinigkeiten!

Ausgrabung in Sirwah im Jemen – eine Tempelanlage,
dem Hauptgott Almaqah geweiht

AUSGRABUNG

Der lange Aufenthalt im Jemen war eine gute Schule für mein eigenes Leben. Volle 20 Jahre lebte ich dort. Einen Teil dieser Zeit verbrachte ich auf Ausgrabungen – die andere konnte ich für mich selbst als Künstlerin arbeiten. Ich baue in Aden am Indischen Ozean ein Haus. Ich lerne fast alle Regionen des Landes kennen. Ich habe in den vielen Jahren ein wunderbares Leben. Leider macht der unsägliche Krieg meiner Jemenzeit ein Ende. Saudi Arabien bombardierte und bombardiert in Teilen des Landes immer noch – mit amerikanischen und auch mit deutschen Waffen.

Der Jemen ist für mich das arabischste aller arabischen Länder. Das traditionellste, das ich kennengelernt habe. Ich zeichnete auf Ausgrabungen in Deutschland, im Jemen, in Syrien, in der Türkei, in den Arabischen Emiraten, zeichnete für Ägypten, für den Irak, für Jordanien und bin in gleicher Mission immer noch jährlich für einige Wochen in Äthiopien. Ich zeichne dort immer noch für das Deutsche Archäologische Institut in Berlin und zeichnete für die Technische Universität Hamburg/Harburg. All diese Zeichnungen sind für deren wissenschaftliche Publikationen bestimmt. Und wenn ich all diese Gebrauchs- und Kultgegenstände, Grabbeigaben, Schmuckstücke, Waffen und die endlose Keramik einmal hochrechne, so komme ich an die 20.000 von mir gezeichnete Fundstücke.

Diese Funde wurden und werden zugleich auch fotografiert und sehr aufwändig beschrieben. Und alle drei Betrachtungsweisen ergeben ein rundes Bild für eine ausgewogene Dokumentation. Diese erscheint dann als gedrucktes Buch.

Nun besteht eine Ausgrabung in erster Linie aus dem Freilegen von Mauerresten, von Gebäuden, von Palästen und Tempeln. Die Erde wird in Schichten abgetragen. Die entstehenden Levels werden ebenfalls gezeichnet und fotografiert. Das sind Bauzeichnungen, von Architekten gefertigt. Je tiefer Erde und Schutt abgetragen werden, desto älter sind Funde und Befunde. Schließlich endet eine Grabung, wenn die Fundamente oder der Mutterboden erreicht sind. Die dabei gewonnenen Erkenntnisse werden von den Archäologen und Architekten schriftlich dokumentiert und auch mit digitalen Fotos festgehalten. Mithilfe genialer Programme kann man inzwischen digital selber in den Ruinen umherlaufen, kann Reproduktionen simulieren, kann damit vermessen. Aus diesen ausgegrabenen antiken Bebauungen kommen die Fundstücke, die dann zum Zeichnen auf meinem Tisch landen.

Unsere Ausgrabungen finden in der Regel in unwirtlichen Gegenden statt. Das heißt, dass unsere Gruppe in Zelten untergebracht ist, in angemieteten leeren Bauernhäusern, zuletzt auch in einem Nullsternehotel mit garantierten Bettwanzen und Flöhen. In der Wüste haben wir Besuch von Skorpionen, von Schlangen, von riesigen Spinnen. Ganz zu schweigen von Heerscharen von Moskitos, Sandflöhen, Stechfliegen und Ratten.

Wir arbeiten im Jemen immer unter dem Schutz der Beduinenstämme. Sie garantieren für unsere Sicherheit. Das bedeutet, dass wir außerhalb unserer Unterkunft nur mit ihrer bewaffneten Begleitung unterwegs sein dürfen. Sie schützen uns vor dem Entführtwerden durch andere Stämme. Mit gelungenen Entführungen konnten Vergünstigungen von der Regierung erhofft oder Gefangene freigepresst werden. Was in früheren Jahren eher als Kavaliersdelikt betrachtet wurde. Die Aussichten, lebendig aus einer Entführung herauszukommen, sind mit dem Erstarken der Al Qaida und der IS beträchtlich gesunken. Im Jemen herrscht eine Stammesgesellschaft, mit der selbst vor dem Krieg die Zentralregierung immer in Konflikt lag. Das zeigt der Aufstand der Huthis, die inzwischen den gesamten Nordjemen fest im Griff haben, mit Ausnahme von Marib.

Wegen der Monsunregen sind unsere Ausgrabungen immer im Frühjahr und im Herbst. Alle Gegenden des Landes bieten historische Stätten – prähistorische, sabäische, himjaritische, bis hin zu Stätten des arabischen Erbes. In den anstrengenden Grabungsmonaten leiden wir unter Hitze, Durst und Staub, im Gebirge sogar unter großer Kälte. Wir arbeiten in der Hauptstadt selbst, in der Wüste Rub al Khali – dem leeren Viertel –, auf dem mehr als 3.000 Meter hohen Dschabal Al-Awd, im Tiefland im Süden und direkt am Meer, am Indischen Ozean. An all diesen Orten enthüllt uns der zugewehte, verdichtete Boden seine antiken Schätze. Tempelanlagen, Verwaltungsgebäude, Siedlungen, Nekropolen, Schachtgräber, Stadtmauern, Staudammanlagen und Bewässerungssysteme erblicken wieder das Tageslicht und mit ihnen all die Gegenstände, die gebraucht und erfunden wurden und das damalige Leben angenehmer machten. Datiert werden die ausgegrabenen Zeitfenster bis ins Achte Jahrtausend vor unserer Zeit zurück.

Unser Leben auf den Grabungen gefällt mir trotz aller Widernisse sehr. Man ist von der überbordenden Wohlstandsgesellschaft weit weg. Man muss bescheiden sein, was die Versorgung anbelangt. Man ist losgelöst von den Zwängen unseres westlichen Alltags. Es gibt nur die Arbeit, essen, trinken, schlafen. Es ist heiß und staubig. Es ist anstrengend. Die Tierwelt hautnah. Und die Grabungsgruppe tut einem manchmal gut – und manchmal hängt einem alles zum Hals heraus. Aber da muss man dann durch. Eine gewisse Demut hilft. Demut auch vor der fremden Kultur. Vor den vergangenen Jahrtausenden und deren menschlichen Leistungen.

Wir sind immer ein deutsch-arabisches oder deutsch-äthiopisches Team. Manchmal bereichert um russische Experten und um welche aus dem EU-Gebiet. Zum letzten Mal besuche ich den Jemen 2013. Mein Mann darf mich begleiten. Der Krieg war schon so weit in Reichweite, dass Ausländer von den konservativen Seiten nicht mehr gerne gesehen werden. Al Qaida und der IS, die Huthis und südliche Separatisten machen die politische Lage unüberschaubar und tragen zur Verunsicherung bei. Wir werden am Flughafen nicht mehr vom Institutsauto abgeholt, sondern von einem neutralen PKW. Ich arbeite in unserem Institut und darf nicht mehr ausgehen. Das ist nicht schlimm, denn alle Lebensmittel werden für uns eingekauft, und ein wunderbarer Garten mit Vogelgezwitscher versüßt die Freizeit.

Bis auf die Hausmannschaft mit Muqbil, Ahmed und Haider sind wir in dem wunderbaren riesigen alten Palast unter uns. Nur Manuela, unsere Schweizer Sekretärin, ist unter der Woche vormittags auch anwesend. Sie arbeitet dort immer noch und hält die Stellung. Denn das Institut wird trotz des Krieges nie geschlossen. Manuela ist in eine jemenitische Familie integriert, kommt und geht jemenitisch gekleidet, auch mit Gesichtsschleier. Normalerweise wird man am Gang sofort als Europäerin erkannt, wie sehr man sich auch verkleidet. Aber Manuela dürfte sich in den vielen Jahren ihres Jemendaseins total assimiliert haben.

Heimlich kann ich mit Muqbil als Beschützer ein, zwei Mal in den Suq der Altstadt, um richtig jemenitische Luft zu schnuppern. Eine Entführung wäre dort schwer zu bewerkstelligen. Die Gässchen und Winkel sind zu schmal für die dicken potenziellen Entführerautos. Auch eine schnelle Flucht wäre hier nicht möglich. Ich bin allerdings ganz in Schwarz mit der traditionellen Abaja gekleidet und mit verhülltem Kopf. Von Weitem gehe ich vielleicht als Jemenitin durch, vielleicht. Ich unterrichte zwei Wochen jemenitische Archäologinnen und Archäologen, zeige, wie eine zeichnerische Dokumentation gemacht wird. Erkläre, wie die Fundstücke zeichnerisch dargestellt werden, auch wie die Zeichnungen dann gelesen werden können. Die Gruppe wird täglich in unser Institut gefahren. Sehr gerne erinnere ich mich an die schönen, gemeinsamen, sinnvollen Tage.

Immer noch wütet in Teilen des Landes ein fürchterlicher Krieg. Mehr als 200.000 Kinder sind dabei umgekommen. Und die so moralisch denkenden Westeuropäer begehren nicht auf. Die Weltöffentlichkeit schweigt dazu. Und weiterhin werden Waffen aus dem Westen für Saudi-Arabien geliefert, die gegen den Jemen eingesetzt werden. Inzwischen sind es auch andere Waffen geworden – bewusst eingesetzt: Die mangelnde medizinische Versorgung lässt die Bevölkerung an Krankheiten und an Hunger wie am Fließband sterben.

In weiser Voraussicht werden schon vor vielen Jahren weitere Ausgrabungsmöglichkeiten aufgetan – auf der anderen Seite des

Roten Meeres. Unsere Chefin Dr. Iris Gerlach ist die Leiterin der Außenstelle Sanaa im Jemen des Deutschen Archäologischen Instituts (DAI). Seit 2009 ist sie zudem die Leiterin von allen archäologischen Ausgrabungen des DAI in Äthiopien. Denn die sabäische Kultur breitete sich übers Meer nach Afrika aus. Genauer gesagt in den Tigray, in die Provinz ganz im Norden des Landes. Zunächst war es noch eine offene Frage, ob im Jemen der Ursprung der Sabäischen Kultur entstand oder umgekehrt. Dies ist inzwischen geklärt: Die Wiege der sabäischen Kultur ist im Jemen. Die Entwicklung verlief in Äthiopien etwas zeitversetzt. Sie zeichnet sich aber durch dieselbe Bauweise der Tempel und Paläste aus, mit derselben Formensprache der Fundstücke, mit derselben kultischen Verankerung.

Der größte Monumentalbau von ganz Afrika mit gigantischen Ausmaßen wird nun in Yeha erforscht. Es ist der Große Tempel mit 14 Metern Höhe, inzwischen konsolidiert. Ein absolutes Highlight. Der Palast unweit, mit einer Seitenlänge von 50 Metern, beherrscht ebenfalls die grünen Täler rundum. Unser Grabungsort liegt nahe an der Grenze zu Eritrea. Sich jäh erhebende Vulkangipfel geben Zeugnis von einer unruhigen Plattentektonik. Manchmal ragen nur noch die Basaltkerne aus Magma mit bizarren Formen hoch in den Himmel. Der Gebirgsstock selbst erodierte rundum zu fruchtbarer Erde. Im Umfeld von Yeha werden weitere sabäische Stätten gefunden. Ich zeichne seit 2009 die Fundstücke auch dieser Ausgrabungen – überlappend mit den jemenitischen. Allerdings ist die jemenitische Ausbeute der Fundstücke bedeutend größer und variationsreicher als hier im Bereich Yeha.

Ausgegraben wird immer durch Wegnehmen von Erdreich, von Steinen, von Befunden. Diese Befunde sind damit auf Nimmerwiedersehen verloren. Deshalb ist eine Dokumentation so wichtig. Jede abgetragene Schicht wird wissenschaftlich festgehalten, jede Mauer, jede Figurine, jedes Gefäß. Immer wieder taucht die Frage auf, warum ich die Fundstücke zeichne. Genügt nicht das Fotografieren? Es werden hervorragende Fotos gemacht, natürlich. Aber meine Zeichnungen sind vermessen und im Maßstab gezeichnet.

Wenn alle Einzelheiten dargestellt sind, dann könnte man das Fundstück theoretisch anhand der Zeichnung wiederherstellen, wie bei einem technischen Gegenstand. Denn die Fundstücke selber bleiben immer im jeweiligen Land. Und dieses genaue ins Detailgehen, das kann auch die technisch beste und teuerste Digitalkamera nicht. Wahrscheinlich noch nicht. Die Umrisse können zwar sehr exakt durch aufwendiges Einmessen aufgenommen und ausgedruckt werden. Aber die Oberfläche mit all ihren Informationen über die Gestaltung bleibt immer noch unklar. Wolkig und diffus erscheint die Textur. Ein normal gemachtes Foto mit einer guten Kamera kann den Habitus eines Gegenstands natürlich scharf wiedergeben, aber man kann ihn so nicht ausmessen.

Ich werde also immer noch gebraucht. Da die biologische Uhr bei mir schon längst tickt, wäre es sinnvoll, nach einer Zeichnerin oder einem Zeichner Ausschau zu halten. Halbherzige Versuche scheitern. Einfach so im Umfeld werde ich nicht fündig. Herzaubern geht auch nicht. Ich will aber meine Arbeit in würdige Hände übergeben. So hole ich mir vor drei Jahren die Genehmigung des Deutschen Archäologischen Instituts in Berlin ein und vor allem die Unterstützung von Dr. Iris Gerlach. Sie ist die zuständige Instituts- und Grabungsleiterin. So konnte ich mit der Suche nach einer Nachfolge aufs Ganze zu gehen. Ich bin als Künstlerin Mitglied bei dem Berufsverband Bildender Künstler. Dort darf ich eine bundesweite Ausschreibung ins Netz stellen, um eine zeichnerische Kraft zu finden. Die Art der Arbeit, die Anforderungen im Ausland entfernt von der Zivilisation, all das wurde beschrieben mit beigefügten Beispielen von Zeichnungen. Gesagt, getan.

Das Ergebnis ist eine Flut von Bewerbungen, die bei mir als E-Mails eingehen. Die meisten Anfragen kommen von Frauen. Der männliche Anteil ist überschaubar. In den meisten Bewerbungen rühmen sich die Interessierten übertrieben und großspurig. Sie schwärmen von den exotischen Ländern und wie sehr sie doch die Archäologie interessiere. Und zudem: „Endlich wieder einmal in Ruhe zeichnen können!“. Mein Angebot will nicht als harte Arbeit in interessanter

Umgebung verstanden werden. Es scheint, dass ich einen Geheimtrip in die eigene Seele anbiete. Die mir geschickten Zeichnungen oder sogar die gemalten Bilder haben mit meinen archäologischen Beispielen nichts zu tun. Gehen am Thema vorbei. Schwungvoll sind die Bewerbungsworte. Fast keine Bescheidenheit, keine Neugier. Keine Fragen zur erforderlichen Arbeit. Nur ich, ich, ich. Drei wirklich gute Zeichnungen kommen von einem männlichen Wesen: Sein Penis in Originalgröße, altmeisterlich. Ein Blümchenkranz rahmt die verschiedenen Positionen ein. Soll ich lachen oder weinen?

Trotzdem nehme ich drei Frauen ins Visier. Frage, ob sie sich von mir einweisen lassen. Ich verschicke Aufgaben mit Erklärungen. Die Ergebnisse korrigiere ich, schicke sie zurück, um die Korrekturen wieder korrigiert zu bekommen. Aber es ist ein Drama. Jede hat meine Zeichnungen vor sich, wie sie in der Ausschreibung als Muster vorgegeben sind. Ich frage mich: Haben die alle keine Augen im Kopf? Na ja, „Ich als Künstlerin …“

Bei einer Kandidatin gebe ich mir noch mehr Mühe. Sie hat ein abgeschlossenes Studium im naturwissenschaftlichen Bereich, arbeitete einige Zeit in der freien Wirtschaft. Wird dann aber auch freie Künstlerin, was immer das heißt. Schickt mir ein paar schöne Zeichnungen in naturalistischer Darstellung. Ich denke, sie weiß besser, was arbeiten heißt. Bestimmt zehnmal gehen die Versuche hin und her, bis das Ergebnis so mit Ach und Krach hinnehmbar ist. Deshalb bekommt die Erwählte zwei Wochen Probezeit in Äthiopien. In Frankfurt am Flughafen treffen wir uns. Ich sehe sie schon von Weitem – und erschrecke. Ihr Handgepäck wiegt 20 Kilo. Und es besteht nur aus Zeichenmaterial. Der große Koffer wiegt 30 Kilo, worin sich auch noch Gestelle für Zeichenablagen befinden. Meine Empfehlung war gewesen: Bleistift, Radiergummi, Geodreieck, Transparentpapier.

Das Ganze war ein totaler Reinfall. Für einen Becher, den ich in einer Viertelstunde maßgerecht aufzeichne, braucht sie acht Stunden. Nach drei Tagen ist es nicht besser, und nach zwei Wochen nicht viel.

Sie kommt auch in der Gruppe nicht gut an. Und die Chefin will sie schon gar nicht.

War lernt man daraus? Nie wieder jemanden engagieren, bevor man ihn nicht persönlich in Augenschein genommen hat! Ein weiterer Versuch MIT Augenschein: Von verlässlicher Seite wird mir eine junge Frau empfohlen, die das könne. Ich lade sie für ein Wochenende zu mir nach Hause zu einem Crashkurs ein. Am zweiten Tag schmeißt sie den Bleistift hin, rauscht ab und bedankt sich nicht mal. Dann doch noch drei Versuche aus dem Bewerbungsmaterial. Die Ergebnisse haben nichts mit archäologischen Zeichnungen gemein. Alle, alle sind felsenfest überzeugt, dass sie ja so gut zeichnen können und „das Archäologische, pfff, das habe ich in ein paar Stunden kapiert".

Ich schreibe bei der ganzen Aktion an die 1.200 E-Mails. Muss alle Versuche von der Probezeitfrau selbst noch einmal zeichnen. Und von „Künstlerinnen" habe ich die Nase voll.

Bald darauf bricht im Tigray der Krieg aus. Ein furchtbarer Krieg. Regierungstruppen des Präsidenten, eines Friedensnobelpreisträgers, mobilisieren sich im Norden im November 2020 zur Abschlachterei – mit Eritrea an ihrer Seite. Über zwei Jahre ist es unmöglich, dort zu graben. Als kleines Team machen wir kleine Aufarbeitungskampagnen im Nationalmuseum in Addis Abeba. Im Frühjahr 2023 gibt es einen Quasi-Friedensvertrag. Im Herbst darauf besucht Iris Gerlach mit drei Kollegen unsere Ausgrabung in Yeha. Es war ein Kondolenzbesuch für die Überlebenden. Sie sind alle traumatisiert. Aber das ganze Dorf erscheint zur Begrüßung. Weinend fallen sich alle immer wieder in die Arme. Die Menschen wirken wie erlöst. Immer wieder wird betont, dass der Besuch der Archäologen als Versprechen verstanden wird, dass sich das Leben wieder normalisiert. Und so war es denn auch: In diesem Frühjahr ist das Versprechen eingelöst worden. Und, *Inshallah,* in den kommenden Zeiten hoffentlich weiterhin …

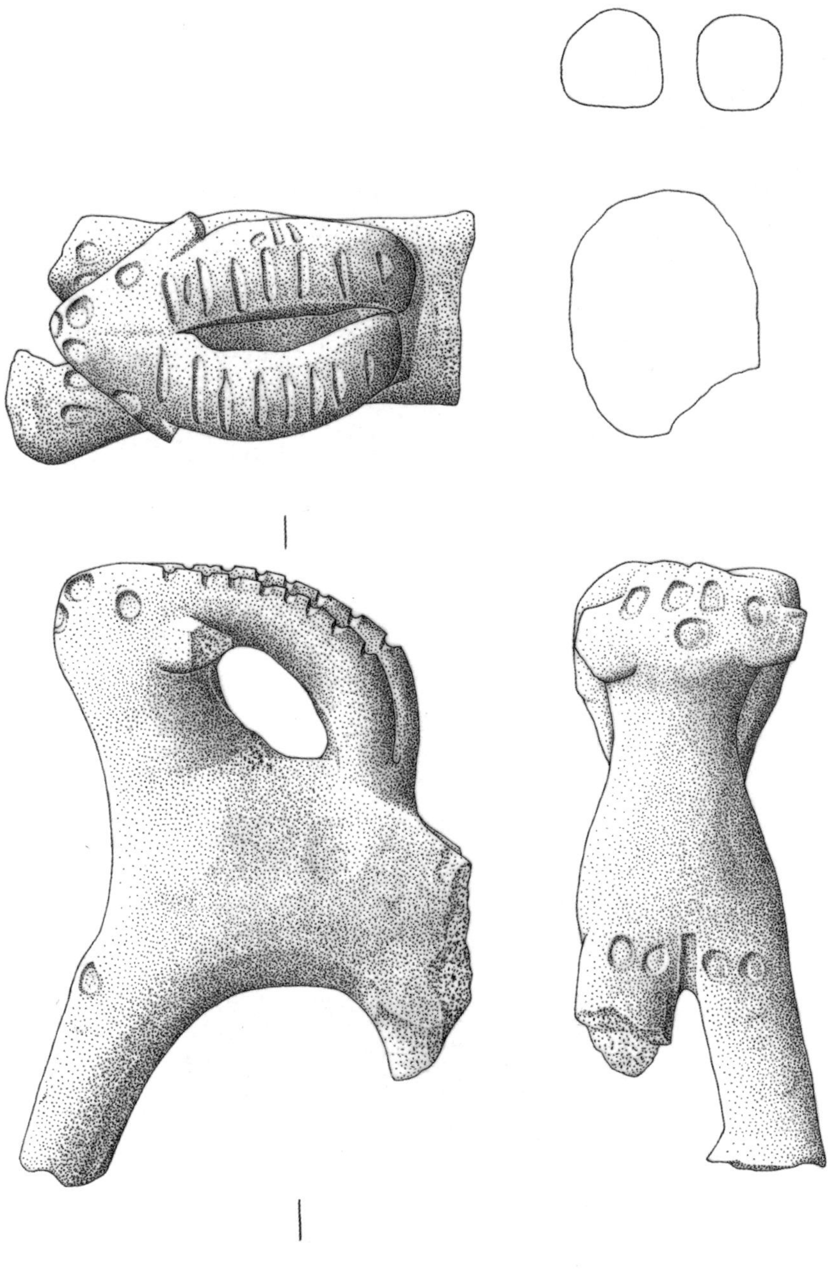

Archäologische Zeichnung eines Steinbockfragments

Kolonialzeit

Onkel Franz

AFRIKA

Und wieder bin ich bei den Toten gelandet. Und zudem in Afrika. Und mit beiden hat eines meiner ganz privaten Kabinettstückchen zu tun. Denn plötzlich sitze ich ohne Geld da. Als stolze Besitzerin eines Wohn- und Geschäftshauses in Dresden kann ich die Raten meines Bankdarlehens nicht mehr aufbringen. Denn zwei von meinen drei Mietparteien bezahlen keine Miete mehr. Ich habe mich verkalkuliert und schäme mich schrecklich. Denke, dass ich vor Scham keinem Menschen mehr ins Gesicht schauen kann. Wenn ich mich umbringen würde, hätte ich beide Probleme auf einen Schlag gelöst. Mit einem gut sitzenden Schnitt. In meine Pulsadern. Und die nicht quer, sondern der Länge nach, wie man das ja aus einigen Filmen kennt. Zur Probe lege ich schon mal ein Messer an. Nur zur Probe. Denn im Grunde will ich mich gar nicht ins Jenseits befördern. Ich bin von Natur aus ein positiv denkender Mensch. So bringt mich ein Gedankenblitz auf die geniale Lösung: Ich verschwinde nach Afrika! Auf meinem Konto sind noch 5.000 DM. Die hebe ich ab, schlage mich bis in den Kongo durch, lebe dort solange das Geld reicht, und danach kann ich mich immer noch umbringen. Mein Lachen vertreibt meine schwarzen Nebel im Galopp.

Dass ich mich gerade nach Afrika retten wollte, hat sicherlich seine Bedeutung. Denn „Afrika", das war das zauberischste Wort meiner Kindheit. Die Afrika-Erzählungen des Vaters verlocken mich, ihm zu folgen. Denn sein Wunschtraum war es, mit einem Kahn die Donau hinunter zu rudern bis ins Schwarze Meer, dann durch die Dardanellen ins Mittelmeer, an die Küste von Nordafrika, weiter ins Nildelta und hinein in das schwarze, schwarze Afrika. Als Gutenachtgeschichte brennt sich meines Vaters Traum in mein Kinderhirn. Nichts kann meine Phantasie mehr beflügeln als Vaters himmlisch schöne Erzählungen von Buschmännern, Menschenfressern, Elefanten und Giraffen, von Löwen, Antilopen, Gorillas und Pavianherden, von Wanderheuschrecken und Riesenschmetterlingen und von verwegenen Naturforschern mit ihren Schießgewehren!

Doch die Geschichte mit der Würgeschlange beeindruckt mich, die junge Möchtegern-Naturforscherin, am allermeisten. Und die geht so:

Ein einsamer Wanderer in Afrikas Savanne fällt in eine fast zugewachsene Zisterne. Er hat keine Chance, da wieder herauszukommen; und zu allem Unglück sieht er sich da unten Aug in Aug einer Python gegenüber. Es ist deren Tagesversteck. Doch die Schlange tut ihm nichts, geht bei Dämmerung auf die Jagd, kommt im Morgengrauen mit geblähtem Leib zurück. Sie döst tagsüber und verdaut. Doch nach ein paar Tagen bringt seine Mitbewohnerin ein totes Erdhörnchen mit in den Schacht und legt es neben den Verunglückten. Dann eine Wüstenspringmaus, eine Tarantel, sogar ein Kaninchen. Aber ihn gruselt es gewaltig vor den toten Tieren. Die Schlange wundert sich sicherlich über das seltsame Menschenkind. An einer der nächsten Morgenstunden hat sie es satt, dem dummen Warmblütler vergebens Futter anzubieten. So kriecht sie den steingesetzten ehemaligen Brunnenschacht hoch, lässt ihr beachtlich langes Schwanzteil herunterhängen, biegt das Ende zu einem Kringel und verharrt.

Bei diesem Teil der Geschichte angekommen, fiebern meine Augen bereits in Erwartung, ob sich der Geschwächte wohl traut, den Rettungsanker zu ergreifen. Er traut sich – nach längerem Zögern. Und siehe da, kaum hat er das Schwanzteil gepackt, zieht ihn das Reptil aus seinem Gefängnis. Die immer und immer wieder erzählte Geschichte ist aber noch nicht zu Ende. Denn der undankbare Mensch führt skrupellose Tierfänger zum Versteck der Python. Und als sie diese mit einem großen Netz gefangen und herauszogen haben, erblickt die Retterin unter den Häschern auch den von ihr Geretteten.

Viele, viele Jahre später kommt der Verräter in ein Dorf. Er schlendert über den Marktplatz und steht plötzlich einem Tierkäfig gegenüber. Neugierig nähert er sein Gesicht dem Gitter. Er sieht eine zusammengerollte Würgeschlange, und – sie erkennen sich gegenseitig im selben Augenblick. Die gefangene Riesenschlange speit ihm, ohne auch nur den Bruchteil einer Schrecksekunde gezögert zu haben, ins Gesicht. Der Schleim entzündet die getroffene Wange, und die Wunde heilt nie wieder. Sie schwärt und schmerzt und stinkt. Der Undankbare ist auf immer entstellt und siecht für den Rest seines Lebens mit verhülltem Gesicht dahin.

Überwältigt von der Geschichte, entscheide ich mich endgültig, Naturforscherin zu werden. Will auch in eine Zisterne fallen und mich vom Schwanz einer Python aus dieser herausziehen lassen. Natürlich würde ich meine Retterin niemals verraten. Nie und nimmer.

Meine erste reale Berührung mit dem mich so faszinierenden schwarzen Erdteil kam mit einer von Tante Hanna geschenkten Spardose zustande. Da kniet in Miniaturausgabe ein Negerkind bescheiden auf einer kleinen Holzkiste, in Braun- und Grüntönen schön bemalt. Züchtig in Missionstracht gekleidet, hat es Kulleraugen und einen Querschlitz am Kopf. Da darf ich meine Sparmünzen hineinstecken. Und dabei nickt das Negerlein dann ein paarmal dankend mit seinem Kopf. Vergelts Gott! Immer und immer wieder muss das arme Kind nicken, denn ich fingere meine Münzen unten am Boden jedes Mal wieder geschickt heraus, um sie oben erneut hineinzustecken.

Mein damaliges Afrikabild runden weitere treffende Erinnerungen ab. Unliebsamen Jungs schrien wir „Neger, Neger, Schornsteinfeger" hinterher. Das beliebte Spiel „Wer fürchtet sich vorm schwarzen Mann" erweitert unser Weltbild etwas mehr. Realer erproben meine Busenfreundin Christel und ich unseren Charme als Vierjährige an schwarzen Besatzungssoldaten. Sie sind in der nahen Suttschule untergebracht. Viele von ihnen lungern gelangweilt im Schulhof herum. Und dahin zotteln zwei kleine Mädchen mit ihren Puppenwägen. Deren Holzräder rutschen über die Kieselsteine die Gasse entlang. Am Gitter zum Schulhof werden die kleinen Schlaumeierinnen etwas langsamer. Und prompt streckt einer dieser Soldaten seine schwarze Hand durchs Gitter und hält uns zwei Schokoladeriegel hin.

Die Möchtegern–Naturforscherin kommt wirklich nach Afrika. Sie erklimmt dort zwar keine Zisternenwände, klettert dafür aber immer wieder über Mauerreste von Ausgrabungsstätten. Viele Jahre vorher aber bleibt ihre Seele im Nahen und Mittleren Osten hängen, im Orient. Äthiopien kommt dann als weiteres Geschenk hinzu. Und natürlich Ägypten.

Afrika spukt also weiter in meinen Sehnsüchten herum. Ich hatte nämlich einen Onkel, den Onkel Franz mit dem Russischbuch. Die Erziehungsmethoden seines autoritären Vaters waren brutal. Er hält den Jungen einmal zur Strafe aus dem Fenster im vierten Stock der Augsburger Wohnung. Droht ihm, ihn fallen zu lassen, wenn er nicht aufhöre zu schreien. Wahrscheinlich leidet der Onkel deshalb schon als Kind an fürchterlichen Kopfschmerzen. Deshalb schafft er kein Abitur. Der Vater will, dass er Priester wird. Und da diese Rechnung nicht aufgeht, steckt er den jungen Mann nach Sankt Ottilien in Oberbayern ins Kloster. Er ist dort sehr unglücklich. Der Prior erkenn aber sein künstlerisches Talent. So wird Bruder Franz zum Buchmaler ausgebildet. Das rettet ihm nach dem Zweiten Weltkrieg das Leben. Er kommt in russische Gefangenschaft und wird in ein Lager bis hinter den Ural deportiert. Auch dort erkennt man das künstlerische Talent des Onkels. So erhält er von den Offizieren immer wieder Aufträge, sie zu porträtieren. Die Farben muss er selbst herstellen. Er sammelt Erden, presst Blüten aus, verbrennt Stroh. Und wenn der Auftraggeber ein höheres Tier ist, besorgt ihm dieser sogar Goldstaub. Damit bekommt dessen gemaltes Konterfei eine Glorie aus Gold – wie bei den Heiligenbildern russischer Ikonen.

Die Vorkriegsjahre im Kloster quält sich Onkel Franz weiter durch's Leben. So nimmt er eines Tages das Angebot des Priors an, als Missionar nach Deutsch-Ost-Afrika zu gehen. Er lernt Suaheli. Er hat das Schiffsticket schon in der Tasche, als der Zweite Weltkrieg ausbricht. Statt Tansania wird es „Irgendwo-in-der-Taiga". Schwer krank kommt er nach Jahren in der Gefangenschaft zurück. Er darf dann, was jedem Mönch nach dem Kriegseinsatz erlaubt wird, seine ewigen Gelübde zurücknehmen. Er will heiraten. Zum Entsetzen der Familie sucht er sich seine Frau mit einem Zeitungsinserat. Damals war das sehr mutig. Doch er findet sein „Doggerl" und wird mit ihr glücklich sein Leben lang. Mit zwei Kindern sind sie eine Familie geworden. Und wieder hilft die klösterliche Ausbildung zum Buchmaler, seine Familie mit Ach und Krach über Wasser zu halten.

Oft verbringe ich die Schulferien bei Onkel und Tante mit den heranwachsenden Kindern Klaus und Brigitte. Der Onkel hat eine wunderbare Künstlerwerkstatt. Da schnuppere ich Farben und Lösungsmittel, bestaune die Hexenküche mit Gold und Purpur und Lapislazuli und darf sogar kleine Handreichungen machen. Und dort wird mir wahrscheinlich auch der Grundstein für meine spätere Kunstleidenschaft und Profession gelegt.

Meine Ferienaufenthalte werden von Onkel Franzens afrikanischen Erzählungen bereichert, über die Zulus im Suaheli-Land, über deren Bräuche, ihren Unglauben, ihre Kraals. Er hatte sich ausführlich auf seinen Einsatz als Missionar vorbereiten müssen. So besitzt er stapelweise Missionshefte, dick zu Büchern gebunden, bebildert mit rassistischen Stahlstichen. Man kann über das Missionswesen lesen, über das grausame Vorgehen der Deutschen nach dem Motto: Besser ein toter Zulu als ein ungläubiger. Unmengen an solchen Heften musste Onkel Franz studieren, um den Eingeborenen die nötige Gottesfurcht beibringen zu können. Fotos belegen grausame Hinrichtungen. Menschengruppen werden einfach in Abgründe gestoßen. Vom Ausrotten der verstockten Stämme ist anschaulich zu lesen, was mein Mitgefühl weckt bis hin zum Parteiergreifen.
Mein Onkel verurteilt die schrecklichen Geschehnisse. Trotzdem bleiben ihm Schwarze Menschen unheimlich. Er entsetzt sich über meine Provokation, solch einen Menschen heiraten zu können. Das könne ich doch nie und nimmer! Das könne ich schon! Mir vorstellen, einen schwarzen Afrikaner als Ehemann zu haben. Nun, schokoladesüchtig werde ich nicht. Aber ich bewege mich gerne in fremden Ländern. Ich folge dabei meinem zarten inneren Kompass. Und dem ist es sowas von egal, welche Hautfarbe mein Gegenüber hat.

Unser Stadl

FUCHS UND HAS

Unser Sommerhaus liegt inmitten von Wiesen, die wiederum von Wäldchen gesäumt sind. Ein Rinnsal, das wir Bächlein nennen, fließt zwanzig Meter hinter dem Wiesenstück vorbei, das wir zu unserem Grund gehörend ansehen. Eigentlich haben wir nur zwei Meter rundum, aber der Pacht-Bauer hat nichts dagegen, wenn wir unseren Tisch bei heißem Wetter an den schattigen „Strand" stellen. Durstige Erlen mit schwarzgrünem Sommerlaub siedelten sich vor Jahrzehnten an seinem Ufer an. Die gesicherte Nahrungsquelle hat sie dicht und hoch aufwachsen lassen. Spät austreibend, geben sie im Frühjahr immer noch den Blick auf weitere Wiesen und einen bewaldeten Hügelkamm frei. Im Sommer rauschen die Blätter mit den schwingenden Bewegungen der Äste im Wind, besonders, wenn er aus Norden weht. Dieser bläst in die Baumgehäuse und fegt um unsere Wächter. Man könnte glauben, dass Riesen die Blätterdächer schütteln. Sie wabern und sträuben und glätten sich. Stöhnen mal heftig, dann auch wieder sanft mit ihrem Blattgefieder. Im Unterholz blinkt dann das Gegenlicht der sinkenden Sonne, und die schwarze Dämmerung flüstert Goethes Erlkönig.

Unser Sommerhaus war ursprünglich ein Geräteschuppen für die Landwirtschaft. Er stand mit seinen vier Bretterwänden auf dem blanken Feldboden. Gedeckt mit Dachziegeln bestand er aus drei Räumen. Durch einige Tore konnte der Bauer seine Fahrzeuge einstellen. Beim hinteren Raum, mit einem Plumpsklo, drohte das Dach einzustürzen. Und wenn so ein Stadl am Zusammenfallen ist, sollte man ihn möglichst schnell reparieren. Wenn das versäumt wird, darf er nicht wieder aufgebaut werden. So sagt es das Baugesetz. Also wird er von der Holzbaufirma Redle repariert. Ein mächtiger Firstbalken, vermauerte Firstziegel und eine neue Deckung im dritten Gebäudeteil wird nun sicherlich die nächsten hundert Jahre der rauen Allgäuer Witterung standhalten.

Dieser dritte Teil ist unsere Badestube geworden, unser „Grünes Gewölbe". Wir legten sie mit grünem Teppichboden auf

Spanplatten aus, und auch eine Wand ist damit abgespannt. Weitere Teppiche hängen vor einer Bretterwand, was den Raum sehr wohnlich macht. Vom Durchzug einmal abgesehen. Fließendes Wasser gibt es nicht. Dafür werden drei Regentonnen von den Dachrinnen gespeist. Das ist unser Waschwasser und das Gießwasser für die gepflanzten Büsche. Kochwasser schleppt mein Mann in Kanistern heran, und für Trinkwasser kaufen wir Plastikflaschen, mal mit, mal ohne Sprudel.

Neben der Badestube ist unser Lagerraum. Kiesel liegen als Schüttung auf dem satten Lehmboden. Die Gletscher der letzten Eiszeit hatten mit ihrem Mahlstrom die Voralpenlandschaft geformt. Die Eismassen schoben und schürften die langgezogene Hügellandschaft des Unterallgäus von den Alpen herab. Mit ihrem Geschiebe entstanden liebliche Nordsüdtäler auf fettem Lehm. Sogar im Sommer bleiben die auf den Kieseln lagernden Getränke kühl, so wie der in einer Box aufbewahrte Gemüsevorrat. Plastikregale schimmeln nicht, deswegen verzichteten wir auf die Verwendung von Holz. Geräte und Gartenutensilien, Gummistiefel, Abdeckfolien und weiterer Kram häufen sich, und Sitzkissen für unser Bänkle draußen und für die Gästestühle.

Zwei wunderbare Zimmerleute wohnten damals noch im Nachbarhof. Sie übernahmen den Ausbau des Hauptraums. Ein gedämmter Fußboden mit OSB-Platten und ein gedämmtes Dach mit Holzschalung sind die ersten Baumaßnahmen. Als nächstes wird eins der Tore komplett verschlossen. Das zweite nur zu zwei Drittel. Die offen gebliebene Stelle ist mit dem alten Restholz unsere Eingangstüre geworden. Das dritte Tor ist auf unserer Schauseite. Dort ist ein Riesenfenster mit Glastüre eingebaut. Hier blicken wir in unseren Wiesengrund, ins grüne Paradies, in die Erlen und die Wäldchen dahinter. Das Raffinierte dabei sind die alten Torflügel. Sind wir nicht anwesend, sind sie wie eh und je geschlossen. Niemand ahnt dann, was für ein Schatzkästchen sich drinnen auftut. Nur ein Stadl steht hier, der vor sich hinschläft.

Jedem Besucher fallen die Augen aus dem Kopf, wenn er den Wohnraum betritt. Die Balkenkonstruktion, das Fachwerk der Wände heimeln an, dazwischen die gedämmten, weiß gestrichenen Felder. Das Dach gibt innen Raum mit fast sieben Metern Höhe zum First. Ach ja, ein großes Dachfenster öffnet nachts den Blick in die Sterne. Dies alles verrät, warum es ein Sommerhaus ist. Trotz der Innendämmung kann man es nicht wirklich warm bekommen. Aber sobald es die Jahreszeit erlaubt, ist es ein Atelier und ein Wohlfühlraum. Es ist gemütlich, ländlich-orientalisch eingerichtet. Seit ein paar Jahren spendet eine Solar-Anlage mit nur zwei Modulen etwas Strom. Damit hält ein kleiner Kühlschrank Wurst und Käse kühl. Aber am wichtigsten ist unsere kleine Stromversorgung fürs Lesen vor dem Einschlafen und zum Aufladen unserer Rechner. Mäuse und letztens sogar ein Marder haben sich hier im Winter immer wieder ein trockenes Plätzchen gesichert. Und benahmen sich nicht gerade stubenrein.

Die Zufahrt zu unserem Stadl endet als Feldweg am Bächle. Landwirtschaftliche Ungetüme graben weitere Spuren ins Gras. Oben geht das Sträßchen bis zum Waldrand, und nur der Forstbetrieb darf weiter. Rehe, Füchse und Hasen sagen sich gute Nacht. Der Rote Milan ist mit seinen gellenden Schreien hier auch zuhause, und Falken rütteln im Wind. Rotschwänzchen und Blaumeisen, Bachstelzen und Schwalben grüßen mit Fledermäusen bis in den späten Abend hinein. Sogar Dachse suhlen sich manchmal im Gras, und aufgestört wackeln sie wie pralle Mehlsäcke davon.

Vor den hochsteigenden Wäldern liegt noch ein Anwesen. Dieses Fleckchen Erde hat eine besondere Bedeutung für uns: Unser Nachbar und Freund Hans-Jürgen lebt dort. Noch vor einem Jahr hätte ich gesagt, dass unsere benachbarten Freunde Karin und Hans-Jürgen dort leben. Aber Karin ruht inzwischen, viel beweint, zum letzten Schlaf unter einem wunderschönen, riesigen Stein aus Granit. Mit ihr alt gewordene Bäume umgeben sie, behütet von einem Mammutbaum. Sie ist von ihrem eigenen Land umgeben, von Funkien, Farnen, Rhododendren und von Storchschnabel und

Ehrenpreis. Karins Aura gibt dem Ort mit dem Bänkchen davor etwas Anrührendes.

Vor einem halben Jahrhundert hatte das Paar die ursprünglich landwirtschaftliche Erde mit einem Bauernhaus darauf erworben. Es wurde um- und ausgebaut und zum Wohnhaus für die Familie mit den zwei Buben Oliver und Michael. Die Buben sind inzwischen die Nachfolger einer Weltfirma, die Hans-Jürgen als Ingenieur gegründet und aufgebaut hat. Es ist eine innovative Maschinenbaufirma für die Herstellung von Sondermaschinen und Anlagen zur Rationalisierung von Arbeitsabläufen im allgemeinen Maschinen- und Stahlbau. Inzwischen ist Oliver der Geschäftsführer, wobei Michael einen weiteren führenden Posten bekleidet.

Seit Karins Tod hat sich für Hans-Jürgen vieles geändert. Sie fehlt ihm. Aber den Großteil seines täglichen Lebens kann er gar nicht ändern. Denn Hans-Jürgen hat viele, viele Kinder. Besondere Kinder, und die darf er nicht vernachlässigen. Er ist ein leidenschaftlicher Gärtner. Ein Gärtner von tausenden von Bäumen, Sträuchern, von Sukkulenten, Kakteen, Blumen, Gewächshauspflanzen. Sie alle hat er gepflanzt und aufgezogen. Er hütet nun einen ganzen Park aus Bäumen, hütet sein Arboretum, einem botanischen Garten gleich. Alle Pflanzen brauchen Wasser, wollen gedüngt und zugeschnitten werden, wollen ihr Erdreich gelockert bekommen, angebunden werden. Im Herbst brauchen viele einen Wintermantel, der im Frühjahr wieder ausgezogen werden muss. Die Säereien im Gewächshaus gehen auf und warten auf besondere Obhut.

All seine Pflanzenkinder bekommen Hans-Jürgens Fürsorge. Er kennt alle ihre Bedürfnisse und sie verlangen jeden Tag ihren Tribut von ihm. Kein Achtstundentag genügt. Und schickt der Himmel mal wenig Regen, dann kommen noch weitere Bewässerungsstunden hinzu. Natürlich schwinden langsam die Kräfte. Und das tut dem Freund weh, wenn sein Körper Abstriche im Hegen und Pflegen fordert. Aber er ist verantwortlich für alle seine Pflanzenkinder. Er kann sein Arboretum nicht im Stich lassen. Und was ganz unvorstellbar ist: Dieses Zauberland hat Hans-Jürgen allein in seiner Freizeit geschaffen.

Nicht der Zauberer von Oz, sondern der Zauberer von Stockbauren eroberte sich sein Reich. Und seine liebe Karin tanzte mit den roten Schuhen von Dorothy immer an Hans-Jürgens Seite. Sang *Over the Rainbow* für ihn. Sie war seine Freude, seine Hilfe, sein Rückgrat. Einst war das erworbene Land eine grüne Wiese mit einem halb verfallenen Bauernhof. Daneben stand und steht immer noch eine dreihundertjährige Linde, die schon den Dreißigjährigen Krieg aus der Vogelperspektiver erlebt hat. Die entstandene bäuerliche Villa war das Refugium der Familie, dann, als die Kinder flügge wurden, das Heim des älter werdenden Ehepaares, und schließlich ist es der Hort des Witwers geworden, ein Hort, der ihn schützt und nunmehr auch tröstet.

Obwohl sich Hans-Jürgen schon vor Jahren aus seiner Firma zurückgezogen hat und nur noch beratend sein Lebenswerk betreut, ist er nicht im Ruhestand. Im Gegenteil. Kaum weiß er, wie er das nötige Tagespensum schaffen kann. Ist er nicht draußen im Einsatz, entwirft er drinnen seine Pläne. Der Ingenieur in ihm hat sich unabhängig von amtlichem Strom und Wasser gemacht. Er versorgt sich schon seit Jahren mit einer Photovoltaik-Anlage. Aus fünfundzwanzig Metern Tiefe pumpt er Wasser in einen Brunnen. Ein raffiniertes Reinigungssystem schafft Trinkwasser und Wasser für den Hausverbrauch, für die Bewässerung von Baum und Strauch mitsamt Gewächshaus und Schwimmbad.

Als Ausgleich zum starren Eisen- und Stahl-Material in seiner Firma kommt die Sehnsucht nach Lebendigem hinzu, nach Wachsen und Werden und auch nach dem Erleben des Vergehens. Zum Teilhaben am Wunder der Physik mit dem Herstellen von Maschinen verbindet sich das Teilhaben am Wunder der Schöpfung. Hans-Jürgen ist der Gärtner und Schöpfer seines in 50 Jahren von ihm gesäten, gepflanzten, gestalteten und geschützten Arboretums. Es ist ein Garten Eden der Bäume geworden. Sein Leben. Einheimische und exotische Gewächse werden Brüder und

Schwestern, wachsen Schulter an Schulter über das Hausdach. Allein zwölf verschiedene Eichenarten versammeln sich hier. Laubbäume und Nadelgehölze schaffen mit ihrem Gefieder eine riesige Kathedrale. Es sind Tausende von Bäumen und davon mehr als 800 verschiedene Arten. Arten! Seit Karins Tod ist einiges anders geworden. Aber unverändert bleiben Hans-Jürgens Demut gegenüber der Natur, seine Liebe zu seinen Bäumen und sonstigen Gewächsen und zu allem Kreatürlichem. Unverändert bleibt sein Arbeitswille, der sein Werk am Leben hält. Es ist harte Arbeit, aber sein Wundergarten atmet mit ihm.

Er kennt auch alle Tiere, die sein Reich bewohnen oder aus dem Wald zu ihm auf Besuch kommen. Er kennt alle Vögel und weiß genau, warum sie gerade dies oder jenes tun. Er liebt eben auch die Tiere. Und so entstehen neue Pläne. Unser Freund sieht in einem Prospekt für Pflanzen und Tiere ein Foto, wo ein älterer Mann ein Huhn im Arm hält, es streichelt und ihm wohl etwas zuflüstert. Das Huhn hält seine Augen geschlossen und genießt offensichtlich die Zuwendung. Da entsteht in Hans-Jürgen der Wunsch, auch selber so einem Huhn durchs zarte Gefieder zu streicheln. Gedacht – getan. Inzwischen hat er ein Gehege für seine drei Hühner und einen Prachthahn gebaut. Und, weil es ihm sonst zu langweilig geworden wäre, staute er seinen kleinen Bach mit einer Betonmauer zu einem kleinen Tümpel. Dort können die inzwischen auch zu seinem Anwesen gehörenden drei indischen Laufenten schwimmen. Enten und Hühner gehen sich etwas aus dem Weg, aber auf die Weite vertragen sie sich. Die Enten immer im Trio, die Hühner eher individualistisch. Der Hahn weiß, dass er wunderschön ist, und seine Damen bewundern ihn grenzenlos.

Mein Mann Georg und ich, wir halten bei unserem Freund ab und zu Einkehr auf einen munteren Schwatz. Zur Abendstund darf dann das Glas Rotwein nicht fehlen. Manchmal werden es auch zwei, und einmal waren es sogar drei. Diese führten uns bei Neumond und ohne Taschenlampe fast in Hans-Jürgens mannshohe Agaven. Wir hoffen so sehr, dass wir in dieser Dreierrunde noch lange beisammen sein können.

Die zwei Freundinnen

FRAUENPOWER

Weit war sie in der Welt unterwegs. Jahre in Tunesien, Jahre in Argentinien, Jahre in Spanien. Ausgangspunkt und Endpunkt das Allgäu. Hinzu kommen England und Belgien, die Schweiz und ausgedehnte Reisen in die Mongolei, nach Neuseeland und in die USA. Als Kosmopolitin findet sie so schnell keine Konkurrenz.

Unsere Eltern waren befreundet. Die Freundschaft beginnt mit unseren Vätern Josef und Alfons. Sie arbeiten beide in der Stadtverwaltung Kempten und lernen sich dort kennen und schätzen. Mit gegenseitigen Einladungen befreunden sich auch die beiden Ehefrauen Therese und Romana. Zu den drei Kindern Michael, Josef und Marianne der Familie Stachel kommen fünf von Familie Mayr hinzu: Elisabeth, Irmgard, Bernadette, Albert und Monika. Bei unseren gemeinsamen Auftritten im Zwölfertrupp, mit acht Kindern und vier Erwachsenen, sind wir nie zu übersehen. Und auch nicht zu überhören.

Elisabeth, die Älteste der Mayrbande und ich, die Älteste der Stachels, sind heute noch befreundet. Immerhin dürften wir uns bereits an die 72 Jahre kennen.

Die Sonntagsspaziergänge zu den Vorarlberger Gräbern, nach Spießeck, auf den Hauchenberg und in den Kemptener Wald zum Dengelstein sind von uns Kindern nie gewünscht. Schon deren bloße Ankündigung verdirbt uns sofort die Stimmung. Schlurfend und mürrisch ziehen wir einen Flunsch, hinken den Erwachsenen hinterher – aber immer kehren wir fröhlich ausgelassen rumhüpfend zurück. Wir wären wohl keine normalen Kinder gewesen, wenn wir im Rudel keine gute Laune hätten aufbringen können. Zufrieden und ausgetobt kehren wir heim. Sind brav und handsam, und nach dem Abendessen geht es ohne Widerrede ins Bett.

Bei uns, den Stachels, geht es streng zu, bei Mayrs liberal. Wir sind stockkatholisch, Mayrs freigeistig. Sie kritisieren die katholische

Kirche, bei uns ist das Thema tabu. Ich muss auf die Klosterschule, Elisabeth darf in eine weltliche gehen. Wir wohnen im alten Stil mit alten Möbeln, Mayrs Wohnung ist licht, hell und luftig im damals noch unbekannten Ikea-Stil. Auf den frisch verlegten Holzdielen ihres Wohnzimmers gesellt sich zu den Korbstühlen eine Palme. Und das im Allgäu! Damals!

Gemeinsam sind unseren Familien die Wanderfreude, das Bergsteigen und die Liebe zu den Büchern. Unsere Eltern sind schon längst gestorben, aber Elisabeth und mich gibt es immer noch. Beide sind wir nach langen Auslandsjahren wieder in unserer Geburtsstadt Kempten gelandet. Und beide genießen wir hier auch das Kleinstädtische. Es gibt einem im Alter Geborgenheit. Man trifft Bekannte auf der Straße, hält ein kleines Schwätzchen oder winkt sich einfach fröhlich zu. Gemeinsam verbrachte alte Zeiten verbinden. Diese Basis ist haltbar und erdet. An die zwanzig Jahre, vielleicht sogar länger, sehen wir Freundinnen uns nur sporadisch mal zwischen Tür und Angel. Trotzdem hat diese Basis etwas Vertrautes. Wir wissen, wovon wir reden.

Aber wir entwickeln uns zunächst nicht in die gleiche Richtung. Während sich Elisabeth, kaum flügge, bereits den Wind der großen weiten Welt um die Nase wehen lässt, brauche ich zwanzig Jahre, um auszubrechen. Aber unsere Schicksalsschläge waren gut verteilt. Und auch das verbindet wiederum.

Bücher lieben wir beide immer noch. Elisabeth liebt weiterhin Wandern und Bergsteigen. Ich bin etwas fauler geworden. Beide sind wir geschieden und beide wieder glücklich verheiratet. In einer Sache sind wir nicht ganz auf einer Linie: Ich bin zwar nicht religiös, aber im weiteren Sinne halte ich Religionen für wichtige Grundfesten der Menschheit – Elisabeth hingegen hält Religionen für alles Übel der Welt. Alle Kriege hätten darin ihren Ursprung. Ich denke hingegen, dass die Gier nach Macht und Geld das allgemein menschliche Grundübel ist und die Religion eher benutzt wird, um Hass zu schüren, der Kriege auslöst.

Elisabeth bezeichnet sich als Feministin. Sie ist Feministin. Sie orientiert sich an den Menschenrechten. Sie setzt sich dafür ein, dass allen Menschen gleiche Rechte zustehen. Ihr Sinn für Gerechtigkeit ist beispielgebend. Ihre Fröhlichkeit ist ansteckend. Ihre Tatkraft unermüdlich und ihre Warmherzigkeit einfach wohltuend.

Kempten wird Elisabeth schon gleich nach dem Schulabschluss zu eng. Als Aupairmädchen in London stößt sie sich die ersten Hörner ab. Ich will dort ihre Stelle übernehmen, aber leider hatte mich mein Freund, der dann auch mein erster Ehemann wird, vor die Wahl gestellt: „Entweder England oder ich!" Selbst als ich dann als Teilkonstrukteurin für Maschinenbau nur in die weite kleine Welt nach Aulendorf will, wähle ich, wieder vor die Alternative gestellt, – na was wohl? – das Ehelos. Das rächt sich – mit einem unerfüllten Leben. Ich schaffe es erst viele Jahre später, mir meinen Traum vom Ganz-ganz-weit-weg zu erfüllen.

Einmal Auslandsluft geschnuppert, kann Elisabeth nach Stationen in Europa ihren Ehemann nach Tunis begleiten. Er arbeitet als Bibliothekar für das Goethe Institut. Bald ist die junge Frau auch selber wieder berufstätig – als Krankenschwester für die Entwicklungshelfer. Während dieser Zeit kann sie ganz Afrika bereisen. Die drei oder vier Jahre Tunesien besiegeln bei Elisabeth das Ganz-weit-weg-von-hier: Buenos Aires wird für die kommenden Zeiten die neue Heimat.

Das Ehepaar adoptiert dort Pancho, einen zweijährigen Indiobuben aus Bolivien. Er kann noch nicht richtig sprechen. Aber mit den festen Familienbezugspunkten gibt sich das schnell. Allerdings stellt sich später heraus, dass Pancho in eine Behindertenschule gehen muss. Dies beeinflusst den nächsten Aufenthalt der Familie. Denn nach fünf Jahren Goethe Institut an einem Ort ist normalerweise eine Versetzung fällig. Zudem will die Familie dem südamerikanischen Klima entfliehen – den Sommern mit ihrer mörderisch lähmenden Hitze. In Argentinien wird spanisch gesprochen. Da Pancho zweisprachig Spanisch/Deutsch erzogen wird, kommt für die Familie nur ein anderes Land mit spanischer Sprache infrage. So wird der nächste Lebensmittelpunkt Madrid. Ein Landhaus im Grünen für die Ferien bietet Abwechslung zur Großstadt, und Deutschland rückt wieder näher.

Zwei weitere adoptierte Kinder bereichern die Familie: Anandi und Peter. Damit geben sich Indien und Deutschland die Hand. Mit Pancho wird es immer schwieriger. Deshalb entschließt sich Elisabeth, mit ihrer Familie nach Kempten zurückzuziehen. Dort leben noch die Eltern, und ihre Geschwister sind nicht zu weit in der Umgebung verstreut. Elisabeth arbeitet wieder als Krankenschwester. Die vielen Nachtdienste zehren aber an ihrem Gemüt und an ihrem Körper. Sie will ein sinnvolles Leben führen, eines, das Freude macht. So gründet sie kurzerhand mit einer Freundin zusammen einen Frauenbuchladen, *den* Frauenbuchladen in Kempten.

Inzwischen heißt er *Lesezeichen.* Er ist vor fünfundzwanzig Jahren mit unglaublicher Kraftanstrengung und mit clever jonglierten Investitionen von den zwei Frauen eingerichtet worden. Er gehört schon lange zu den etablierten Buchgeschäften Kemptens. Und weil es Elisabeth nur mit dem Buchladen wohl zu langweilig geworden wäre, gründet sie auch noch eine neue Partei. Die *Kempt´ner Frauenliste.* Gesinnungsmäßig den damaligen Grünen zugewandt. Im konservativen Kempten gibt es einen gewaltigen Aufschrei. Die neue Partei findet dennoch großen Zuspruch und setzt sich mit den erforderlichen Stimmen durch. Meine Stimme konnte ich ihr leider nie geben: ich war und bin eben links orientiert.

Elisabeth wird als Stadträtin gewählt. So gestaltet sie zwanzig Jahre lang mit ihrem gesunden Menschenverstand alle Belange eines städtischen Lebens mit. Elisabeth gehört zu den Feministinnen, deren Ansinnen an ein gutes Leben die männliche Welt miteinschließt. Sie sieht Unrecht mit scharfem Blick und interveniert mit gewitzter Zunge bei allen Mängeln und vor allem bei himmelschreiendem Unsinn. Aber nie unter der Gürtellinie. Elisabeth kann politisch mit Freund und Feind gleichermaßen großartig umgehen.

Mit Wohlwollen als auch mit Anprangern weist sie wortgewandt und treffend auf Unzulänglichkeiten und Ungerechtigkeiten hin. Ich weiß nicht, mit wie vielen Leserbriefen Elisabeth die Kemptner und Kemptnerinnen zum einen entzückt und zum anderen verärgert hat. Ihre feministischen Umtriebe sind legendär. Immer wieder bekommen die Konservativen im Schmelztiegel ihrer Vorurteile von Elisabeth den Spiegel vorgehalten.

Sie kämpft gegen faschistisch beleckte Namen im Kemptener Straßenverzeichnis. Sie bringt gute Ausstellungen hierher – stets mit einem klaren Akzent auf Emanzipation. Es gelingt ihr, *Anna Schwegelin* mit einem Brunnen ein Denkmal zu setzen. Im Jahre 1775 wird diese in Kempten als „Hexe" zum Tode verurteilt. Wegen erwiesener Teufelsbuhlschaft soll die Hinrichtung mit dem Schwert erfolgen. Das Urteil wird allerdings nicht vollstreckt. Dennoch kann *Anna Schwegelin* als das letzte Opfer der Hexenverfolgung auf deutschem Boden bezeichnet werden. Die Angeklagte stirbt 1781 im Gefängnis des Kemptener Fürststifts. Ihr Brunnen steht unter einer riesigen Blutbuche auf Kemptens Residenzplatz.

Familienprobleme, besonders mit Sohn Pancho, rütteln an allerhand Grundfesten und führen letztendlich zur Scheidung. Elisabeth kauft sich in Kemptens Hoföschle ein Haus. Sie modernisiert es nach und nach und verschönert den Garten rundum. Sie übersteht eine schlimme Krankheit und steigt als Phönix aus der Asche wieder empor.

Die Nimmermüde beginnt dreispurig zu arbeiten. Es gelingt ihr, von einigen Verlagen Übersetzungsaufträge zu bekommen. Übersetzungen aus dem Englischen und aus dem Spanischen ins Deutsche. Da sich dieser Nebenzweig langsam zur Hauptader entwickelt, gibt Elisabeth schweren Herzens den Buchladen auf. Allerdings arbeitet und hilft sie dort weiter, zeitlich ihren Bedürfnissen angepasst. Und nun übersetzt Elisabeth wohl auch schon wieder seit vielen Jahren ein Buch ums andere. Mit unglaublicher Disziplin arbeitet sie im Normalfall von morgens bis in den späten Mittag hinein. Danach stehen die Alltagsbelange im Vordergrund, und, so das

Wetter schön ist, das Wandern. Sie bleibt sich also bis in die Altersjahre hinein treu: Bücher und Wandern und Bergsteigen sind ihre große Freude. Zu all dem aber gehört seit 20 Jahren ihr Mann Klaus, mit dem sie innig verbunden ist. Auch er hat seinen Beruf noch nicht an den Nagel gehängt. Immer wieder im Ausland tätig, bildet er junge Menschen im technischen Bereich aus.

Elisabeths Wirken wird bis ins *Bayerische Staatsministerium für Familie, Arbeit und Soziales* wahrgenommen. Sie wird 2023 in den Kreis der zehn Frauen aus dem ganzen Freistaat gewählt, die etwas bewegten und immer noch etwas bewegen.

Elisabeth gibt als „*Starke Frau Bayerns*" hier dem Feminismus eine Stimme. Sie macht Mut, den eigenen Weg zu gehen, auch gegen Widerstände. Sie macht Mut zur eigenen Meinung, macht Mut, dem eigenen Talent zu folgen – und auch der eigenen Leidenschaft.

Ausflug

Meine Urgroßeltern Georg und Theresia Fischer

DIE ALTVORDEREN

Meine Großmutter mütterlicherseits zieht als frühe Witwe in unsere kleine Familie. Zu ihr kann ich mit allen möglichen Wehwehchen kommen und werde immer getröstet. Der Vater sagt zu mir: Finger weg von meinem Hirschfänger, er ist scharf. Was tut das Mädelchen? Sie schnitzt an einem Fichtenzweig herum, es ist Weihnachtszeit. Und natürlich rutscht ihr das Messer mit dem Hirschhorngriff aus, und sie schneidet sich tief in den linken Daumen. Das darf der Vater nicht sehen. Ich drücke mit der rechten Hand ganz fest auf den Schnitt und verkrieche mich bei der Großmutter. Sie weiß genau, dass mir eine Standpauke droht. Deshalb braucht sie mich dringend bei ihrer Küchenarbeit, als Vater sein Messer und mich wiederhaben will. Ich drücke mindestens eine Stunde auf den Schnitt, und siehe da, danach hat der Schmerz fast nachgelassen, und ich blute nicht mehr. Die Narbe ist aber heute noch zu sehen.

Meine Großmutter hat drei Kinder geboren und großgezogen. Sie erlebt zwei Weltkriege mit allen ihren Schrecken. Sie weiß, was Entbehrungen sind und Angst und Sorgen. Als Berta Fischer heiratet sie den jungen Baumeister Josef Högerle und wird mit ihm glücklich. Sie hütet fünf Enkelkinder, während die beiden jungen Töchter in einem Lazarett und in einer Waffenfabrik arbeiten. Ihr Sohn und die zwei Schwiegersöhne leisten Kriegsdienst. An der Front. Die Angst ist allgegenwärtig. Sie flickt und strickt und näht für uns Kinder. Sie kocht Marmeladen ein mit selbst gepflückten Beeren aus Wald und Wiesenhecken. Sie sammelt Bucheckern und Eicheln. Sammelt Lindenblüten, Holunderblüten und Holunderbeeren für Tees und Säfte. Sie sammelt Fallobst für Kompott und Pferdeäpfel zum Düngen fürs Gemüse in unserem Hausgarten. Sie beaufsichtigt unseren Hühnerhof und zieht die kleinen Bibele mit feingehackten Eiern und feingeschnittenen jungen Brennnesseln auf. Sie wäscht und wringt mit den Händen die Wäsche von zehn Familienmitgliedern aus, auch im Winter. Trägt Schrunden davon, die nicht heilen wollen.

Sie hat Leberkrebs. Immer wieder bekommt sie besonders heftige Schmerzanfälle, die sie zwei Tage stöhnend ins Bett verbannen. Da kommt dann der Hausarzt Dr. Hahn und verschreibt ihr wieder ein nicht besonders wirksames Schmerzmittel. Das zieht sich über Jahre hin. Heute hätte man sie vielleicht durch eine Operation retten können, hätte ihr wenigstens mit Morphium die Schmerzen gelindert. Sie verstarb im Alter von nur sechzig Jahren.

Es ist schon seltsam, dass die beiden Töchter es einfach wussten, dass in ein paar Stunden die Oma gestorben sein wird. Da war ich elf Jahre alt. Die ganze Familie versammelt sich um ihr Bett. Sogar das Dauersorgenkind Onkel Alois kommt dazu. Mutter und Tante wissen einfach, dass die Oma jetzt ihr Leben aushauchen wird. Sie hat kurz vorher noch einen klaren Moment, wo sie uns alle anspricht und sich mit glänzenden Augen verabschiedet. Ich stehe am Fußende ihres Bettes, hab einen Logenplatz. Bang ist es mir und sehr feierlich. Ich vergesse nie ihren letzten Atemzug. Denn als Oma meint, es sei nun genug, trübt sich ihr Blick, und der lebendige Gesichtsausdruck verschwindet. Ganz ruhig neigt sich ihr Kopf zur Seite. Kurz darauf erschlafft ihr Kinn. Meine Mutter schließt ihr die Augen. Tante Hanna bindet ihr mit einem Tuch das Kinn hoch.

Dann liegt die Oma aufgebahrt im offenen Sarg im selben Zimmer. In den gefalteten Händen hält sie ihren Rosenkranz aus schwarzen Perlen mit dem silbernen Kreuz. Sie trägt ihr schwarzes Hochzeitskleid. Ganz aristokratisch lugt sie aus ihrem spitzengesäumten Stehkragen. Fast wird sie von dem Gewand verschluckt, so verhutzelt ist sie geworden. Sie trägt auf Hochglanz polierte Halbschuhe für ihre letzte Reise. Weißgelb ist das Gesicht, spitz und fremd geworden. Die eingefallenen Augen lassen die Nase noch mehr dominieren, und der nun geschlossene Mund ist für immer verstummt. Am nächsten Tag traue ich mich alleine zur Oma und stupse sie an. Ich wackle mit dem Finger etwas auf ihrer Hand hin und her. Prüfe, ob da wirklich alles steif ist. Ich muss die Berührung, trotz großer Überwindung, einfach hinter mich bringen.

Drei Tage lang kommen Verwandte und Freunde und verabschieden sich von Berta Högerle, geborene Fischer. Sie hat, wie schon gesagt, drei Kinder geboren und großgezogen, sie durchlitt zwei Kriege und war unsere gute Fee. Sie konnte durchhalten, sie konnte verzichten, sie konnte geben.

Omas Eltern, meine Urgroßeltern, sind Wirtsleute. In der *Theaterwirtschaft* in Kempten in der Altstadt, gegenüber vom Stadttheater, bekochen sie ihre Gäste und kümmern sich um deren Durst. „Theaterwirt und Privatier" wird sogar in Urgroßvaters Grabstein eingemeißelt. Viele Jahre später übernimmt die Familie Schnetzer das Lokal für einen Wein- und Schnapsausschank. Und dann nochmal ein Wechsel zu Familie Buchenberger. Noch heute steht deren Name groß an der Hauswand zur Illerstraße hin.

Meine Urgroßeltern haben drei Kinder – meine Oma Berta, deren Schwester Fini und noch einen Sohn. Die Wirtsstube ist sozusagen das Wohnzimmer der Kinder. Omas Bruder Johann, den ich immer nur Onkel Hachm nannte, verstarb in jüngeren Jahren. Den Grund habe ich vergessen. Aber wir besuchen immer sein Grab. „Ja, da liegt der Onkel Hachm, Gott hab ihn selig!". Es ist Krieg, und mehr als ein einfaches Holzkreuz kann man sich nicht leisten. Nur eine erzählte Geschichte von ihm bleibt mir in Erinnerung: Als die Nazis die Macht ergreifen, und jeder ein Bild vom Führer aufhängen muss, steht der Großonkel mit dessen gerahmtem Porträt in der Wirtsstube. Mit Hammer und Nagel ausgerüstet frägt er laut in die Runde: „Wo sollen wir ihn aufhängen?". Ein altbekanntes Bonmot, aber ein gefährliches. Die Gäste verstummen schlagartig, man kann eine Stecknadel fallen hören. Doch nichts geschieht. Langsam setzen die normalen Unterhaltungsgeräusche wieder ein. „Da hat der Herrgott nochmal alle weghören lassen!", war der Kommentar eines guten Freundes, den er seinen erstarrten Wirtsleuten ins Ohr geflüstert hat.

Ich habe mindestens zwanzig alte Fotoalben meiner Familie. Die meisten stammen aus der Jugend meiner Mutter und der meiner

Großmutter. Ein einziges vermisse ich aber – das mit den ganz alten Fotos. Das, wo man sich in Pose und Sonntagsgewand beim Fotografen hat ablichten lassen. Wo die Bilder noch einen gezackten Rand haben. Und einen schönen Sepia-Ton.

Die Großeltern mit den Kindern Alois, Therese und Johanna

Urgroßvater, Privatier und ehem. Theaterwirt

Tante Fini und das Mariannele

TANTE FINI UND HANNATANT

Tante Fini ist die jüngste der drei Geschwister meiner Hölzle-Urgroßeltern. Sie ist lustig, keck und frech – kein Kind von Traurigkeit. Als ihre Augen noch nicht über die Tischkanten der Theaterwirtschaft ihrer Eltern, also meiner Urgroßeltern, schauen können, entwickelt sie eine Vorliebe: Sie trinkt die stehengelassenen „Neugele“ der Gäste aus. Trotz ewiger Mahnungen erwischt das Finilein immer wieder einen kleinen Schluck. Sicher auch zum Vergnügen der Gäste. Sie wurde keine Alkoholikerin, aber das Bier schmeckt ihr bis ins hohe Alter – was vielleicht sogar zu einer Art Lebenselixier geworden ist.

Noch vor Kriegsende beziehen die beiden Tanten in Stetten bei Mindelheim im hinteren Teil eines Bauernhofs von Hannatants Verwandtschaft eine kleine Wohnung. Stetten ist damals noch ein sehr kleines Dorf mit 1500 Einwohnern. Kein Huster bleibt ungehört, und das Dorfleben lebt vom Getratsche.

Die Hauptverwandtschaft von Hannatant hat einen noch größeren Hof weiter oben im Dorf. Ich wundere mich schon als Kind, dass zu dem Freundinnenpaar keine allzu große Liebe besteht. Heute denke ich mir, dass die beiden alten Mädels eine lesbische Beziehung hatten. Der Verwandtschaft scheinen sie nicht so ganz geheuer zu sein. Im Dorf vermutet man aber kein unchristliches Komplott, ansonsten wären sie total geschnitten worden. Gottesfürchtig war man und naiv. Erst das aufkommende Fernsehen bringt uns katholischen Landpomeranzen langsam mehr Einblicke in das Treiben der sündhaften Großstädte. Wie schwierig muss das Leben für die Beiden wohl gewesen sein, um ihr Geheimnis zu hüten?

Die Hannatant ist auch so eine Art Gesundbeterin. Das heißt, dass zu ihr immer wieder Kranke kommen oder kranke Kinder gebracht werden. Sie legt ihnen die Hand auf den Kopf und betet dazu. Manche erbitten von Hannatant auch einen Segen. Zu ihrem breit gefächerten Programm gehören unter anderem Krätze und Warzen wegbeten, Husten und Fieber heilen. Die üblichen Frauensachen behandelt sie ebenfalls. Hannatant hat auch die Gabe, bei manchen Patienten in die Zukunft zu schauen. Besonders bei Kindern vermag sie seherisch zu fühlen, dass dieses oder jenes Kind nicht alt werden kann. Ihrer Erfahrung nach seien das meist die Hochbegabten.

Die letzten Kriegsjahre und lange danach bin ich mit meiner Mutter immer wieder bei den Großtanten. Zunächst ist es eine Flucht vor den Bomben. Und nach Kriegsende spürt man dort auf dem Land weniger von der Lebensmittelknappheit. Niemand muss hungern. Für mich als Kind sind die Besuche immer beglückend. Die lieben kinderlosen Tanten verwöhnen mich rundum. Ihr Wohnungle ist klein und gemütlich. Wenn man zur Haustür hineingeht, steht man gleich im Küchele mit einem Herd, wie man ihn heute nur noch in Museen findet. Ein Korb daneben ist für die Holzscheite. Das Ofenrohr windet sich um zwei Ecken und heizt somit den kleinen Raum ein wenig mit. Über dem Feuerloch des Herdes und daneben sind Eisenringe in der eisernen Kochplatte eingelassen. Je nach Topfgröße werden die Ringe mit dem Feuerhaken weggeschoben oder wieder hergezogen. So kann das Kochgut von dem Feuer unmittelbar beheizt werden. Mit einer Klappe reguliert man den Luftzug. Dieser zieht die Flammen in Richtung Ofenrohr. Sie lodern über eine kleine Barriere hoch zur Hauptkochplatte. Geschickte Hausfrauen können die Hitze wunderbar steuern. Das Flammenmeer erwärmt im Vorüberziehen auch das sogenannte Schiffle, bevor es das Ofenrohr erreicht. Im Metallbehälter des Schiffles hält sich durch den Feuerstrom immer warmes Wasser bereit.

Solch ein Küchenherd steht noch vor achtzig Jahren in jedem deutschen Haushalt. Eine alt-befreundete Familie erzählt mir, was ihnen mit diesem Klassiker für ein Missgeschick passiert ist: Sie fahren zur Winterszeit in Urlaub. Ihre Nachbarn bekommen den Schlüssel zum Haus, um die Post zu versorgen und um Einbrechern eine Anwesenheit zu signalisieren. Zwei Tage vor der Rückkehr der Familie wollen die Nachbarn den Freunden etwas Gutes tun, denn inzwischen ist es sehr kalt geworden. In deren großer Küche steht so ein alter Herd. Sie heizen ihn ein, dass das Feuer nur so prasselt. Wenn schon das ganze Haus ausgekühlt ist, soll wenigstens in der Küche eine schöne Wärme die Rückkehr erfreulicher machen. Die Familie kommt zurück, sie schließt die Türe auf, sie spüren bereits im Flur die Küchenwärme und – erstarren. Sofort ahnen sie, was passiert ist: Um ihr teures Tafelsilber vor Dieben zu schützen, haben sie es im Küchenherd versteckt. Und zwar unter den Eisenringen, vom Feuerloch aus nicht einsehbar. Zu sehen sind nun aber nur noch geschmolzene Silberbatzen, die sich in der Feuersglut wie Lebewesen hin- und herwinden. Der gehütete Schatz stammt aus dem russischen Erbe der Zarenfamilie. Die Urenkelin von Kaiser Wilhelm II entspross dieser Romanov-Dynastie. Und ihr Besteck verdampft nun in dem alten Herd.

Die Noblesse der erst mal luftholenden Familie ist großartig. Sie erwähnen den teuren Verlust mit keiner Silbe. Sie bedanken sich herzlich für das Geschenk einer warmen Stube

Einmal im Jahr muss man die Ofenrohre mit einer stählernen Rundbürste säubern. Der Ruß verstopft nach und nach den Abzug und verhindert so eine gute Wärmeentwicklung. Die Aktion beginnt immer in den frühen Morgenstunden und immer im Winter. Die Ofenrohre werden auseinandergenommen und draußen im Schnee durchgefegt. Der feinkörnige Ruß legt sich schon beim Ausbau der Rohre wie Nebel auf alles, was im Raum nicht gut abgedeckt ist. Wir Kinder hocken dann morgens bibbernd in der kalten Küche und ziehen schlecht gelaunt ab in die Schule. Mittags soll die Prozedur erledigt sein. Welche Freude, nach Stunden wieder das Herdfeuer knistern, knacken, zischen und lodern zu hören. Und das Rauschen des Windzugs durch den Kamin.

Nun sind wir also in der kleinen Küche im kleinen Stetten angekommen. Von da geht es ins Stüble mit zwei Fenstern aufs Dorfgeschehen. Drinnen dann ein durchgesessenes Sofa mit abgewetzten, dunkelroten Samtblumen, ein Sessel dazu. Ein Schrank, ein Tisch und zwei Stühle finden noch mühsam Platz. Der Herrgottswinkel darf nicht fehlen. Sein Kreuz wird jedes Ostern mit frischen Palmkätzchen geschmückt. Weihwasser und eine Kerze gehören ebenfalls zu dieser Andachtsecke. Das Besondere sind aber die Zimmerpflanzen, der Stolz der Tanten. Eine Zimmerlinde unter dem Herrgottswinkel, Alpenveilchen und ein Weihnachtskaktus auf der Fensterbank. Dazu gesellt sich das kapriziöse Frauenhaar. Das ist ein Pfefferkraut mit kleinen runden Blättchen und mit ganz langen, ganz dünnen herunterhängenden Pflanzen-Fäden. Wegen seiner Zartheit meint man mit dem Pflanzennamen das Haar der Jungfrau Maria. Die unermüdliche Grünlilie steht auf dem Schrank und streckt ihre Tentakel in alle Richtungen. Besonders fasziniert mich jedoch die fleischfressende Pflanze, eine Venusfliegenfalle. Ihre Fangblätter schnappen blitzschnell zu, wenn sich eine Fliege oder eine Ameise darin verfängt. Dann verdaut die Pflanze ihre Beute, und nur der Hauch einer Hülle bleibt zurück. Stundenlang warte ich immer wieder auf so ein Ereignis. Aber kein Insekt hat mir diesen Gefallen getan.

Von dem Küchele geht eine Holztreppe hinauf in einen Vorraum mit Gästebett und von da aus zum Schlafzimmerle. Alles ist klein wie eine Puppenstube. Auf der anderen Seite ist die Türe zum Plumpsklo. Macht man sie auf, steht man gleich im ersten Stock der Scheune der Nachbarn. Eine Art Rampe führt an der Bretterwand entlang zum *Häusle*. Dort fährt der Wind durch die Lücken der uralten, geschrumpften Bretter. Ein Holzverschlag schirmt einen vor Einblicken von unten ab. Trotzdem hängt man dann wie in einer Kanzel über dem Tennenboden oder wie ein Pavian in seinem Kletterbaum. Im freien Fall blickt man im Fallrohr bis zur „B'schüttegrube" hinunter. Ich fürchte mich vor den dicken Spinnen rundum, vor den Ohrwürmern und Kellerasseln. Im Winter ist der Besuch des Örtchens besonders lustvoll. Der Holzsitz hat dann immer eine Eisschicht. Trotzdem nehme ich das Gruseln in Kauf und bin immer gerne bei den immer mehr einschrumpfenden alten Hutzelweiblein auf Besuch.

Aber nun zurück zu Bier und Tante Fini. Dank ihr komme auch ich schon sehr klein mit dem Geschmack dieses flüssigen

Nahrungsmittels in Kontakt. Auch ich finde zumindest eines meiner Lebenselixiere in diesem Getränk. Die Bekanntschaft mit dem häuslichen Bierausschank mache ich wohl schon in meinem dritten Lebensjahr. Und dazu ist die offene Holztreppe zum Plumpsklo hoch nötig. Ich darf mich immer verkehrt herum auf eine der unteren Stufen setzen und meine Beine hinten herunterbaumeln lassen. Die nächst höhere Stufe wird damit mein Tisch. Darauf stellt mir Tante Fini zum Abendessen immer ein winziges Bierkrügchen. Ganz bajuwarisch sogar mit einem Zinndeckel. Und wenn die Großen sich dann zum Abendbrot hinsetzen, bekomme ich in dieses Krügle auch Bier eingeschenkt. Mit viel Schaum. Der edle Geschmack des Gerstensafts wird mir zwar nicht in die Wiege gelegt, aber auf einer Treppe kredenzt. Und das prägt mich wohl lebenslang. Dazu gibt es immer ein weichgekochtes Ei. Wenn ich in meinen Sitzplatz gehoben werde, steht das volle Krügle vor mir samt Eierbecher. Erst dann wird das tagfrische Ei ins sprudelnd kochende Wasser gelegt. Dazu muss ich ein „Gegrüßet seist du, Maria“ beten. Denn mit dem letzten Wort des Gebets ist das Ei perfekt: das Weiße gestockt und das Gelbe noch flüssig. Während und nach den Kriegszeiten ist so ein Ei immer eine Besonderheit. Auch heute noch liebe ich Eier sehr. Was ich auf die frommen Gebetseier zurückführe.

Älter geworden, besuchen wir mit dem Fahrrad die beiden Tanten immer wieder. Selbst als ich eine grätige und mäkelnde Pubertierende geworden war, darf ich mit Cousine Gertrud zu Tante Fini radeln, um dort immer wieder ein paar Ferientage zu verbringen. Hochbetagt verstarb Tante Fini an einem Blutsturz. Hannatant überlebt ihre Fini noch hochbetagter um weitere zehn Jahre.

PASĂREA DE FOC
WINGS OF FIRE

ELI VOM SEELI

Wahrscheinlich mag sie diese liebevolle Anrede überhaupt nicht. Sie ist die Elisabeth. Und zwar die von Thüringen.

Vor nunmehr fünfunddreißig Jahren lernen wir uns auf einem Workshop in der Radierwerkstatt Marianne Schenk in Freilassing kennen. Elisabeth, und zwar die von Thüringen, ist Religionslehrerin und inzwischen schon längst im Ruhestand. Über das Fach Religion wird heutzutage wohl am meisten gelästert: Gott ist nicht mehr hip. Allerdings: Im Zeugnis macht sich selbst eine Drei in Religion nicht schlecht – vor allem, wenn ein Mathefünfer und nochmal einer in Geschichte droht.

Elisabeth muss eine ganz besondere Religionslehrerin gewesen sein. Denn ihre Schülerinnen und Schüler klatschen immer wieder mal nach einer ihrer Unterrichtsstunden Beifall. Und das im Fach Religion! Wie kommt es dazu? Ich glaube, weil sie eine sehr künstlerische Ader hat und in Bildern erzählen kann. Weil sie leidenschaftlich religiös ist und dies den Kindern anscheinend auch gut vermittelt. Und weil sie eine aufmüpfige Religionslehrerin ist – aufmüpfig auch heute noch. Das war und ist ihre Berufung. Zum Thema Kirchenaustritte sagt sie: Nicht austreten, sondern auftreten. Für eine Arbeit über das Welt-Ethos hat sie den Hans-Küng-Preis verliehen bekommen.

Sie liebt ihre Kinderchen. Ihr unorthodoxer und lebendiger Unterricht bewirkt, dass die kleinen Schäfchen aufgeschlossen sind, dass sie interessiert mitmachen. So wird sie von einem Mädelchen gefragt, warum sie immer nur Hosen anhat, von einem anderen, warum sie immer nur blaue Sachen trägt. Warum, warum … Und eines Unterrichts will ein kleiner Bub wissen, ob sie Jesus persönlich gekannt habe. Es sind Landkinder und meist von der Unterstufe. Bei einem Rollenspiel teilt sie die Klasse in kleine Josefs und kleine Marias ein. Sie sollen vorspielen, wie Josef um Maria wirbt, wie er um ihre Hand anhält. Die lustigste Szene legen zwei Kinder hin, wo Maria den Josef fragt, ob er sie heiraten wolle. Josefs Antwort war im Original ruhpoldingerisch kurz und bündig: „Wannst moanst“. Ins Hochdeutsche übersetzt: Wenn du meinst …

Elisabeth ist auch politisch sehr interessiert. Sie schreibt ihren Unmut direkt und offen an diverse Politiker und Politikerinnen. Sie ist überzeugt, dass jeder Aufschrei Punkte bringt. Und dass viele Punkte etwas bewirken. Selbst der Papst bekommt einen Brief. Aber auch über die Hinterlassenschaften von den zahlreichen Hunden in ihrem schönen Kurort Überlingen am Seeli kann sich Elisabeth aufregen. Noch mehr über deren Herrchen und Frauchen. Wenn sie sich ein Kleidungsstück kauft, dann kann es sein, dass sie es zwei Tage später nicht mehr mag oder dass sie unbedingt noch ein Futter einnähen muss. Elisabeth ist sehr ordnungsliebend, was sich auch auf ihren scharfen Blick auf die Umwelt auswirkt. Wehe, wenn jemand Papierchen oder dergleichen wegwirft. Aber sie regt sich dabei zu sehr auf. Ich sage dann immer: „Bleib auf dem Boden! Sich zu sehr ärgern, macht doch nur Falten! Kurz gesagt: Elisabeth hat keine Angst, irgendwo anzuecken, wenn sie es für nötig hält. Und meistens hat sie Recht. Ihr Lieblingskommentar ist dann immer: Jeder Mensch hat einen Vogel. Und schließt sich damit auch selber ein.

Das ist also in groben Zügen die Freundin vom Bodensee. Sie ist auch in sozialen Diensten in der Welt unterwegs. Sie arbeitet in ihren Ferien mit Straßenkindern, den bedauernswertesten aller Menschen. Bereits im Ruhestand, war sie mit längeren Aufenthalten in Rhodos. Sie ist immer noch in der Seelsorge tätig. Auch in Überlingen im kirchlichen Gemeindewesen.

Elisabeth ist sehr um den Erhalt ihrer Gesundheit besorgt, geht in Gymnastikkurse und interessiert sich für allerlei Vorträge. Und so geschieht es, dass sie sich eines kalten Wintertages einen Vortrag über *Die Blaue Periode und Franz Marc* anhören will. Der Wintertag ist wirklich kalt, der Hörsaal nicht genügend geheizt und der Dozent schrecklich langweilig. So beschließt sie, nach der Pause nach Hause zu gehen. Einer anderen Zuhörerin geht es genauso.

Sie wenden sich beide in Richtung Stadtgarten und beklagen die Kälte und den schlechten Vortrag. Sie finden sich nett und kommen ins Gespräch. Zunächst über das normalerweise doch so gute Volkshochschulprogramm vor Ort. Darüber, dass einem dieses die Welt etwas näher bringe. Darüber, dass Auslandsaufenthalte dabei helfen. Vor allem, wenn diese weniger mit Tourismus zu tun haben. Eher mit einem Arbeitseinsatz. Ja, so sei es. Beide berichten einander von ihren jeweiligen Erfahrungen. Ja, und wo war das denn überall?

Elisabeth erzählt von Rhodos und von ihren Einsätzen für Straßenkinder in Brasilien und in Rumänien. „Ach, in Rumänien?", fragt Monique. „Da war ich auch schon. Aber sag weiter, wie war das dort mit den Straßenkindern?" So erzählt Elisabeth, dass sie über eine kirchliche Vereinigung zweimal dort einige Wochen gearbeitet habe. Am beeindruckendsten war das zweite Mal, wo sie bei einem wundervollen Ereignis mitarbeiten durfte. Da hakt Monique vorsichtig nach: „Könnte das eine Art Oper mit Straßenkindern gewesen sein?" „Ja, ganz genau!", antwortet Elisabeth erstaunt. Und Monique fährt fort: „Das war *Der Feuervogel* von Stravinski. Royston Maldoom leitete und dirigierte ihn und ich war die Kuratorin für diese Aufführung." Ungläubig antwortet Elisabeth: „Und ich schneiderte und färbte die Kostüme für die Kinder!"

Fassungslos bleiben die Beiden stehen und schauen sich kopfschüttelnd an. Unglaublich ist diese Begegnung. Unglaublich, dass beide sich aus dem Vortrag davongemacht haben, und unglaublich, dass ihr Gespräch sie an diesen Punkt geführt hat. Und weiter unglaublich, dass die Beiden sich überhaupt gefunden haben – und dass sie inzwischen die besten Freundinnen sind.

Monique Gruber ist die Frau von Wilfried Gruber. Er ist ein deutscher Politiker und Diplomat. Er war Botschafter in Ungarn und Rumänien. Seine Frau begleitet ihn. Sie übernimmt in den Hauptstädten viele soziale Aufgaben. Nur Gattin sein ist ihr zu wenig. Ihr Faible ist immer schon ein Engagement für Straßenkinder. Und so nimmt diese Geschichte ihren Anfang.

Royston Maldoom ist ein englischer Choreograf. Er wird bekannt durch seine tanzpädagogischen Arbeiten. Für den Film *Rhythm is it* probt er mit zweihundertfünfzig Kindern aus fünfundzwanzig Nationen. Die meisten stammen aus Berliner „Problemschulen". Die Musik zu Stravinskis Ballett *Le sacre du printemps* studiert Chefdirigent Sir Simon Rattle mit den Berliner Philharmonikern ein. Royston Maldoom choreografiert diese schwierige Aufgabe. Er ist ein Zauberer, ein Alchimist der Begeisterung. Im Jahr 2004 kommt die umjubelte und prämierte Aufführung auf die Bühne und eine DVD entsteht dazu.

Im Jahr 2009 findet in Bukarest das neunzehnte Internationale Enescu-Musikfestival statt. Im Vorfeld dieser hochkarätigen Veranstaltung reift in Monique Gruber die Idee, mit Bukarester Straßenkindern eine Oper aufzuführen. Es gelingt ihr, Royston Maldoom zu gewinnen. So präsentiert Monique mit einhundertdrei rumänischen Jugendlichen Stravinskis *Feuervogel* mit Royston Maldoom im Bukarester Nationaltheater mit dem Bukarester Nationalorchester. Das absolut Besondere an der Produktion sind die Kinder und Jugendlichen. Es sind Problemkinder, die Monique nach dem Motto *Jungen Rumänen eine Chance* zusammengebracht hat. Es sind Straßen- und Waisenkinder und Gehörlose, ein blindes Mädchen ist sogar dabei. Auch junge Menschen mit Downsyndrom spielen mit. Alle sind im Alter von elf bis achtzehn Jahren.

Mit Theater, klassischer Musik und Tanz haben sie noch nie etwas zu tun gehabt. Sie leben bis dahin im Schatten der Zivilisation. Haben Hunger. Auch Hunger nach Aufmerksamkeit und Bestätigung. Dank Maldooms harter Schule wird ihr gemeinsames Tun zu einem Kunstwerk. Die Tanzenden erzählen in berührenden Bildern die Geschichte des bösen Königs und des heilenden Feuervogels. Sie wachsen über sich hinaus und verzaubern die Zuschauer. Ein halbstündiger *stehender Applaus* rauscht durch das Nationaltheater. Die einhundertdrei tanzenden und agierenden Vögelchen gehen danach mit Mut und Kraft und Selbstbewusstsein in ihr weiteres Leben. Das Spiel hat sie verwandelt.

Und unsere liebe Eli vom Seeli trägt zu diesem Gelingen bei: Sie näht und färbt die Kleider für die ihr lieb gewordenen Schützlinge und hilft ihnen beim Schminken. Durch professionelle Beleuchtung entsteht ein Bühnenbild in schimmernden Farbtönen – je nach dem Charakter der jeweiligen Szenen: Einmal düster, einmal feurig, immer wunderbar.

Wieder in Deutschland, berührt mich Elisabeth mit ihrer Erzählung über dieses aufwühlende Ereignis sehr. Sie schenkt mir auch eine CD der Aufführung. Ich bewundere das Werk mit der Choreografie Maldooms und der mühevollen Projektleitung von Josef Eder, bewundere die großartige Tanzgruppe und schließlich Monique mit ihrem Mut und ihrer Kompetenz und – last but not least – Elisabeths Beitrag.

WASSERGLASEIER

Wenn mir die begehrten Kriegs- und Nachkriegseier in den Sinn kommen, dann fallen mir dazu immer auch gleich die Wasserglaseier ein. Das sind für Monate konserviert gemachte Hühnereier. Im Winter hat das weibliche Hühnervolk eine Legepause. Im Sommer dagegen kommen ihre Eier wie am Fließband. Und da diese zu Kriegszeiten sehr kostbar waren, erinnert man sich an eine uralte Konserviermethode: an die mit dem Wasserglas. Sein Erfinder konnte es erst erfinden, nachdem ein anderer Erfinder, nämlich Jan Baptist van Helmont im Jahre 1640 aus der wasserunlöslichen Kieselsäure eine lösliche herstellen konnte. Er war ein flämischer Universalwissenschaftler. Er arbeitete hauptsächlich als Arzt, als Naturforscher und Chemiker. Mit dieser seiner Entdeckung erfindet dann 1818 der Chemiker und Mineraloge Johann Nepomuk von Fuchs die Herstellung von Wasserglas. Es ist eine klare oder auch gallertartige alkalische Lösung.

Dieses Material kommt zur Verfestigung und Abdichtung von Putz und Mauerwerk zum Einsatz, zum Verschließen von porösen Oberflächen wie Estrich, zum Kleben von Fliesen an die Wände. Es wird zur Herstellung von Holzschutzmitteln und als Antischimmelfarbe verwendet. Auch bei Restaurierungen und in der Zahntechnik spielt Wasserglas eine Rolle. In Form von Sumpfkalk als Bindemittel kann man mit Pigmenten wunderbar malen, ohne dass sich alles verwischt. In meinen ersten professionellen Jahren als Künstlerin male ich viel, wenn nicht sogar ausschließlich damit. Aber noch eines kann das Wasserglas: Es hält Eier frisch. Wenn man diese in einen Kübel oder Topf gibt und mit Wasserglas auffüllt, dann bleiben sie für den Wintervorrat viele Wochen lang frisch. Die gelartige weiße Masse sieht fast wie Joghurt aus.

Unsere Verwandtschaft in Gutenzell bei Biberach versorgt uns Stadtmenschen in den harten Nachkriegsjahren hauptsächlich mit Kartoffeln, Speck und Eiern. Es ist allerdings nicht einfach, diese begehrten Lebensmittel zu bekommen. Denn Deutschland war damals von den Siegermächten in mehrere Zonen eingeteilt. Da wir in Bayern in der amerikanischen Zone wohnen und die Gutenzeller in der französischen, darf man sich gegenseitig nicht besuchen. Was erfinden die Eltern? Wir fahren mit dem Zug von Kempten nach Kellmünz an die Iller. Dort spazieren wir über die Illerbrücke Richtung Feindesland. Am anderen Ufer biegen wir ab nach Norden in einen Pfad am Flussufer entlang. Er gilt als Niemandsland, wo unausgesprochen geduldet wird, dass Tauschgeschäfte gemacht werden. Schon bald sehen wir Tante Otti, Onkel Sepp und den Jakob-Opa von der anderen Seite, die Franzosen im Rücken, auf uns zukommen. In Rupfensäcken schleppen sie die guten Gaben für uns heran. Unsere Bauernverwandtschaft lebt auch nicht gerade in Hülle und Fülle, aber sie versorgen uns hungernde Städter immer wieder mit den wichtigsten Grundnahrungsmitteln.

Den fremden Soldaten bleibt unser Tun nicht verborgen. Sie beobachten den kleinen Grenzverkehr aus der Ferne. Sie tolerieren die Übergabe, aber ein langes Palaver dürfen wir nicht riskieren. Im hohen Gras wandern die guten Sachen von einem Sack in den anderen. Eine kurze Umarmung, und wir trennen uns wieder. Unsere Württemberger wandern nicht mehr so gebückt zurück nach Westen und wir dafür etwas mehr gebückt nach Süden. Dank dieser Hamsterfahrten und mit ein paar Kaninchen im heimischen Stall, kommen wir ohne wirklich zu hungern über die Runden. Zudem trägt unser Gärtchen hinterm Haus etwas Gemüse dazu bei.

Nach solchen Wanderungen veranstalten wir natürlich keine großen Gelage. Alles wird sorgfältig eingeteilt. Einige der Eier sind zum sofortigen Verzehr bestimmt, und die anderen wandern in einen Blecheimer. Diesen füllt man nun mit dem bewussten Wasserglas. Ein Deckel verschließt das kostbare Behältnis. Der kühle Keller ist dafür der ideale Lagerplatz. Ich fürchte mich dort, muss aber immer Kartoffeln, Äpfel und auch die Eier heraufholen. Zum Mutmachen singe ich dabei immer ein Lied. Fast bis zum Ellbogen taucht mein Kinderarm in die glitschige Masse. Wenn ich eine Faust mache und so den Schlotter durch die Finger gleiten lasse, ist das ein schönes Gefühl. Das Ertasten der Eier und das vorsichtige Herausholen verspricht mir ein weich gekochtes Ei oder ein Spiegelei. Der Vater kann die Kocherei gar nicht abwarten. Er hackt sich an einem Tellerrand eine kleine Scharte in die Kalkhülle eines Eies und saugt mit Genuss das rohe Ei aus seinem Gehäuse. Auch ich habe es ihm immer wieder gleichgetan. Vor allem, als ich mit Sohn Roman schwanger war, konnte ich bei einem Eieranfall das rohe Zeug nie schnell genug in mich hineingesaugt bekommen.

Mein Altamira

BRENNT'S ODER BRENNT'S NICHT?

Das gute Wasserglas hat man aber noch für etwas ganz anderes verwendet. Man spritzt im Krieg die Dachböden damit aus. Die Tinktur ist brennhemmend und verhindert das allzu rasche Ausbreiten des Feuers von Brandbomben. Die Balken sehen nach dem Einsprühen wie weiß gekalkt aus. Und dieser Schutz bleibt im Zusammenhang mit dem Eiereinlegen auch im Gedächtnis der Erwachsenen gespeichert. Und deren Erzählungen wiederum bleiben bei mir ebenfalls haften, aber eher im Unterbewusstsein. Und dies hat mich eines späteren Tages vor einer Pleite bewahrt:

Ich werde schon während meines Kunststudiums vom Berufsverband bildender Künstler aufgenommen. Ich verspreche frisches Blut und frischen Wind. Hätte sogar sofort den Kunstpreis für die Zeichnung einer Kindergruppe bekommen, wenn ich dem Werk nicht so einen schrecklichen Titel gegeben hätte. Das flüsterte mir später einer aus der Jury zu. Der Titel hieß: *Als sie lernten, Kröten zu fressen.* Na ja ... Bis ins dritte Semester war ich voller Zorn auf Gott und die Welt. Zeichnete Bilder, wo es Mistgabeln auf Menschen regnete, wo man nur unter einem Heuhaufen oder unter einem Meiler sicher war. Die Kindheits- und Jugenderfahrungen, die ich damit künstlerisch verarbeitet habe, müssten demnach schrecklich gewesen sein – müssten. Heute weiß ich: diese Selbstentwurzelung schärfte meinen glasklaren Blick auf mich selbst. Das grausame Vorgehen befreite mich.

Wie auch immer, ich bin im Studium sofort aus den Startlöchern und stürme in mein künstlerisches Leben. Ich erhalte vom Berufsverband unter anderem den Auftrag, den Börsenkeller im Kemptener Kornhaus für den anstehenden Faschingsball, den Künstlerball, zu dekorieren. Die alljährlich verwendeten Mickymaus-Darstellungen und Bauchtanz-Szenen will ich nicht aufwärmen. So denke ich mir etwas ganz Besonderes aus: Die spanischen Höhlenmalereien von Altamira sollen in den Kreuzgewölbedecken des Festsaals erscheinen.

Die steinzeitlichen echten Gemälde sind bis zu 33.000 Jahre alt. Meine unechten neuen sollen also an Höhlen erinnern, an urzeitliche Rituale und Kulte. Sie sollen die zechenden, tanzenden und feiernden Menschen erfreuen.

Aber noch war ich in der Planung. Natürlich darf weder Farbe noch irgendein Nagel die Kreuzgewölbedecken beschädigen. Aber es gibt an den Säulen Kapitelle mit Auflagen und Kronleuchter mit Haken in den Mitten der Gewölbe. Beides kann ich zum Verspannen von Dachlatten für Trägergerüste verwenden. Darauf befestige ich meine Nesselstoffe als Malträger, die Höhlendecken darstellen sollen. Auf dem Boden des Saales male ich vorher die ganzen Tierscharen auf lange Stoffbahnen. Mal lebensgroß, mal kleiner. Mit der schwärzesten Holzkohle, mit Tierblut und natürlichem Ocker hatten die Urmenschen in der weltbekannten Höhle gearbeitet. Ich ahme die Pinselmalereien mit flüssigen Farben nach. Die bemalten Bahnen tackere ich dann als Höhlendecken an die zuvor installierten Dachlatten. Ich lasse unregelmäßige Felsformationen entstehen. Für mich sieht es sehr schön aus. Und auch Florian, der Hausmeister vom Kornhaus, erfreut sich täglich am Wachsen meiner Arbeit. Und als nach ein paar Wochen alles perfekt an der Decke hängt und in drei Tagen der erste Ball angesagt war, kam Meister Florian zu mir und kündigte für übermorgen die Feuerwehr an. Sie wolle dem Saal einen Besuch abstatten und prüfen, ob meine Dekoration feuerfest sei. Wenn nicht, dann müsse alles wieder heruntergerissen werden.

„Sauber“, denke ich mit aufgerissenen Augen. „Natürlich brennt das alles“. Von dieser sinnvollen Vorschrift weiß ich nichts. Mir rutscht das Herz in die Hose. Florian erklärt mir, wie so ein Besuch abläuft. Der neue Feuerwehrhauptmann ist für sein harsches Vorgehen berühmt. Alle hätten vor ihm Angst. So rutscht mir nicht nur das Herz, sondern auch das Hirn in die Hose. Denn mein Nesselstoff hat weder das Prädikat *nicht entflammbar* noch auch nur *schwer entflammbar*. Er brennt schlichtweg. Wie kann ich so etwas nicht wissen! Wie kann ich! Schrecklich, wenn die ganze Arbeit nun umsonst gewesen sein sollte.

Ich habe von einem anderen Event noch drei Sprühdosen, die beim Einsprühen aus *brennbar* ein *nicht brennbar* machen können. Aber die reichen gerade für zwei oder drei Quadratmeter. Der Saal hat 350, mit den Wölbungen kommt man vielleicht auf über 400. Diese Sprays sind sehr teuer, und weder kann ich diese so schnell beschaffen noch gar bezahlen. Und da fällt mir in höchster Not das Wasserglas aus Kriegszeiten wieder ein. Dieses gibt es tatsächlich noch beim *Farben Bohlinger* zu kaufen. Also nix wie hin und ein Sprühgerät zum Wäscheeinsprühen gekauft. Hundertmal rauf auf die Leiter, gefühlte tausend, und zumindest die unteren Partien mit dem Zaubermittel gut eingesprüht, die oberen leicht. Trotzdem weiß ich nicht wirklich, ob es etwas geholfen hat. Probezündeln ergibt nichts Eindeutiges. Aber ich kann nicht mehr zurück.

Florian erklärt mir, dass der neue Feuerwehrhauptmann sein Feuerzeug an den Stoff halten wird, um so zu prüfen, ob. Nochmal das Herz weiter in der Hose. Aber nun kommt vom guten Florian der heiße Tipp: Ich soll einige Stofffetzen so ganz belanglos herumliegen lassen. Eher im Eingangsbereich. Und diese Fetzen vorher ganz gut mit meinen teuren Sprühdosen einsprühen. Die Leiter soll ich vorsorglich in die hinterste Ecke stellen – und dann halt beten.

Zur angegebenen Stunde erscheint der gefürchtete Inquisitor. Und er kommt genauso daher, wie ausgemalt. Erhobenen Hauptes, den Oberkörper zurückgelehnt, stolziert er steifbeinig herein. Schwarze Lederjacke, schwarze Lederhose. Es fehlen nur noch der Zahnstocher zum Draufherumkauen und zwei Colts an den Hüften. Dafür hat er zwei Schäferhunde an der Leine, schwarze natürlich, flankiert von einer Kollegin, ebenfalls in Schwarz. Eine sich ausbreitende finstere Macht – der Hexenmeister mit seiner Domina. Ihr übergibt er die beiden Hundeleinen und stellt die Kollegin damit am Eingangsbereich in Warteposition ab. Selber schlendert der Imperator des Feuers lässig eine Runde durch den Raum. Begutachtet die Abspannungen. Ich herzklopfend mit weichen Knien hinterher. Wieder im vorderen Bereich, wo die präparierten Fetzen liegen, stoppt der Herr. Er scharrt mit einem Fuß eine Weile in den Stoffresten herum, bückt sich dann blitzartig und hält mir ein Teil auf Augenhöhe hin. Mit der anderen Hand holt er sehr langsam – quasi in Zeitlupe – sein Feuerzeug aus der Lederjacke. Er schnippt es an, lässt die Flamme hochschießen. Mit einem kleinen Abstand hält er sie nun an den Stoff, schaut mir scharf in die Augen und fragt: „Brennt's oder brennt's nicht?" Ich gebe einen festen Blick zurück und antworte: „Es brennt nicht!" Mich weiter unverwandt fixierend hält er die Flamme an das Corpus Delicti und siehe da: es brennt – nicht.

Etwas freundlicher verschwindet das schwarze Quartett. Ich muss mich erst einmal auf den Boden setzen, um meine Wackelknie zu beruhigen. Aber während der ganzen Ballsaison war mir mehr als mulmig zumute. Wenn einer mit seiner Zigarette an das Stoffgewölbe gekommen wäre, und es dann doch gebrannt hätte, nicht auszudenken! Zwar bewirkt mein Wasserglas, dass der Nessel nun steif und felsengleich in den Gewölben hängt, aber man kann ja nie wissen … Gleich am Aschermittwoch nehme ich die Tücher ab. Diese verschwinden auf Nimmerwiedersehen im Kornhauskeller. Schließlich gehören sie dem Berufsverband. Für meine Arbeit habe ich ganze 300 DM bekommen. Wobei das Material meinen Verdienst komplett verschluckt. Die Holzlatten dürften im Dachgestühl des ehrwürdigen ehemaligen Kornhauses zur weiteren Verwendung gelandet sein.

Mein Werk zeigt mehr als 200 gemalte Stiere, Wölfe, Hirsche, Rehe, Raubkatzen, Pferde und Mischwesen. Nix Knalliges, Freches, keine Busen und keine Hintern. Es wird als langweilig angesehen.

Uli und Marianne im Gespräch

ULI

Sie war meine Schwägerin und meine Freundin. Sie war meine Mentorin. Sie war meine Seelentrösterin. Sie war warmherzig, großzügig, neugierig, sie konnte genießen und aus jeder verfahrenen Sache ein Highlight zaubern. Ihre Phantasie, ihre Unbekümmertheit, ihre Weltoffenheit trugen sehr zu meiner Entwicklung bei. Fast betete ich sie an.

Ich war eine außerordentliche Spätzünderin, die erst gut über die 30 ihren passenden Lebensweg gefunden hatte. Zu meinem Erwachen trägt Uli einen Hauptteil bei. Sie ermuntert mich, zu meinem Maschinenbauberuf mit 37 noch Malerei und Grafik zu studieren. Alles, was dagegen spricht, räumt sie mit Rat und Tat aus dem Weg. Die gesamte Studienzeit gehe ich bei ihr ein und aus. Sie gibt mir Mut und Kraft. Sie schenkt mir ihre Freundschaft und die ihrer Freunde dazu. Ich bin bei ihr aufgehoben.

Sie promoviert als Sinologin über irgendwelche Eunuchen in irgendeiner mandschurischen Dynastie. Sie liebt es, in Gummistiefeln weglos durch Wälder zu stromern. Einfach so. Sie liebt es, das Establishment zu schockieren. Sie liebt Hunde, hat immer welche. Hat einen netten Ehemann. Sie genießt ihr Leben. Und dann wird sie schwanger. Ein Lorenz kommt zur Welt, der Lenz.

Und damit kommt der erste Knacks in ihr Leben. Das neue Lebewesen bringt Ulis Welt total durcheinander. Sie, die bislang immer alles aus dem Handgelenk heraus macht, regelt und managt, ist verwirrt bis hilflos. Es hat nichts mit ihrer Liebe zu Lenz zu tun. Und trotzdem sagt sie zu mir, dass ihr ein junger Hund lieber gewesen wäre. Kopf und Bauch drehen sich um. Auch die Ehe erhält einen Riss. Erst nur einen Haarriss. Dann erschießt sich ihr heißgeliebter Vater. Er sah keine Lebensperspektive mehr, und der Alkohol trug den Rest dazu bei. Ulis Schock ist groß und geht tief. Zudem geschieht der Suizid des Vaters im Wohnzimmer der elterlichen Wohnung.

Ulis Mann kratzt noch dessen Hirn von den Wänden. Aber das Schicksal will keine Beruhigung, die Scheidung kommt.

Das nächste Unglück verwindet Uli nie mehr: Der Tsunami, das schreckliche Seebeben vor Sri Lanka 1995, nimmt ihr den engsten Freund und dessen Frau. Das Ehepaar verbringt seinen Urlaub genau dort, wo das Unglück am schlimmsten zuschlägt. Ihr Hotel zerbricht in der Sturmflut. Ihre Körper werden auf Nimmerwiedersehen ins Meer geschleudert. Mit Mandi war Uli aufgewachsen, Mandi gehörte zur Familie. Täglich sahen sie sich. Täglich. Und nun ist er tot. Der Schmerz lässt nicht nach. Auch die Liebe macht um Uli weiterhin einen Bogen. Bis die ganz große Liebe kommt. Zwei Jahre später stirbt er an Kehlkopfkrebs.

Aber was veranlasst eine Frau mit solchen Talenten, mit solchen Gaben, trotz allem ihren Kopf ins Gasrohr zu stecken und den Hahn aufzudrehen? Ich kann es bis heute nicht verstehen, nicht fassen. Uli war für mich der Inbegriff von Lebendigkeit. Ich vermisse sie immer noch. Sie ordnet ihre Hinterlassenschaft bis aufs Kleinste. Sie bestimmt Tag und Zeit ihres Suizids. Sie weiß, dass ihr Sohn Lenz sie finden wird. Wie kann sie ihm das antun? Ich bin überzeugt, dass Ulis Lebenskraft einfach zu Ende war. Sie konnte nicht mehr. Vielleicht kam Uli mit einer Suizidveranlagung, die sich in Familien gerne tradiert, einfach nicht mehr aus ihrem Korsett heraus. Und wenn einmal ein Sog in dieser Richtung besteht, kommt man dagegen nicht mehr an.

DIE GATTIN

Sie zieht ein taubenblaues Kostüm an, schlüpft in hochhackige Schuhe und legt sich eine Perlenkette um. Der Regionalexpress bringt sie nach München. Eine Mappe mit ihren Zeichnungen weist in Richtung Akademiestraße und Kunstakademie. Gleich am Eingang in die heiligen Hallen kommt ihr ein Mann entgegen. Verunsichert denkt sie, er könnte ein Kunstprofessor sein oder der Hausmeister. Sie fragt ihn nach den Malräumen von Prof. Mac Zimmermann.

Der Hausmeisterprofessor ist das berühmte Aktmodell „der Hensler". Den auch ich die ganze Studienzeit immer und immer wieder nackt zu Papier bringe. Er gibt mir die gewünschte Auskunft, und zugleich geht mir ein Licht auf: Mein Aufzug erscheint hier wohl etwas fremdartig. „Aha, eine Tussi mit Malambitionen – eine malende Gattin". Denn die herumschwirrenden Gestalten, höchstwahrscheinlich Studentinnen und Studenten, kommen alle im Einheitslook daher: in Schwarz. Und schlampig. Und mit abwesendem Blick. Mit Leidensmiene. Der Existenzialismus, der französische, ist gerade angesagt.

Am Ende meines Studiums ist dann Schickimicki dran, während ich noch in alternativen Klamotten herumlaufe. Zunächst muss ich aber die Aufnahmeprüfung schaffen. Und dazu bedarf es wegen meiner 37 Jahre einer Sonderprüfung. Wegen *außergewöhnlicher künstlerischer Begabung* bekomme ich vom Kultusministerium die Erlaubnis für das Malerei- und Grafikstudium. Eine nie geahnte Welt eröffnet sich mir, und ich platze vor Stolz. Zudem ergattere ich am Institut für Vor- und Frühgeschichte an der Maximiliansuniversität München einen Halbtagsjob als Zeichnerin für archäologische Fundstücke der Römerzeit. Dies garantiert mir, dass ich mich selbst ernähren kann, denn mein Privatleben geht den Bach hinunter. Positiver ausgedrückt: Ich kann mich damit aus einer unerfüllten Ehe verabschieden. Ohne Unterhalt anzunehmen. Und ein halbes Jahr später darf ich sogar auf meiner ersten Ausgrabung in der Osttürkei zeichnen.

Das ist jetzt genau 42 Jahre her. Mein Leben setzt sich seit 1982 aus künstlerisch Arbeiten und dem Zeichnen auf Ausgrabungen zusammen. Mehr als die Hälfte der Zeit verbringe ich im Orient. Das hat auch seinen Preis. Einesteils habe ich ein abenteuerliches Leben mit außergewöhnlichen Erlebnissen. Habe dadurch Zugang in fremde Kulturen, die mich künstlerisch inspirieren. Verdiene gutes Geld. Der Preis ist, zeitlich ständig unter Druck zu arbeiten. Durch die monatelangen Abwesenheiten ist es mir unmöglich, ein künstlerisches Netz in Europa zu flechten. Trotzdem kann ich über ungenügende Präsentationen und zu wenig Bekanntheit nicht jammern. Etliche Preise zeichnen mich aus. Ich selbst bin mit meinem künstlerischen Leben zufrieden.

Nach dem Diplom beginnen die ersten Jahre der Professionalität in Sachen Kunst. Es ist immer ein Spagat, die Ausgrabungen und meine künstlerische Arbeit zu koordinieren. Ausgrabungen in der Türkei, in Syrien, in den Arabischen Emiraten, volle 20 Jahre im Jemen und auch noch Äthiopien erlauben mir aber, mich künstlerisch völlig frei zu bewegen. Brauche nicht künstlerisch daran zu arbeiten, was gerade in ist. Natürlich fließt mein Leben im Orient in meine Werke ein. Seien es nun Zeichnungen, Radierungen, Malereien oder später auch Installationen, Performances, Aktionen und Inszenierungen. In den letzten Jahren kommen auch Scherenschnitte hinzu. Ich kann mir die Ausstellungsplätze aussuchen, sie mir wünschen. Der heißgeliebte Jemen wird seit Jahren vom Krieg zermalmt in einer der schlimmsten humanitären Katastrophen der Neuzeit. Und die Welt schaut daran vorbei. Der Krieg zerschlägt auch für mich die mir lieb gewordene zweite Heimat. Aber einmal Orient – immer Orient. So folge ich meinem Helden und Best Boy und Gefährten und Ehemann nach Kairo. Jeden Herbst brechen wir mit den Zugvögeln auf, um die Wintermonate in vertrauten, arabischen Gefilden zu verbringen.

MAC UND ROBIN UND DANIEL

Die Regelstudienzeit studiere ich bei Mac Zimmermann. Er ist dem Magischen oder auch dem Phantastischen Realismus zugewandt. Neben der Wiener Schule mit Hausner, Fuchs, Lemden und Brauer, ist Zimmermann der bekannteste Vertreter auf deutscher Seite. Sie alle lehnen die Abstraktion ab, malen Realismus mit Traumgesichtern oder surreal. In den Unruhen um die 1968er-Jahre wird Mac Zimmermann von seinen Studenten sehr rüde behandelt. Auch körperlich bedrängt. Aber die Auflehnungen legen sich, das Establishment etabliert sich wieder. Mac führt seine Malklasse weiter mit unerbittlicher Strenge. Bevor man schwimmen darf, muss man seine Schule mit dessen Aufgaben durchlaufen haben.

Ein ganzes Semester dürfen wir Anfänger nur Bleistiftzeichnen und zwar nur mit der HB-Stärke und nur den Bristolkarton verwenden. Das nächste Semester gehört der Tuschefeder und der Monotypie. Das dritte der Collage und, mit Kursen in Maltechnik und Aktzeichnen, endlich der altmeisterlichen Malerei. Jeden Montag erscheint der Meister zur Korrektur. Wir Schüler stehen mit Zitterknien da und erwarten die hereinbrechenden Gewitter. Wagt einer, bei einem Porträt nur eine Fläche als Hintergrund hinzusetzen, dann droht der Mac mit einem Rausschmiss. Da muss ein illusionistischer Hintergrund gemalt werden: Das heißt, einer mit Perspektive und einem Horizont. Meine Zitterknie beruhigen sich alsbald. Denn meine Wurzelzeichnungen werden akzeptiert. Besonders durch das Einfühlungsvermögen von Assistent Erhard Haller erlerne ich das Sehen. Wie Schuppen fallen mir die eingefahrenen Sehbilder von den Augen. Schnell löse ich mich von der altmeisterlichen Ölmalerei und zeichne freiwillig auf den heiligen Bristolkarton über Jahre. Mit dem Mac-Zimmermann-Rüstzeug kann ich mich entfalten.

Kurz vor dem Diplom geht der Mac in den Ruhestand. Sein Nachfolger ist Robin Page, ein britisch-kanadischer Konzeptkünstler. Er findet Gefallen an meinen kräftigen Zeichnungen, bestätigt mein

Diplom und ernennt mich zu seiner Meisterschülerin. Das beinhaltet, dass ich auf dem Akademiegelände ein Atelier behausen darf und zwei Jahre länger im luftleeren, aber geborgenen Raum einer angehenden Künstlerin schweben kann. Er gesteht mir einmal, dass er fürchterlich mit sich selbst am Ringen sei. Denn bis zur Ernennung als Akademieprofessor kämpft er mit seiner Malerei ums Überleben und jetzt, als arrivierter und anerkannter Künstler ohne Geldsorgen, fällt ihm nichts mehr ein. Page erliegt seiner Trunksucht und vielleicht auch seinem Trieb, jede willige Studentin flachlegen zu müssen.

Wenn man sich die Liste meiner künstlerischen Arbeit ansieht, dann fällt auf, dass zu den klassischen Ausstellungen mit Bildern eine ganze Litanei mit all meinen Installationen, Aktionen, Performances und Inszenierungen gehört. Ausstellungen finden in der Regel in Räumen statt, meine oben angeführten anderen Ereignisse sind weitgehend im Freien. Im Gelände oder an Gebäuden. Es hat damit zu tun, dass ich künstlerisch oft mit Feuer arbeite. Auch der Gegensatz von Feuer und Wasser zieht mich an. Und schließlich fliege ich als Akteurin gerne durch luftige Höhen.

Die große Anregung zu den Grenzbereichen der bildenden Kunst erhalte ich schon kurz vor dem Diplom meines Malerei- und Grafikstudiums. Daniel Spoerri kommt 1983 als neuer Professor an die Münchner Kunstakademie. Der heute 94-jährige Aktionskünstler rumänischer Herkunft arbeitet immer noch schöpferisch. Spoerri ist nach einer Ausbildung in Paris Solotänzer am Stadttheater Bern. Verbunden mit weiterer Theaterarbeit mit Inszenierungen erobert er sich auch die anderen Bretter der Bildenden Kunst. Er wird ein Meister, Menschen in seine Kunst zu integrieren. Und zwar als mitwirkende Künstler und auch als Zuarbeiter, Statisten. Er arbeitet mit Essen, kocht und verwendet abgegessene Tische und Tafeln im Ganzen mit allen Essensresten als Installationen und hängt sie an Wände. Einmal sucht er sich aus dem Kölner Telefonbuch eine Gruppe von Menschen zusammen, welche Hans Dampf heißen. Er lädt sie zu einem selbst gekochten Essen an einem riesigen runden

Tisch ein. All dies verarbeitet er zu einer Kunstperformance und einer künstlerischen Dokumentation, in einem Katalog präsentiert.

Neu an der Kunstakademie München, kreiert Daniel Spoerri 1984 ein riesiges Akademie-Sommerfest. Über dreitausend Besucher stürmen die Kunsthallen. Weiteren Hunderten verwehrt man den Einlass. Sie steigen über Zäune, reißen sie ein. Ein Polizeieinsatz verhindert Schlimmeres. Sie jagen die Ausgesperrten aus dem Gelände, etliche werden festgenommen und einige schleichen sich verletzt davon. Es war ein legendäres Fest.

An die hundert Kunst-Studentinnen und Kunst-Studenten werden eingeladen, diese Mega-Aktion auf die Füße zu stellen. Einige Lehrstunden verbringen wir mit Daniel. Er erklärt das Prinzip, wie man viele Menschen zusammenführt und wie man diese über einen großen Ausstellungsraum oder auch über ein großes Ausstellungsgelände bei Laune halten kann. Die absolute Regel ist, dem Ganzen ein Thema zu geben – und dieses dann sinnvoll zu unterteilen. Bespielt werden soll das komplette Akademiegebäude. Er gibt uns das Thema: Die zwölf Sternzeichen. Jedes Sternzeichen bekommt dafür einen geeigneten Platz. Klassenräume, Besprechungszimmer, Flure, die Aula, nicht der Garten. Jedes Sternzeichen hat auch eine eigene Farbe, die am meisten verwendet werde soll.

Da mein Sternzeichen Steinbock ist, melde ich mich in diese Gruppe. Wir bekommen die große Plattform über dem Vorplatz zur Eingangshalle und den anschließenden Raum als Bühne. Braun ist die Farbe der Erde. Die wählten wir als Grundstimmung. Jede Gruppe besteht aus zehn bis zwölf Teilnehmenden. Erst wird uns die grundsätzliche Vorgehensweise erklärt. Dann, wie wir innerhalb einer Gruppe planen, entwerfen, nähen, dekorieren, bemalen sollen und wie wir als lebende Bilder uns dazu einfügen können. Darauf werden wir losgelassen. Eine überbordende Phantasie wird freigesetzt. Schon bald ist es in der ganzen Szene bekannt, dass in der Akademie etwas ganz besonders Verrücktes ablaufen wird. Die Eintrittskarten werden uns aus den Händen gerissen. Sie kosten drei DM.

Damit werden die Ausgaben für Dekoration und Kostüme gedeckt. Und es wird so, wie Daniel Spoerri es sich vorgestellt hat: Bunt, laut, verrückt, glanzvoll, versoffen, großartig.

Wir Steinbock-Männlein und Steinbock-Weiblein sind natürlich alle gehörnt und haben uns nur ein Minimum an Lederflecken umgebunden. Wir sind die Satyrn, die Mischwesen, die ihr Unwesen mit den Besuchern treiben. Wir waren die Faune. Wir waren Pan mit Bocksohren und Schweif. Die Panflöte erklingt zu bacchantischem Taumel. Unser Spiel ist nicht choreographiert. Es ist spontane Eingebung. Dazu recherchieren wir in der Mythologie. Wir gestalten und bespielen die Bühne, aber die Besucher sind mitten unter uns und gehören mit zur Performance. Eine Freundin, Renate, ist besonders glücklich. Sie zieht sich in der Öffentlichkeit fürs Leben gerne aus. Sie weiß um ihren wunderbaren Körper. Also fallen ihre Lederlappen schon ziemlich schnell. Und ihre goldene Hörnerkrone lässt sie wie eine Göttin erscheinen.

Ich habe für den Festverlauf einen besonderen Einfall. Die große Terrasse ohne Dach über dem Eingang gehört zu unserer Show. Ich stelle mir vor, Hunderte von Glühwürmchen in die heiße Augustnacht fliegen zu lassen. Denke, dass man diese züchten könne wie Fliegen. Ich spreche eigens im Biologischen Institut der Maximilians-Universität vor und erbitte darüber Auskunft. Ich ernte aber nur ein Lachen mit „Gute Frau, wenn das so einfach wäre! Die Glühwürmchen beginnen nur zu glühen, und zwar nur die weiblichen, wenn sie paarungsreif sind. Und das sind sie in unserer Region nur an den letzten Juni- und ersten Julitagen." Ich schäme mich ein wenig. Aber die Glühwürmchen-Idee begleitet mich mein ganzes Leben als Beispiel dafür, dass man sich die Natur eben nicht so einfach zurechtbiegen kann.

Wenn man sich vorstellt, welches Spektakel sich alleine bei den Steinböcken abspielt, kann man sich ausmalen, wie das gesamte Gebäude kocht. Für Daniel Spoerri ist es sicherlich nur eine sehr kleine Wegmarke seines künstlerischen Tuns, aber alle Mitspielenden gehen reich beschenkt aus dieser grandiosen Veranstaltung ins Künstlerleben hinaus.

Daniel hat uns alle zu Martini im kommenden November zu einem Entenessen eingeladen. In der Aula der Akademie baut er für hundert Leute eine Tischreihe auf. Er kocht eine Kürbiscremesuppe und kredenzt sie jedem von uns persönlich der Reihe nach aus ausgehöhlten Kürbissen mit einem Zackenrand. Er brät über zwei Tage die 50 gehälfteten Enten in den 20 Keramikbrennöfen der Akademie. Dazu gibt es Weißbrot und Rotwein, und nicht den billigsten. Zum Nachtisch soll jeder etwas Süßes mitbringen, das auf einem separaten Tisch aufgebaut wird. Er selbst schnippelte aber noch einen Obstsalat für 100 Leute – in einer Tonne zum Verzehr angerichtet.

Der wunderschöne Dank an uns alle inspiriert mich 50 Jahre später, in dieser Art auch etwas zu inszenieren: Ich lade in Kairo all meine ägyptischen Protagonisten zu einem Essen ein. Es ist der Dank für ihre Teilnahme an meinem Buch *Der Atem Kairos*, auf Deutsch und Arabisch erschienen. In einer Galerie baue ich eine zwanzig Meter lange Tafel auf. Weiße Tischdecken, Kerzen und Blütenblätter heißen an die 120 Menschen willkommen. Und alle, alle bekommen ein Buch geschenkt. Diese liefert die deutsche Botschaft kostenlos aus Deutschland an. Das Leben von den Menschen um einen herum habe ich in dem Buch porträtiert. Schuster, Bäcker, Maler, Schneider, Taxifahrer, eine Sängerin, eine Bauingenieurin, eine Verkäuferin von Gebetsketten an einer Moschee und viele, viele mehr geben mir die Ehre.

Und 50 Jahre früher tanzt für uns Daniel zu vorgerückter Stunde sogar noch zum Entenschmaus. War er doch ein berühmter Solotänzer, bevor ihn die bildende Kunst in seinen Bann schlägt.

Mac Zimmermann habe ich mein gutes Auge für naturalistisches Zeichnen zu verdanken, für die Genauigkeit der Wiedergabe. Meinem Brotberuf des archäologischen Zeichnens verdanke ich die harte Zimmermannschule. Denn in den Schoß fallen einem die Erfolge nicht.

Robin Page unterstützt mich in der Genauigkeit meines Zeichnens. Er mag meine heftigen Striche hin zum Realismus, er mag meine Bildinhalte. Er vermacht mir zwei seiner Erkenntnisse, die mein ganzes künstlerisches Tun abdecken: *„Sei niemals größer als Deine Bilder"* und *„Mach Dich selbst nicht kleiner mit dem, was Du anderen sagen und zeigen willst."* Ich selber kann die allgemeine Weisheit noch hinzufügen, dass man niemals Dinge oder Gegebenheiten künstlerisch bearbeiten soll, die nichts mit einem wirklich zu tun haben. Denn da entstehen nur plakative, aufgesetzte, effektheischende Werke, künstlerische Lügen.

Daniel Spoerri verdanke ich, mutig auch große Projekte anzugehen und durchzuziehen. Letztlich bauen alle meine Einzelausstellungen, Projekte, Installationen, Performances und Inszenierungen auf seinen Ideen auf. Den Ideen, seinen Geist ungezwungen fliegen zu lassen und unbekümmert das anzupacken, was Freude macht.

DIE GRÜNBAUMGASSE

Wir wohnen im eigenen Haus in der Grünbaumgasse Nummer sieben. Schuldenfrei. Die urgroßelterlichen Wirtsleute konnten das verlotterte Gebäude kaufen. Da sind deren Kinder, meine Großeltern, bereits verheiratet. Und der Großvater ist Baumeister. Hat in München studiert. Wahrscheinlich ist er eine Mischung aus Architekt und Maurermeister. So verwandelt er mit großem Einsatz und viel Liebe die Grünbaumgasse sieben in ein schmuckes Wohnhaus für die Familie. Und einige kleine Wohnungen beherbergen einige Mieter. Auch sie begleiten die Zeit meiner Kindheit.

Mein Urgroßvater heißt Georg Fischer. Der Großvater Josef Hölzel heiratet dessen Tochter Berta. Und wieder deren Tochter ist meine Mutter, die Högerle heißt, die ihren Josef Stachel heiratet. Und deren erster Sohn heißt auch Josef. Der von uns dann auch Josefle oder Seppi oder Peppi genannt wird. Die Fischers und Hölzels sind ausgestorben. Die Stachels leben weiter mit Josefles drei Söhnen Christoph, Tim und Tom. Die drei Mädchen von Bruder Michael nehmen die Familiennamen ihrer Männer an. Beiden Brüdern musste ich schon ins Grab schauen.

Über den Zimmermann Josef aus Betlehem wird mir gestern in einem sehr katholischen Kreis ein netter Witz erzählt: Bei den himmlischen Wahlen gibt es bislang immer 100 Prozent Wahlbeteiligung. Und immer wird zu 100 Prozent Schwarz gewählt. Doch diesmal ist tatsächlich ein roter Stimmzettel dabei. Große Aufruhr in allen Gefilden. Wer war das? Wer ist der Verräter? Das kann doch nur unser Zimmermann, der Josef sein. Er hat es schon immer mit der Gewerkschaft gehabt. Und er gibt es denn endlich auch zu. Empört wird ihm angedroht, dass er ja auswandern könne. Da meint der Josef: Das ka i mache, aber dann nehm i d'Muatr und de Bua au glei mit.

Ich bin nun die älteste unserer Sippe. Stachel ist mein Mädchenname. Manda mein im Pass eingetragener Künstlername. Seit 1984.

Es ist der türkische Begriff für Büffel. Da ich in der Zeit meiner Namenswahl über zwei Jahre lang Kühe zeichne und male, erscheint mir Manda als sehr passend. Zumal meine eindeutig weiblichen Kühe mit einem Habitus von wild gewordenen Stieren daherkommen. Und zumal ich in dieser Zeit im südtürkischen Kurdistan einige Monate auf meiner ersten Ausgrabung bin. Beim weiteren Stöbern in Wörterbüchern kann Manda auch ein Wasserbüffel sein oder eine Büffelin, es kann „hünenhaft" und schließlich auch „Wie ein Scheunendrescher essen" bedeuten. In der Rezension einer meiner Ausstellungen steht einmal in der Überschrift *Manda – die kämpferische Kuh*. Worauf ich sehr stolz bin und mir immer noch ein Lächeln entlockt.

Mein Vater forscht mit zunehmender Begeisterung nach der Herkunft seines Stachel-Namens. Vor allem im Ruhestand verfeinert er die Suche in diversen Stadtarchiven und Einwohnermeldeämtern und in Pfarrbüros. Er findet dabei eine Burg in Südtirol, die Stachelburg. Sie liegt zwischen Meran und Bozen bei Nals. Sie stammt aus dem 16. Jahrhundert, als die Renaissance erblüht. Das Habsburger und das Tiroler Wappen sind dort noch an einem kleinen Turm erkennbar. Ein Georg Stachl wird vom Kaiser für seine Verdienste als dortiger Verwalter geadelt. Die Burg ist ein Verwalterhaus für die umliegenden Burgen. Inzwischen kann man in ihren alten Gemäuern wunderbar essen. Sie sind seit einigen Generationen als Gaststätte in Privatbesitz. Aber schon die Römer marschierten durchs Nalstal Richtung Norden. Wer weiß, ob da nicht ein strammer Legionarius mit einer feschen Sennerin ein Schäferstündchen mit Folgen hatte.

Vielleicht kommt tatsächlich ein Teil meiner Familie von daher. Als Kind beflügelt mich dieser Gedanke, und ich wünsche mir die Vorfahren als Raubritter. Inzwischen bin auch ich alt geworden und einiges von Vaters Entdeckungen würde mich sehr interessieren. In jungen Jahren lächelten wir Kinder über seine Ahnenforschungen. Und jetzt sind diese Aufzeichnungen auf Nimmerwiedersehen verschollen.

Den eingeheirateten Högerle-Opa lerne ich nicht mehr kennen. Er verstarb zu früh. Als Baumeister baut er für die Familie nicht nur ein Heim, er hinterlässt auch einige Spuren in seiner Kempten-Heimat. Am Aufgang zur Burghalde, einer mittelalterlichen Wehranlage, fasst er Quellwasser zu einem Brunnen. Noch heute sprudelt es aus den Kalksteinquadern, und eine Inschrift erinnert an den Großvater. Aber seine spektakulärste Aktion war die Befestigung und der Ausbau des oberen Burghaldebrunnens auf dem Burgplateau. Er soll 60 Meter tief gewesen sein und bei Belagerungen die Eingeschlossenen mit Trinkwasser versorgt haben. Kurioserweise gehört die Befestigung zur Stiftsstadt Kempten und nicht zur sich unten herum schmiegenden Altstadt. Die Stiftsstadt mit der St. Lorenz-Basilika und der Residenz war und ist katholisch, die Altstadt mit seiner St. Mang-Kirche evangelisch. Und die beiden Parteien bekriegen sich im Dreißigjährigen Krieg bis aufs Blut. Selbst in den ersten Nachkriegszeiten im zwanzigsten Jahrhundert bezeichnet unsere katholische Sippe die anderen immer noch als die „Wüschtgläubigen."

Die Burghalde ist eine Schutzburg. Sie hat einen Turm, den Burgfried, und ein Wohngebäude mit einem Rittersaal. Sie ragt hoch über die Altstadt empor. Dicht bewaldet ist der Burghügel ein kleines Naherholungsreich, und im Süden gibt es einen Ausblick auf die Allgäuer Alpen. Einige Gebäude, die zur Burg gehören, sind saniert, und im Schloss ist ein Museum untergebracht. Meist ist es wegen Personalmangels geschlossen. An einem der steileren Abbrüche des Burghügels sind verschiedene Räume ins Erdinnere gesetzt. Wahrscheinlich als Lagerräume. Die Burg ist vom evangelischen Feindesland umzingelt. Und deshalb kommen immer Gerüchte auf, dass es von hier einen unterirdischen Fluchtweg zur Krypta der St. Lorenz-Basilika gegeben habe. Die Ministranten dort steigern sich so in diese Vermutung hinein, dass immer mal wieder von der Krypta aus in Richtung Südosten gebuddelt und geschaufelt wird. Ganze Wochenenden ist auch Georg, mein späterer Ehemann, als Freibeuter daran beteiligt. Vielleicht, vielleicht ist es nur eine Burgromantik, die irgendwann wieder erwacht.

Der schon erwähnte Brunnen oben auf der Burgwiese regt uns Kinder zu allen möglichen Spekulationen an. Der Großvater lässt das Baudenkmal vom jahrhundertelang hineingefallenen und hineingeworfenen Unrat befreien. Es ist ein nicht ganz ungefährliches Unternehmen. Denn die steingesetzten Wände sind bröckelig geworden. Mancher Stein der Schalung liegt bereits auf dem Grund des Brunnenlochs. Die 60 Meter komplett neu ausschachten kommt nicht infrage, allein schon wegen der schwierigen Sauerstoffversorgung in der Tiefe. Aber ein guter Teil ist befestigt und oben mit einem Gitter und einem Steinrund versehen. Über diesen schmiedet ein Kunstschmied ein graziles Gestänge in Form eines kleinen Brunnenhauses.

Wir Kinder gruseln uns vor dem schwarzen Loch, werfen aber weiter Steine hinunter, lauschen dem Poltern hinterher, bis zum letzten Klackern. Wir zählen sogar die Sekunden bis dahin. Demnach müsste der Schacht 100 Meter tief gewesen sein. Da es uns aber nie gelingt, einen Stein total senkrecht fallen zu lassen, fällt er ziemlich schnell an die Wandung, wird zurück auf die andere Seite gespickt und hüpft so mit gebremster Fallgeschwindigkeit im Zickzack in die Tiefe. In späteren Jahren kommt die Burghalde wieder mehr ins Interesse der Bevölkerung. In Form eines Amphitheaters wird eine Tribüne für Theater und Filmvorführungen erbaut. Und immer noch steht der Brunnen als unverrückbares Bühnen-Requisit für jede Aufführung und fügt sich mal unauffällig, mal auffällig in jede Dramaturgie. Bei den Kemptener Filmnächten hat er eher eine Statistenrolle. Schon seit hundert Jahren ist der Brunnen aus seinem Dornröschenschlaf erwacht und erfreut erholungssuchende Menschen hoch über Kempten.

Unser Haus hat im ersten Stock einen Erker und einen kleinen Balkon bekommen. Das obere Stockwerk als teilweise ausgebautes Dachgeschoß ziert eine lange hölzerne Veranda mit einer Verglasung. Die Brüstung hat eine aufgesetzte Rautendekoration. Die Fensterläden sind ebenfalls mit einem Rautenmuster bemalt und erinnern an stolze Burgen und Schlösser. Wilder Wein wächst auf der Westseite, Birnenspaliere entfalten sich in Richtung Süden. Zur damaligen Zeit gehören zur sanitären Versorgung noch Plumpsklos und eine B'schüttegrube. Zu meiner Zeit sitzen wir aber zum Geschäft schon auf Porzellanschüsseln. Als Klopapier werden aber immer noch Zeitungen in handgerechte Blättle gerissen und, auf einen großen Haken gespießt, angeboten.

Die Waschküche mit einer Türe zum Hof bereichert unsere Wohnqualität. Am Fenster zum Hof steht ein riesiger Waschtisch aus Holzplanken. Mit Wurzelbürsten wird hier die Wäsche geschrubbt. Der Waschkessel ist ummauert. Samstag ist immer der Waschtag. Schon morgens um fünf stehen die Frauen auf und beheizen den Kessel mit Holz. Um sechs, wenn die kräftige Lauge zu kochen anfängt, kommt die Schmutzwäsche hinein. Mit riesigen Rührlöffeln aus Holz ackern Mama, Tante und Oma durch Bettwäsche und Hemden und Hosen, durch Tischdecken, Schürzen und Windeln. Da dampft und brodelt und zischt es. Natürlich ist diese Schwerstarbeit Frauenarbeit. Mit den riesigen Holzrührern wird die kochende Wäsche immer wieder bewegt, wird dann aus dem kochenden Wasser gehoben und mit Schwung in die große, mit kaltem Wasser gefüllte Zinkbadewanne geklatscht. Wieder wird alles hin- und hergerührt, um die Kernseife auszuspülen. Dann das Auswringen mit bloßen Händen. Vor allem im Winter sind lange nicht heilende Schrunden das schmerzhafte Begleitprogramm.

Meist kommen mehrere Kesselfüllungen zum Waschen. Mittags um elf muss die Wäsche aufgehängt sein, damit um zwölf das Essen für die Männer auf dem Tisch stehen kann. Die vom Vater gefertigten Wäscheklammern aus Haselnussstecken hat er mittig mit Draht verzurrt und eine Hälfte der Länge nach gespalten. Mit dem entstandenen Schlitz klammert man die Wäsche auf die Leine. Traditionsgemäß gibt es am Samstagmittag immer die Reste der Woche. Fleischreste werden durch den Fleischwolf gedreht und daraus das mir verhasste Haschee gemacht. Mit viel Fett und Flachsen, mit Zwiebeln und mit Mehl eingedickt, würge ich das eklige Zeug hinunter.

Aufgehängt wird im Hof bei jedem Wetter. Ich erinnere mich an die gefrorenen Betttücher im eisigen Wind. Für uns Kinder ist es spannend, wenn sie abgenommen werden. Steif gefroren erinnern die aufgeblähten Stoff-Gehäuse an Iglus. Zurück in der Waschküche, sinken sie dann langsam in sich zusammen. Am Samstagabend ist unsere Badestunde Das Seifenwasser in der Zinkwanne ist noch warm vom Vormittag. Erst Jahre später, als in der Nachkriegszeit mehr Hygiene aufkommt, wird frisches Wasser im Kessel erhitzt und in Kübeln in die für uns Kinder riesige Wanne geschüttet. Schamhaft schützt uns ein in der Mitte des Raumes gespanntes Leintuch vor unerwünschten Blicken. Denn nackt wollen wir uns vor einander nicht zeigen, wir ländlich geprägten Allgäu-Alemannen.

Die Högerle-Großeltern

Faschingsball bei Zießes

Högerles mit Tante Fini und Hannatant

MITBEWOHNER

Wir Högerles, Stachels und Zießes leben wie in einer Großfamilie zusammen. Drei Generationen unter einem Dach, auf zwei Stockwerke verteilt. Die Großmutter, die vier Eltern und wir fünf Kinder. Ursprünglich spielt sich alles auf der Etage im ersten Stock ab. Als aber aus zwei Kindern fünf werden, baut Onkel Friedel mit seiner Hanna das Stockwerk darüber aus. Eigentlich ist es ein Dachgeschoß. Aber als handwerklich geschickter Maler trennt er ab, isoliert mit einfachen Mitteln, und schon war eine Wohnküche und ein Elternschlafzimmer entstanden. Für die Kinder Gertrud und Heini baut er Kojen in eine Dachschräge. So stößt man sich zwar beim Aufsitzen die Köpfe an, aber es wird dadurch ein Raum zum Spielen geschaffen. Einfach genial. Onkel Friedel kommt aus dem Rheinland. Dort sind die Menschen leichtlebiger als wir sturen Allgäuer. Aber Tante Hanna passt von ihrem Naturell her gut zu ihm. Mein Vater ist eher tiefgründig und ergänzt sich mit unserer Mutter recht gut.

Allerdings gibt es mitunter kleine Reibereien zwischen den beiden Schwägern. Mein Vater ist pedantisch bei allem, was er tut. Onkel Friedels Nonchalance lässt beide aus verschiedenen Blickwinkeln die Belange eines Hauses einschätzen. Auch unsere Lebensweisen sind verschieden. Das zeigt sich darin, dass es bei Tante Hanna am Sonntag immer Sahnetorte gibt. Bei uns steht nur ein Sandkuchen, ein Gesundheitskuchen oder höchstenfalls ein Marmorkuchen auf dem Tisch. Im Sommer gibt es im oberen Stock selbstgemachtes Eis. Auch wird oben wesentlich mehr gelacht. Kommt Besuch von der Verwandtschaft, dann sitzen sie immer lieber oben bei Zießes. Schon als Mädchen ist mir das eifersüchtig aufgefallen.

Wir sind sehr katholisch, essen am Freitag kein Fleisch, und während der Fastenzeit und im Advent gibt es keine Süßigkeiten. Tante Hanna liegt im Sommer auf ihrem Balkönchen zum Sonnen. Wir machen Spaziergänge, sitzen in der Wiese und die Mutter stopft Socken.

Und etwas ganz Spektakuläres: Zießes fahren in den Urlaub! Über die Alpen an den Gardasee! Die erste Zeit bleiben Gertrud und Heini bei der Großmutter und bei uns. Da hat Onkel Friedel noch ein Motorrad. Und einen Beiwagen dazu. Der sieht wie ein Paddelboot auf zwei Rädern aus. Und da drin sitzt dann Tante Hanna mit Fliegermütze und Fliegerbrille. Und ab geht es für zwei Wochen in den Süden. Der Gardasee war das Zieß'sche Paradies.

Wir Stachels missbilligten diesen Luxus irgendwie, waren aber insgeheim neidisch. Allerdings haben wir jährlich wunderschöne Bergwanderungen von Hütte zu Hütte. Vater verdient bei der Stadt nicht viel. Deshalb müssen wir sparen. Onkel Friedel arbeitet bei Firma Dartmann und verdient sicherlich auch nicht mehr. Aber sein Chef drückt beide Augen zu, wenn der Onkel jeden Abend, wirklich jeden außer sonntags, noch zu allen möglichen Leuten zum Anstreichen geht. Er ist sehr beliebt, und das gibt immer „Sackgeld", welches für den Urlaub gespart wird. Später kommt ein Lloyd Alexander TS auf unseren Fuhrpark, der sonst nur mit Fahrrädern bestückt ist. Damit kann nun die ganze Zießerei ihren Gardaseeurlaub machen. Das Auto war für die Fahrt aufgepackt und fast überfüllt mit allen nötigen Campinggegenständen. Mit den damaligen Straßenverhältnissen dauerte die Fahrt einen ganzen Tag. Über Jahre wird immer auf diesen Urlaub hingefiebert. Urlaubspläne und ausgeführte Reisen werden in dieser Zeit noch in der ganzen Nachbarschaft herumerzählt. Begriffe wie Jesolo, Caorle und Grado flirren durch die Allgäuer Sommer, und – der Bikini kommt auf. Eine von Onkel Friedels Nichten ist auf Besuch und wagt es, auf dem kleinen Balkon im Liegestuhl zu liegen. Der Balkon hängt wie ein Korb an der Hauswand mit einem dünnen Eisengeländer. Die Nachbarn von gegenüber gaffen sich die Augen heraus. Es ist wie Hollywood-Kino: Die Nichte in ihrem knallroten Bikini!

Gertrud ist tragischerweise ganz jung an einer Gehirnblutung gestorben. Ihrem Bruder Heini, einige Jahre jünger als ich, bin ich zu schnell entwachsen. Wir sehen uns nur noch zu Beerdigungen im Verwandtschaftskreis. Aber wie wunderbar: Jetzt im Alter lernen wir uns erst richtig kennen und sind enge Freunde geworden. Die Freundschaft schließt auch Margit und Georg, unsere Ehegesponse, mit ein. Und deren Sohn Martin, mein Großcousin, gehört ebenfalls eng dazu.

Unser Haus hat aber noch mehr an Buntheit zu bieten. Im Erdgeschoß sind kleine Wohnungen. Es sind immer nur zwei Zimmer und nur mit einem Gemeinschaftsklo. Alles ist dunkel und feucht. Ein altes Weiblein, Frau Sommer, wohnt zur Straße hin. Für mich ist sie eine sehr, sehr alte Greisin. In ihren kleingeblümten Kittelschürzen kommt sie ab und zu in den Hof. Sie hat sehr große Überbeine an den Ballen ihrer Füße. Die schmerzten sie. So kann sie nur Schuhe tragen, bei denen sie den Knöchelbereich großzügig mit einer Schere herausgeschnitten hat. Sie trägt noch die im Schritt geschlitzten, knielangen Unterhosen. Sie sind sehr weit und aus weißer Baumwolle. Und manchmal lugt ein Spitzenbesatz unten am Rock hervor. Wenn sie pieseln muss, geht sie also lieber in den Hof. Da stellt sie sich einfach mit gespreizten Beinen hin und lässt es laufen.

Wenn sie muss, hocke ich mich mit Abstand vor sie hin und schaue fasziniert auf die größer werdende Pfütze – links und rechts davon Frau Sommers Füße in ihren Schuhen ohne Ballenbereich mit den ausgefransten Rundungen, wo die deformierten Beulen herausschauen. Einmal sage ich zu meiner Mutter, dass Frau Sommer wohl sehr arm sei. Dies erzählt sie ihr. Kurz darauf spiele ich im Hof an der Turnstange. Da erscheint eine feine Dame in braunen, anliegenden Lederschuhen und in einem feinen langen Kleid. Auch die Frisur passt jetzt zur Gesamterscheinung. Frau Sommer stellt sich mir schmunzelnd vor. Mir, einer höchstens Fünfjährigen, ganz exklusiv. Dass sie also auch so kann. Und die „Verkleidung" hat ihr großen Spaß gemacht.

Neben Frau Sommer wohnt Familie Schmid. Sie leben mit ihrem Buben auch nur in den zwei üblichen Zimmern. Aber kaum ist es Frühling geworden, verbringen sie jede freie Minute in ihrem Schrebergarten unten an der Iller. Dort pflanzen und züchten sie Gemüse – alles, was es so gibt. Frau Schmid hat immer eine Brille auf, eine, die ihre Augen so vergrößert, dass die Brillengläser damit ausgefüllt sind. Lieber schaue ich sie gar nicht erst an. Alles, was sie näher betrachtet, hält sie sich fünf Zentimeter vor die Brille hin. Einmal hat sie beim Schnitzelpanieren ein Fleischstück mit einem Topflappen verwechselt. Erst beim Braten fällt ihr der komische Geruch auf. Mich nennt sie immer „mein Zwetschgefiedle", weil ich so dünn war und sich unter meinen Kleidchen kein Hintern vermuten lässt.

In der dritten Abteilung wohnt einmal für kurze Zeit eine Zigeunerfamilie, wenn ich das noch so sagen darf. Flüchtlinge aus dem Osten. Sie hatten ein kleines Kind. Einen Buben von vielleicht zwei Jahren. Ich sah ihn nur im Kinderwagen sitzen. Zu meinem großen Schrecken war ihm da immer mit einem Pflaster der Mund zugeklebt. Die Familie befand sich nur auf der Durchreise. Als sie weiterzogen, waren wir alle sehr, sehr erleichtert.

Nach Großvaters Tod wechselt die Oma ihren Wohnbereich auf unsere Etage, und Mamas Schwester mit Familie zieht hoch in den zweiten Stock. Und da ist auch noch eine kleine Wohnung an ein Ehepaar vermietet. An Familie Schöberl. Komischerweise mögen wir die Frau ganz gerne, nicht aber ihren Mann. Er spielt Tuba in der Stadtkapelle. Zum Üben geht er immer ins Klo. Da ist das Fenster zum Hof hinaus – und immer offen. Im Umkreis von einem halben Kilometer kann man ihn hören. Wir Kinder lachen natürlich immer über das vermeintlich stümperhafte Gedudel. Wer mit mehreren instrumental musiziert, weiß aber, dass sich jede Partitur beim einzelnen Üben oft schrecklich anhört.

Wir haben über viele Jahre ein Kindermädchen aus der Nachbarschaft. Mini Simon. Sie ist nur fünf Jahre älter als ich. Wir haben sie alle sehr gerne. Ich bin gleich dick mit ihr befreundet geworden. Sie ist ein lustiges Mädel, und meine zwei jüngeren Brüder wickelt sie locker um ihren Finger. Mini und ich hecken ständig irgendwelche Streiche aus. Ich darf mit ihr auch nach Einbruch der Dunkelheit im Hof sitzen. Da erzählen wir uns Geschichten oder singen Volkslieder. Im Fasching streichen wir als Max und Moritz um unser Viertel und strecken allen die Zunge heraus. Wir verstecken uns, wir spielten „Fangerles", wir klettern in die Holunderbäume im Hof. Einmal entfachen wir zusammen im Dunkeln sogar ein Feuer neben unseren zwei Birnbäumen im Hausgärtchen. Sie blühen schon üppig, aber die Nächte bringen immer noch Frost. Unser Feuer raucht gewaltig wegen der nassen Holzscheite. Man riecht es bis in die Wohnung hinein. Vater kommt schmunzelnd dazu und lässt uns gewähren.

Eines Tages nimmt mich Mini ganz geheimnisvoll zur Seite. Sie flüstert mir ins Ohr, dass sie mir etwas sagen müsse. Dazu will sie mich in das ums Eck liegende Gasthaus *Zum Kreuz* zu einem Bier einladen, einem halben Bier von einer Halben. Ja, und dann wars heraußen: Sie hat einen Freund, den Karl. Und sie sei narrisch verliebt. Ja, und deshalb muss sie mir mitteilen, dass sie von nun an nicht mehr so viel Zeit mit mir und der Familie verbringen kann. Ich sitze ganz erstarrt auf der Wirtshausbank. Kann mir nichts darunter vorstellen. Und gleich darauf kommt der Karl dann auch noch vorbei, aber auf eine ganze Halbe. Die Beiden heirateten bald, und es fügt sich, dass die kleine Wohnung von Familie Schmid frei geworden war. Da ziehen nun Mini und Karl ein. Gleich darauf kommt auch der Stammhalter Jürgen auf die Welt. Mini bleibt also weiter in unserer Nähe. Sie bleibt auch das fröhliche Mädchen. Hilfsbereit und flink ist sie immer zur Stelle, wenn Hilfe nötig ist. Zwei Mädels folgen auch noch, Petra und Gudrun. Aber diese werden dann schon in der großen Wohnung neben dem Hildegardis-Gymnasium geboren.

Karl ist vor ein paar Jahren gestorben. Er war ein ruhiger, patenter Mensch. Mini ist inzwischen 86 Jahre alt und immer noch so quirlig wie als junges Mädchen. Ihr Hobby hält sie jung: Sie ist Läuferin. Sie läuft bei allen Volksläufen und dergleichen mit. Immer ganz vorne dran. Und sie läuft weiterhin, sagte sie mir lachend, als sich neulich unsere Wege kreuzten.

Im eigenen Hühnerhof

NACHKRIEGSHÜHNER

Hinter unserem Haus ist unser Hof. Er ist unser zweites Wohnzimmer. Eine Außentreppe führt zur Küche hoch. Wohl hundertmal am Tag rennen wir Kinder da auf und ab. Der kleine Balkon mit seinem Bänkchen als Eingang lädt auch immer wieder zum Verweilen ein. Man sieht auf das große Gebäude gegenüber. Allein schon, wer sich wann aus welchem Fenster beugt, erschließt einem den Lebensrhythmus von einigen Familien. Am lautesten ist Familie Bayerl. Frau Bayerls Stimme hört man zu jeder Tages- und fast zu jeder Nachtzeit. Sie beordert ihre Kinder ins Haus. Also weiß man, wann dort zu Mittag gegessen wird und auch zu Abend. Das Mädchen Elsa versucht, mit schrillen Schreien ihre Kommentare übers Wetter aus dem Fenster abzugeben oder gellend ihre Brüder zu rufen. Diese sind auch nicht gerade einem Schweigekloster entsprungen. Unsere lautstarken Nachbarn leben im zweiten Stock. Bis zu einem ihrer Fenster reicht ein Brett. Es hat Querlättchen im Katzentrittabstand. Das regelmäßig benutzt wird.

Familie Bayerls Katze Mausi muss zuerst vom Hiemer-Hof auf ein Vordach springen, um dann das Magazin für unsere Hühner zu überqueren. Sie schlängelt sich entlang einer Veranda, ein kleiner Sprung auf das Zinkdach über der Türe zum Hof des Nachbarn – und da befindet sich Mausis Brett zum Aufstieg zu Mama Bayerl. Im Hof darunter ist eine Hühnerschlachterei. Unter freiem Himmel werden Hühner ins Jenseits befördert. Bei jedem Auf- und Abstieg müsste Mausi das Wasser im Maul zusammenlaufen. Anders ergeht es sicher unseren eigenen Hühnern im Hof auf unserer Seite. Wahrscheinlich haben diese wegen der Todesschreie ihrer Schwestern von nebenan heftige Depressionen.

Die Unternehmerinnen der Hühnerschlachterei sind zwei Schwestern, junge Kriegswitwen. Tante Annelies und Tante Pauline nenne ich sie. Waltraud ist die Tochter von Tante Anneliese und meine Kindheits-Freundin. Die dritte Schwester der Tanten, eine Lehrerin, hat ebenfalls ihren Mann im Krieg verloren. Ihre Tochter Marianne ist somit auch Halbwaise geworden. Die Ernährer sind fürs Vaterland gefallen. Aber wie kann man selbst überleben? Tante Annelies und Tante Pauline entdecken eine Versorgungslücke. Sie kaufen lebende Hühner und Tauben, schlachten sie, rupfen das Federkleid und nehmen sie aus. An der Vorderseite des Gebäudes, *An der Sutt,* ist das Verkaufsgeschäft. Die appetitlich angerichteten Vögel werden ihnen unter den Fingern weggekauft.

Von unserer Küche und dem Balkon davor kann man dem interessanten Tun der beiden Tanten zusehen. Von meinem Logenplatz aus verfolge ich, wie sie die Vögel töten. Dem damaligen Lebensmittelgesetz nach dürfen die Tiere nur mit Kopf verkauft werden. Wie bringt man sie also vom lebenden in den verstorbenen Zustand, ohne ihnen den Kopf abzuhacken? Ganz einfach: Das Huhn wird mit der einen Hand an beiden Beinen gepackt, während die andere den Kopf bis zu den Beinen biegt. Die linke Hand hält dann beide Beine und den Kopf fest. Das Messer in der rechten Hand durchschneidet auf dem Hackstock schnell die Kehle. Beim Schächten von Schafen und Ziegen wird ebenfalls ein scharfes Messer durch deren Kehle gezogen. Das sterbende Huhn landet nun schwungvoll in dem bereitstehenden Blechfass bei ihren bereits verblichenen Leidensgenossinnen. Und sofort kommt das nächste Huhn an die Reihe. Eine blutige Angelegenheit. Wenn die Todeskandidatinnen in die Schlachtposition gebracht werden, kreischen sie entsetzlich. Manch schlecht geschnittenes Huhn schafft es, aus der Tonne wieder heraus zu flattern. Manchmal können sie sogar noch schreien. Richtungslos rennen sie noch ein paar Meter und brechen dann zusammen.

Montag ist immer Schlachttag. Auch einige Tauben müssen daran glauben. Am Kopf gepackt und aus dem Handgelenk heftig rundumgeschleudert, bricht ihnen das Genick. Auch sie landen bei ihren Gefährtinnen in der Schlachttonne. Noch am selben Tag beginnen Tante Annelies und Tante Pauline, die toten Vögel zu rupfen. Sie sitzen dazu nebeneinander mit großen weißen Plastikschürzen, die bis zu den Schuhen reichen. Es ist eine sehr mühsame Arbeit. Vor allem im Winter frieren den Beiden fast die Finger ab.

Damals betrachtete ich diese Szenen mit gemischten Gefühlen. Einesteils brutal anzusehen, andererseits verspeisen wir zu Hause auch ab und zu ein Huhn. Allerdings kommen diese aus dem eigenen Stall. Kurz und bündig wird ihnen auf sichere Weise der ganze Kopf abgehackt. Auch Hasen bereichern manchmal unseren Küchenzettel. Eigentlich sind es Kaninchen. Während unseren Hühnern auch von der Großmutter und der Mutter der Garaus gemacht wird, ist der Hasen-Schlachtmeister der Vater. Niemand von uns Kindern darf dabei zusehen. Mir als der Ältesten ist es erlaubt, bei der Vorbereitung dabei zu sein. Das Tier wird auf den Hackbock gesetzt und von der Schnuppernase über die angelegten Ohren zum Rücken hinunter gestreichelt. Mit einer dicken Holzkeule bricht der Vater mit einem einzigen, wuchtigen Hieb das Genick des Tieres. Er beherrscht auch das kunstgerechte Ausnehmen und sogar das Präparieren der abgezogenen Hasenfelle. Dies geschieht an einem Haken an der Küchentüre. Dabei dürfen wir Kinder wieder dabei sein. Auch die frühe Nachkriegszeit über haben wir an den Feiertagen immer einen Braten im Ofen. Und nach ihrem Ableben wärmen uns die Häslein auch noch unsere Rücken und Hinterteile.

Ich glaube, dass diese Art zu töten humaner war, als es heutzutage bei den Massentierhaltungen geschieht. Damals will man von fleischfreier Kost nichts hören. Die Menschen waren ausgehungert und brauchten Fett und Fleisch zum Aufbau. Die vegetarische Ernährung ist erst in den letzten Jahrzehnten aufgekommen. Teilweise setzen sich Vegetarier etwas überheblich von den „Fleischfressern" ab. Beim veganen Essen hört mein Verständnis auf. Es ist schick geworden und soll als teures Trend-Essen von einem verfeinerten Geschmack zeugen.

Nach einigen Jahren können die erfolgreichen Geschäftsfrauen ihr Angebot erweitern – und zwar mit Tiefgefrorenem. Mit tiefgefrorenen Hühnern. Eine Neuheit auf dem Markt. Aus Holland beziehen sie die Ware. Bis diese dann auch in den Supermärkten Einzug hält, vergehen noch einmal einige Jahre. So verwandelt sich einer der Kellerräume in einen professionellen Kühlraum. Und nach und nach wird das tiefgefrorene Geflügel, nun auch Enten und Gänse, von der Kundschaft akzeptiert. Das bedeutet, dass das Schlachten ein Ende hat. Tante Annelies und Tante Pauline können ihr Sortiment sogar noch erweitern: Rebhühner, Fasanen und Wild frisch vom Jäger macht ihren Laden nun endgültig zu einer begehrten Fundgrube für Feinschmecker. Immer mehr Wirtschaftswundermenschen können sich im Gansertladen diesen Luxus leisten. Aber niemand achtet dabei auf die blau verschwollenen, schrundigen Hände der Ladenbesitzerinnen.

Grünbaumgassenbande

Max und Moritz

IDYLLE

Der Schlangenbach durchzieht bis in die 1960er-Jahre mit seinen Haupt- und Nebenarmen die Stadt Kempten immer noch oberirdisch. Der ursprüngliche Quellbach fließt vom Mariaberg durch den Kalbsangsttobel in das Illertal und mündet schließlich in die Iller selbst. Schon ab dem Mittelalter entsteht aus dem Schlangenbach ein Kanalnetz, das sich mit natürlichen Wasserläufen und künstlichen Kanälen immer weiter verzweigt. Das künstliche Bewässerungssystem bezieht sogar einige Weiher rund um Kempten mit ein. Es liefert Brauchwasser für alle, war Energiequelle für Mühlen und Sägen und Stampfen und entsorgt mit speziellen Kanälen das Abwasser.

Einer der Schlangenbacharme rauscht haarscharf an unserem neu gebauten Urgroßelternhaus vorbei. Deshalb haben wir keinen Keller. Zwar wird ein Raum so bezeichnet, aber er ist unter der Haustreppe ebenerdig zugänglich. Und unsere ebenerdige Etage ist immer feucht. Neben dem hinteren, spelunkenmäßig integrierten Hausteil fließt der Schlangenbach noch oberirdisch. Allerdings decken ihn riesige Steinquader zu. Durch die Fugen kann man das frische Bachwasser strömen sehen und auch hören. Die Quader der Abdeckung sind sicherlich 30 Zentimeter dick. So bieten sie den darüberfahrenden Fahrzeugen genügend Festigkeit.

Eigentlich gehört die Grünbaumgasse uns Kindern. Wir spielen Völkerball und Schwarzer Mann, spielen Versteckerles, zeichnen mit Kreide Kästchen auf den Asphalt und hüpfen das Himmel- und Höllespiel. Wir schwingen unsere Hüpfseile, spielen mit Murmeln, die wir „Glucker“ nennen. Ab und zu rasseln die Fuhrwerke mit den Kaltblut-Rössern vom Allgäuer Brauhaus an uns vorbei. Die Ketten der Waagbalken scheppern, die eisenbeschlagenen Holzräder knirschen, und das Gestampfe der Rösser donnert durch unsere Gasse. Die Fuhrwerke sind immer Zweispänner und die Fuhrwerker lassen ihre Peitschen knallen. Sie fühlen sich vor uns Kindern wie Hannibal oder Cäsar auf ihren Streitwägen. Sie bringen Bier in Fässern und

Malz und Hopfen in die gegenüber liegenden Brauhausgebäude. Es riecht nach Mälzerei und meistens auch nach frischen Pferdeäpfeln.

Diese müssen wir Stachel-Geschwister einsammeln, bevor sie von weiteren Fuhrwerken plattgefahren werden. Wir schämen uns, wenn wir mit einem Kübel und einer Kehrschaufel hinter den vorbeipreschenden Fuhrwerken herrennen müssen. Der Vater befiehlt uns das, denn er düngt damit den angelegten Gemüsegarten an der Südseite unseres Hauses. Allerdings ärgert er sich grün und blau, wenn unser Nachbar vom Entengässele aus immer wieder seinen Kübel mit Dreckwasser in hohem Schwung an unseren Gartenzaun klatscht. Dabei bekommen auch unsere jungen Pflänzchen durch die Holzlatten hindurch immer etwas ab. Und wer mag schon grünen Salat mit Dreckwasser gewaschen. Auch die Gelbe Rüben und Kohlrabi haben sich sicher beschwert, von den Kohlköpfen ganz zu schweigen.

Dieser Nachbar ist Schuster. Trotz der immer wieder mal aufflammenden Streitsituation bringen wir ihm unsere Schuhe in seine Werkstatt zur Reparatur. Mit richtig altem Handwerkskönnen versteht es Herr Rösch, unser Schuhwerk aufzumöbeln. Man trägt sie dann so lange, bis sich eine Reparatur wirklich nicht mehr lohnt. Über eine hohe Stufe geht es in die Werkstatt. Die Geruchsmischung von herbem Leder, von Schusterleim und Schuhcreme kann ich heute noch abrufen. Der Raum quillt über mit alten Schuhen und Schusterwerkzeug. Der Meister trägt immer seine Lederschürze mit vielerlei Farbschichten darauf. Hochgewachsen und ausgemergelt, ist er meist schlechter Laune und vergrault uns Kinder immer unwirsch.

Die Schwester von Herrn Rösch, Frau Rösch, ist Damenschneiderin. Ihre Nähwerkstatt befindet sich ebenfalls im Entengässele, einen Stock höher. Mit ihrer Freundin zusammen, Frau Leiderle, führt sie das Geschäft. Es ist üblich, sich jedes Frühjahr und jeden Herbst etwas schneidern zu lassen. Die Produktion und der Verkauf fertiger Kleider war damals noch eine Seltenheit.

Fertige Herrenbekleidung hingegen gibt es schon in mehreren Geschäften. Oberpauer und Sankovski beherrschen den Kemptener Markt. Unsere Familie ist nicht besonders begütert. So spart meine Mutter immer heimlich, dass für mich manches Frühjahrskleidchen und manches Wintermäntelchen in Frau Röschs Nähstube entstehen kann. Sogar als Teenager werde ich noch regelmäßig von dem munteren Nähduett benäht. Im Anhegger-Geschäft darf ich mit meiner Mutter die Stoffe dazu aussuchen. Diese werden dann auf dem riesigen Schneidertisch mit scharfen Scheren gekonnt zurechtgeschnitten.

Die große Freude der Schneiderinnen ist ein quietschgelber Kanarienvogel namens Hansi. Er bezwitschert sie den ganzen Tag. Hüpft in seinem Käfig hin und her. Wenn ein Sonnenstrahl auf ihn fällt, leuchtet der kleine Vogel wie flüssiges Gold. Ab und zu wird das Käfigtürchen geöffnet, damit Hansi herumfliegen kann. Eines frühen Morgens schnappt ihn unsere Katze Minka. Mit Hansi im Maul flitzt sie an den kreischenden Frauen vorbei. Kurz darauf gibt es in unserem Hof hinter einem Holzstapel nur noch eine Handvoll gelber Federn zu sehen. Unsere Familie wird mit Sippenstrafe belegt, was die Freundschaft zu den beiden Trauernden eine Weile etwas trübt.

An der Ecke vom Entengässele zur Sutt mit den toten Hühnern, ist ein kleiner Kolonialwarenladen für das Allernötigste. Frau Rietzler betreibt ihn. Gegenüber wohnt die Hebamme des Viertels, Frau Herberg. Alle Frauen rundum sind Kriegswitwen. Eine Familie ist mir noch im Gedächtnis – ihre Tochter Erdmute kommt ab und zu zum Spielen. Über ihren Vater wird gemunkelt, dass er bei der SS ein hohes Tier gewesen sei, und die Mutter soll ihr Kind im Lebensborn bekommen haben. Beide Eltern sind große, blonde, deutsche Arier. Was zu der nationalsozialistischen Ideologie gut gepasst haben könnte.

Neben dem Hühnerschlachthof grenzt noch ein weiteres Hofteil an unseres. Es liegt den ganzen Tag im Schatten und ist von

Holunder und Nesselpflanzen komplett zugewuchert. Diese Höhle aus verfilztem Geäst und moosigem Moder schreckt uns Kinder. Denn zu der undurchsichtigen Gartenwildnis gehört ein gespenstisches Haus. Dieses bewohnt der immer schwarz gekleidete Historiker Zollhöfer. Er forscht für die Stadt Kempten im Stadtarchiv. Er ist für uns Kinder ein Schreckgespenst. Nur schattenhaft erkennen wir den Junggesellen manchmal, wenn er in der Dämmerung kurz seine Fensterläden aufstößt. Tagsüber sind sie geschlossen und nachts sieht man durch deren Holzlücken Lichter flackern. Die Phantasie von uns Kindern schlägt Purzelbäume: Die Wohnung, vielleicht voll mit lauter Büchern, ist nächtens ein Treffpunkt von Faust und Mephisto, die über die Seele des Historikers streiten. Und der schwarze Pudel knurrt böse dazu.

Über dem seltsamen Wissenschaftler wohnt im dritten Stock Familie Holl. Ein Ehepaar mit zwei Buben. Das Flachdach darüber hat eine große Terrasse. Dort oben sitzt der Vater Holl nachmittags und in den Abend hinein und – strickt. Dabei hat er die Kleider seiner Frau an. Weithin sichtbar, trägt er zum Gespött seiner Umgebung bei. Ein damals sehr ungewöhnlicher Anblick, über den auch wir Kinder uns gnadenlos lustig machen. Einer der Söhne, der Franz, ist etwas zurückgeblieben. Er ist ein Dummerle. Er verdient sich im Sommer und im Herbst etwas Geld mit Beerenpflücken. Mit seinem Fahrrad ist er in allen Wäldern um Kempten herum zu Hause. Und nur dort fühlt er sich wohl. Auch meine Mutter kauft von ihm immer Himbeeren, Brombeeren, Heidelbeeren und Hagebutten. Die damaligen Himbeeren sind mit ihrem Geschmack den heutigen Supermarktangeboten bei Weitem überlegen. Aber sie haben Maden über Maden. Die Mutter lässt so eine Schüssel voller Beeren einfach für ein paar Stunden stehen. Da kriechen die Maden zum Emailschüsselrand hoch. Mit einem Finger wischt sie die ungebetenen Beerenbewohner weg, wartet und wischt wieder. Mir graust es sehr vor der fertigen Marmelade. Denn wenn man die eingemachten Gläser genau betrachtet, und das tu ich mit Argusaugen, kann ich immer wieder eine weiße Madenleiche entdecken. Was den ausgehungerten Kriegs-Eltern natürlich sowas von egal ist. Mir aber verdirbt es den Appetit. Heute noch esse ich sehr ungerne Marmelade, habe aber paradoxerweise gegen Eiweißhaltiges nichts einzuwenden.

Wir Kinder müssen nicht nur Pferdeäpfel sammeln. Wir ziehen auch mit der Mutter und einem Leiterwagen los in das Gaswerksgelände. Dort, im ehemaligen Glasscherbenviertel, liegt der Abraum der Koksverarbeitung. Es ist ein bröseliger, brauner, meterhoher Riesenhaufen. Darin wühlen wir nach den Reststücken der Koksherstellung. In Kübeln sammeln wir unsere Schätze und rauf auf den Leiterwagen und zu Hause rein in den Ofen. Man darf sich kostenlos bedienen. Sehr zur Freude der Eltern, weniger für mich und meine Brüder. Immer wieder werden wir Kinder zu solchen Hamsteraktionen eingesetzt. Die ganzen Wälder rundum sind wie leergefegt. Tannenzapfen und jegliches Bruchholz wird gesammelt. Sogar die Äste bis in Reichhöhe weggemopst. Leider ist das begehrte Tannenzapfenjahr nur alle vier Jahre. Denn die Zapfen brennen wie Zunder und halten auch eine Weile die Brennglut. Mit dem Wirtschaftswunder verschwinden die fast blankgeleckten Waldböden wieder und werden das, was sie sein sollen – humusreiche Stickstoffböden als Nahrung für Nadel- und Laubbäume.

Als ich zur Erstkommunion komme, ist das in der ganzen Grünbaumgasse ein großes Ereignis. Von jeder Familie kommt ein kleines Geschenk ins Haus oder wenigstens ein Heiligenbildchen. Das war Anfang der 1950er-Jahre, wo die Frömmigkeit noch das ganze Leben durchzieht. An einige Namen unserer Nachbarn kann ich mich noch erinnern. An Familie Ullemair, es gibt zwei davon, an Familie Hummel, an Familie Keller, an die beiden Familien Tripp, an das Ehepaar Härle. Das liebt mich besonders. Es sind Flüchtlinge aus Schlesien, und sie riechen schrecklich nach Knoblauch. Der Verzehr garantiere ja ein gesundes, langes Leben. Aber der Modergeruch, der sich bis in das letzte Körpermolekül hineinfrisst, ist kaum auszuhalten. Flüchtlinge mag man im Allgäu eh nicht. Und diese Ablehnung wird durch die ihren Körpern entströmenden Gerüche weiter verstärkt. Denn Knoblauch kennt die Allgäuer Rasse bis dahin nicht. Und wie heißt es bei uns? *Was dr Bauer it kennt, des frisst er it.*

Da die Härles selbst keine Kinder haben, nehmen sie an meiner Kinderzeit regen Anteil. Sie wissen, dass ich sehr gerne Pilze esse. Und da sie große Pilzsammler sind, laden sie mich eines Tages zu einem Pilzgericht ein. Als Kind hat es mich vor Vielem geekelt. Am allermeisten vor Lauch- und Kartoffelsuppe und vor Zwiebeln in jeglichem Zustand. Und in dem Pilzgericht von Herrn und Frau Härle schwimmen in brauner Soße neben den Pilzen große Stücke von Zwiebeln. Es war mir eine Qual, von dem Essen etwas hinunterzuschlucken. Die freundlichen Nachbarn dürften sich über mein Gewürge sehr gewundert haben.

Ein verbotenes Gelände gibt es hinter unserem Haus: den Hiemer Hof. Dort ist die Fuhrwerkbestallung vom Brauhaus. Aber ohne Rösser. Die waren woanders untergebracht. Aber an die fünf Gefährte stehen immer dort. Die Zug- und Lenkvorrichtungen, die Deichseln und Teile der Einspannvorrichtungen, das Geschirr, alles befindet sich an den abgestellten Fuhrwerken. Die Wägen selber haben eine große Ladefläche aus Holzbohlen mit Seitenwangen aus Brettern. Der Stellplatz ist eine riesige Scheune, eine, bei der die Vorderseite fehlt. All diese Eisenteile, Ketten, Holzbalken, Stangen, Haken wären für uns Kinder ein Eldorado zum Spielen gewesen. Die mächtigen Wägen erscheinen wie riesige Drachen. Die Brauerei weiß aber, warum sie es strikt verboten haben, dass sich irgendwer auf dem rundum gut abgesicherten Hof herumtreibt. Solche Verbote reizen natürlich erst recht. Vor allem haben wir es von unserem Haus aus leicht. Wir klettern hinten einfach über unseren Zaun und sind schon im verbotenen Hof. Aber wehe, wenn man erwischt wird. Die Eltern bekommen dann einen Rüffel, und den geben sie an uns Kinder weiter. Mit guten Zinsen.

Ein anderer Hof ist für unsere Kinderhorde ebenfalls tabu. Er liegt neben dem bewussten Entengässele in Richtung Suttschule. Da das Haus selber eher eine eingefallene Burg und nur teilweise bewohnt ist, wäre es sehr verlockend gewesen, dieses Areal auch für unsere Spiele zu erobern. Der Haushofmeister dort ist aber unerbittlich und allgegenwärtig – wir haben da nichts zu suchen!

Keinen Hofhund gibt es zur Abschreckung, nein, ein durchgeknallter Hahn sorgt dafür. Er ist bösartig – und wehe, wenn wir ihm am Zaun zu nahe kommen! Dann rennt er wie verrückt aus einer Lücke in die Gasse, verfolgt uns mit Gekreische und geplusterten Federn und versucht, uns in die Beine zu hacken. Einen besseren Wachhund hätte man nicht haben können. Wir fürchten ihn wirklich. Sein zähes Gockelleben erhält ihn uns für viele Jahre. Mit Arthrose in den Beinen, Knorpeln in den Hüften und Pudding im Hirn landet er dann doch irgendwann im Kochtopf von unserem Zerberus. Mit Sicherheit dürfte das die fettärmste Hühnersuppe und das zäheste Hühnerfleisch aller Zeiten gewesen sein.

In Ajen im Allgäu

KUNST – STÜCKCHEN

Vor meinem Malerei- und Grafikstudium spezialisierte ich mich auf Kinderporträts. Da werde ich richtig gut. Kann mit leichtem Strich das Charakteristische eines Kindergesichts aufs Papier bannen. Von unserer Vorortreihenhaussiedlung wollen nun alle Eltern aus der Nachbarschaft ihre Kinder von mir porträtiert bekommen. Die Kreise werden größer, und meine Zeichnungen schwappen nach ganz Kempten hinein. Und auch darüber hinaus.

Kunst machen ist ein beliebter Sport, um eine innere Leere auszupolstern. So konzentriere auch ich mich darauf. Vielleicht kann mein latenter Dauerwunsch, Künstlerin zu werden, ja doch noch in Erfüllung gehen. Was immer das sein soll. So wird aus einem Hobby ein ernsthaftes Ziel. Ich setze mich mit den Aufnahmekriterien an einer Kunsthochschule auseinander. Ich spreche vor, siehe das Kapitel *Die Gattin*, – werde zur Probe angenommen und bestehe dann auch die richtige Aufnahmeprüfung. Juhei! Und ich habe das gefunden, was mir Freude macht, was mir Anerkennung schenkt und wofür mir keine Zeit und kein Kraftaufwand zu viel ist. Bis heute. Ich zeichne konzentriert und lerne erstmals das Sehen. Kurioserweise verliere ich parallel zu meinem Aufschwung die Gabe, locker meine Porträts zu zeichnen. Die Leichtigkeit ist futsch, das Lebendige verloren in einem zu genauen Hinschauen, in einem zu genauen Wissen, was falsch sein könnte. Ich gebe diese Disziplin auf. Habe inzwischen anderes im Kopf. Begierig lerne ich von der Pike auf.

Die ersten Ausstellungen bestehen ausschließlich aus Papierarbeiten. Aber bereits da setze ich z. B. einen Ventilator ein. Er bewegt einen Vorhang, um meine Wölfe noch lebendiger wirken zu lassen. Mache Verschnürungen meiner Bilder bei *Wildes Herz*. Lege beim *Lebensraum* mit drei Meter hohen Zeichnungen Brot und Salz hinzu. Verbinde beim *Kreuzweg* die Zeichnungen schon mit Objekten. Die *Leidensstationen* stellen Frauen dar. Bei der Station *Sie wird ans Kreuz genagelt,* schwebt eine auf einem imaginären Gynäkologenstuhl.

Sie ist schamhaft nur von hinten zu sehen. Kopfunter mit langem Haar schaut sie den Betrachter an. Die Beine spreizen sich wie das Querholz eines Kreuzes. Und darunter steht ein Plastikkübel. Eine Litfaßsäule zeigt drei Variationen von stripteaseähnlichen Szenen: *Sie wird ihrer Kleider beraubt.* Eine junge Frau umarmt einen Baum bei der *Begegnung mit ihrer Mutter.* Um sie herum leuchten in gezeichneten Sternen reale Glühbirnchen aus dem Eisenbahnmodellbau.

Diese Ausstellung war auch in München zu sehen und wurde zudem vom Bildungszentrum St. Virgil in Salzburg angenommen. Leider machte der dortige Erzbischof dem Vorhaben einen Strich durch die Rechnung: Es geht unmöglich, den Kreuzweg mit einer Frau darzustellen. Dabei wollte ich nicht explizit Jesus als Frau umfunktionieren, will einfach zeigen, wie leidvoll in vielen Beziehungen das Leben einer Frau sein kann. So gibt es in St. Virgil dann doch viele Frauen zu sehen: groß, nackt, vollmundig aus meiner prähistorisch angehauchten Sammlung.

Denn ich entwickle eine große Vorliebe für riesige Frauen. Mit schönen Rundungen, vollen Brüsten und Hinterteilen. Ich bin mir selbst immer zu unweiblich. Mein Sohn sagt sogar einmal zu mir, als ich über meinen Bauch klage: „Besser eine Kurve als überhaupt keine". Mit meinen dicken Weibern will ich eine Art Archetyp schaffen, eine Gaia, eine Urmutter. Erotisch, aber nicht sexy. Manche haben das verstanden, manche nicht.

Meinen Frauen gehen meine Kühe voraus. Meine weiblichen Kühe, mit dem Habitus von dahinstürmenden Stieren. Sie preschen daher mit prall gefüllten Eutern, wild und ungezähmt. Strecken den Stieren auch ihre Hinterteile hin. Eine Dame regt sich in einer Ausstellung auf, dass die Darstellungen unzüchtig wären.

Es gefällt mir immer mehr, Bilder mit Installationen zu verbinden. Ich stelle oder lege zu den Bildern geeignete Gegenstände. Und zum Ganzen passen natürlich auch Töne. So eröffne ich meinen *Kreuzweg* mit der Tondichtung *Kreuzweg* von Marcel Dupré. Lese dazu kurze

Texte von mir. Das Orgelwerk des Komponisten aus der französischen Frühromantik lässt einen spüren, was in den einzelnen Stationen passiert. Die liebliche Stimme von Veronika, die Hammerschläge, das Erdbeben und das vollbrachte letzte Seufzen. Damit nehme ich das Publikum hart in die Zange. Vielleicht zu hart.

Über die ganze Ausstellungsdauer habe ich die Aufsicht. In der Mitte des Raumes liegt ein Teppich von drei mal vier Metern. Ich säte vier Wochen vorher auf diesem Pflanzvlies Grassamen aus. Sehr dicht. Zur Eröffnung ist ein schöner dichter Flor aus echtem Gras entstanden. Ich will zum Tod auch das Wachsen und Werden zeigen. Ich sitze also und habe nebenzu auch immer den Teppich im Auge. Viele Besucherinnen stutzen, stoppen an seinem Rand und betrachten die Natur in einem Kunstraum. Manche stolpern kurz hinein. Aber so richtig durchgelaufen sind nur männliche Besucher. Und diese wundern sich nicht einmal über die geänderte Bodenstruktur.

Den vollen Erfolg heimse ich mir aber mit meinem *Abendland Morgenland* ein. Es ist eine Gesamtinstallation mit Bildern, Objekten, Skulpturen, mit Tönen und Düften. Ich habe damals schon an die zwei volle Jahre im Jemen gelebt. Fühle mich also bereit, über den Orient eine Ausstellung zu kreieren. Nach Spoerris Vorbild teile ich die Ausstellung in verschiedene Räume auf: in die fünf Gebetszeiten der Muslime. Der Muezzin ruft fünfmal am Tag, frühmorgens vor Sonnenaufgang, zur Mittagszeit, am Nachmittag, wenn sich der Abend neigt und schließlich zum Nachtgebet. Auf diese Weise kann ich jeden der Räume anders gestalten. Der Morgen erhebt sich auf einer Treppe mit selbst gefärbten Tüchern von schwarz über blau und rot und grün bis ins hellgelb. Ich widme ihn der Religion. Große Zeichnungen mit Moscheen sind zu sehen, auch ein Minarett – gemalt.

Das Mittagsgebet gehört dem öffentlichen Leben, dem Markt, dem Lärm. Ein lebensgroßes Kamel aus verschiedenen Materialien ist der Mittelpunkt. Nachmittags erinnere ich an die Geschichte, an die

Herkunft, an Legenden. Als Fußboden lege ich Spiegel aus. Sie sollen Wasser darstellen. Die Königin von Saba aus Jasminranken steht in der Mitte darauf. Salomon soll sie beobachtet haben, als sie in einen Teich steigt. Ihr wurden Ziegenbeine angedichtet. Aber siehe da, Bilquis von Saba hebt ihre Röcke als sie ins Wasser steigt, und so sieht der König, dass die Ziegenbeine nur eine Legende waren. Viele Besucher haben Mühe, auf meinen Spiegelboden zu treten. Man kann tatsächlich das Gefühl haben, in einen Abgrund zu stürzen.

Das Abendgebet symbolisiert das private Leben in geschlossenen Räumen. Dort wird geboren und gestorben, geliebt und gelebt. Dieser Lebensraum ist im Orient besonders wichtig. Bunte Glitzerstoffe schmücken ihn und ein großes Bett. Hier pocht ein realer Herzschlag zu Räucherwerk. Als Gegensatz dazu steht mein Nachtgebet. Es enthält Angst und Schrecken. Eine bis zum Oberkörper scheinbar eingegrabene Frauen-Skulptur wird tatsächlich mit den Steinen beworfen, die vor ihr liegen. Der Titel ist: *Wer wirft den ersten Stein?* Rasierklingen erinnern an Beschneidung von Mädchen. Aber die Nacht entlässt einen aber auch wieder in die Morgendämmerung – und in die aufgehende Sonne.

Die Ausstellung kommt auch in die Prähistorische Staatssammlung in München. Den Charme der Kemptener Ausstellung erreicht sie nicht. Denn dort war sie über drei Stockwerke in einem mittelalterlichen Gebäude zu sehen – der Alten Münze. Eine Sache war aber in München einmalig: Für das Nachtgebet organisiert mir Freundin Susanne Schellheimer von ihrer Gärtnerei einen Humushügel von zwei Metern Durchmesser. Er soll die Vergänglichkeit verdeutlichen. In dem Museum ist es angenehm warm. So kriechen nach ein paar Tagen dutzendweise ausgeschlüpfte Nacktschnecken ins Licht und im Museum herum. Das Museumspersonal schickte mir beim täglichen Einsammeln sicherlich immer die allerliebsten Grüße.

Zweimal werde ich zu einem Symposium nach Rauris eingeladen. Einmal vom Bayerischen Kultusministerium, einmal von der Salzburger Landesregierung. Rauris ist für seine Literaturfestivals bekannt, und dazu arbeiten immer an die 30 bildenden Künstlerinnen und Künstler in der grandiosen Bergwelt der Hohen Tauern. Wir zeichnen, malen über zwei Wochen, und die Ergebnisse werden in einer Ausstellung präsentiert. Die Impulse in diesem Symposium feuern mich an. So wünsche ich mir so ein Ereignis auch in meiner Heimatstadt. Denke, dass ich das auch auf die Beine stellen kann. Fahre sogar nach Lindau, um mit den Betreibern eines schon etablierten Bildhauer-Symposiums zu sprechen. Die halten mich für sowas von naiv ob meiner Unverfrorenheit, es ihnen gleichzutun und prophezeien mir einen Reinfall. Nun, das Gegenteil war der Fall. Ich kann für das Vorhaben 33 bekannte Allgäuer Künstler gewinnen, männliche und weibliche. Wir, also auch ich, zeichnen, malen, behauen Stein, machen Objekte über zehn Tage. Sogar radiert wird auf einer kleinen Radierpresse. Die Stadt Kempten spielt mit und stellt die Tierzuchthalle zur Verfügung. Die Wirtin dort, Frau Sailer, bekocht uns mittags köstlich. Ich kann sogar einen Katalog erstellen. Als die Ausstellung eröffnet wird, kann ich ihn stolz präsentieren.

Gedruckt zu 350 Stück auf einer Palette kommt die Lieferung einen Tag vorher an. Alle stürzen sich auf den Stapel. Natürlich schaut jeder erst einmal nach seinen eigenen zwei Seiten. Ein eh schon schwieriger Kandidat sucht sich in dem so schön gewordenen Büchlein vergebens. Wutentbrannt schmeißt er mir das Exemplar vor die Füße. Es war wirklich der einzige Katalog, wo seine Seiten fehlten. Es passierte in der Druckerei. Dort wurden die Blätter vor dem Binden einzeln zusammengelegt und ausgerechnet einmal vergessen. Der Hitzkopf beruhigt sich alsbald, aber eine Entschuldigung bringt er nicht über seine Lippen.

Noch etwas firmte mich bei dieser Veranstaltung, lässt mich reifen. Der Arbeitsschluss ist mittags an einem Samstag. Die Ausstellungseröffnung ist dann am Sonntag um zehn Uhr als Matinee geplant. Das heißt, dass die Ausstellung bis zum Samstagabend aufgebaut sein muss. Im Vorfeld bestimme ich fünf andere Künstler als Hängejury. Um zehn Uhr abends ist alles aufgehängt und steht am richtigen Ort, bis auf zwei Objekte. Und da beginnt der Streit. Zwei Orte stehen zur Verfügung. Soll nun eines hierhin oder dorthin oder umgekehrt? Die zwei Künstler streiten sich mit zwei Jurykandidaten. Alkoholisiert dauert die so unnötige Auseinandersetzung bis zwölf Uhr Mitternacht, und dann war immer noch nicht Ruhe. Es ist unfassbar. Heute würde ich alle einfach rausschmeißen und den Laden dicht machen. Damals traue ich mich das nicht. Aber eines schwöre ich mir in dieser Nacht: Nie mehr beteilige ich bei einer von mir initiierten Gruppenausstellung eine Jury. Weder bei der Auswahl noch bei der Hängung. Auf jeder schriftlichen Einladung steht fürderhin: Jury und Hängekommission bin in erster Instanz ICH.

Für dieses Symposium kann ich für jeden Abend ein Zusatzprogramm auf die Beine stellen. Es gibt ein Cembalokonzert, eines mit mittelalterlicher Musik, zwei Performances, einen Primaballerina-Abend. Alle, alle Abend-Künstler arbeiten kostenlos. An einem Arbeitstag war Tag der offenen Tür. Da strömen an die 3.000 Kemptener in unsere heiligen Hallen und dürfen uns über die Schultern schauen. Jeden Tag gibt es ein bis zwei Artikel in der Allgäuer Zeitung über unser Tun. Neider sagen mir unverschämterweise nach, dass ich mehr als nur meine Finger im Spiel hatte, um so bedacht zu werden. Der Erfolg veranlasst die Stadt, das Symposion vier Jahre später wieder zu befürworten. Ich bleibe bei der Zahl 33 und lade 11 aus dem Allgäu, 11 aus Deutschland und 11 Teilnehmende aus dem nicht nur europäischen Ausland ein. Wieder entsteht dazu ein Katalog. Ich organisiere kostenlose Übernachtungen, kostenlose Frühstücke, kostenlose Abendessen. Ich selbst arbeite erneut ehrenamtlich. Und wieder ein großer Publikumserfolg. Das ARD bringt einen Film über die Veranstaltung. Ich schlage der Stadt Kempten vor, alle paar Jahre das Allgäuer Symposium als eine feste Veranstaltung zu etablieren. Großes Interesse wogt auf mich zu. Als ich aber davon redete, dafür auch eine Bezahlung zu wollen, war der Dampf draußen. Nun, für meine Entwicklung war das gut. Ich wollte ja keine Entertainerin werden.
Beim zweiten Allgäuer Symposium vier Jahre später engagiere ich für eine Abendveranstaltung die Salzburger Cataracts. Sie sind eine Tanztruppe

in der Horizontalen, laufen Hauswände hinauf und hinunter, hängen an Kränen und machen mit Rennwagenmotoren Musik. Zu zwölft kamen sie ein paar Tage vorher in Kempten an, um sich vor Ort etwas auszudenken. Proben dürfen sie umsonst im St. Raffael. Geschlafen haben sie alle in meiner geräumigen Wohnung auf Luftmatratzen. Ich ziehe in diesen Tagen zu einer Freundin.

Das Thema des Symposiums ist *Gezählt Gewogen Geteilt*. Eine mysteriöse Begebenheit aus dem Alten Testament erzählt von dem babylonischen König Nebuchadnezzar. Er war hochmütig und größenwahnsinnig. Bei einem seiner Gelage erscheint eine Schrift an der Wand: Gezählt sind Deine Tage, Gewogen bist Du und zu leicht befunden. Geteilt werden Deine Reiche. Diese Mahnung schlägt der von sich selbst Besessene in den Wind, und so kommt es, wie die Vorhersagung es prophezeite. Auch heutzutage könnte diese Warnung angesichts unserer eigenen Welt-Hybris angebracht sein.

Für die Zusatzveranstaltung bleiben die Cataracts beim Thema und nennen ihre Aufführung *Vanitas*. Ich selbst bin auch künstlerisches Teil dieses Abends, nicht nur die Regisseurin vom Ganzen. Die von mir gewünschte Sankt Mang-Brücke wird mir zugestanden. Das bedeutet, dass für mehrere Stunden die darüber führende Straße – und es ist eine Bundesstraße! – weitläufig gesperrt wird. Die Cataracts klettern zur Aufführung in die hohen Bäume rundum, sie hängen kopfüber von der Brücke, ein nackter Gnom erhebt sich aus dem Wasser und klettert eine senkrechte Wand empor. Belsazar tobt auf der Brücke. Roman, mein Sohn, besorgte fünf Schrottautos, die aber noch fahren können. Zwei auf dem rechten, zwei auf dem linken Brückenende fahren die Karren wie geisteskrank, von mutigen Burschen gelenkt, aufeinander los und karambolieren. Und das mehrmals. Roman mit seinen Freunden sind die Stuntmen. Der fünfte Schrotthaufen von Auto steht auf der Zufahrt, wo einer darauf mit Vorschlaghammer und Eisenkette Percussion spielt, rasselt, scheppert, dröhnt. Musik aus einem Ghettoblaster verbreitet einen Höllenlärm. Das technische Hilfswerk streut mit seiner Lichtgiraffe die Beleuchtung über den Fluss, die Feuerwehr in Habachtstellung.

Zu meinem Beitrag konnte ich die Wasserwacht gewinnen. Ich baue nämlich im Vorfeld ein Floß mit 25 Metern Länge. Darauf montierte ich mit meinen nun wohlbekannten Feuerlunten das Motto *Gezählt Gewogen Geteilt*. Wir haben eine Woche vorher einen Probelauf. Schwimmer der Wasserwacht bugsieren das Floß ins Wasser und in die Mitte des Flusses zum Verankern. Das war die Trockenübung. Bei der Aufführung kommt das große Gestell am frühen Abend wieder ins Wasser, diesmal mit meiner Brennflüssigkeit. Und als *Vanitas* beginnt, steigen drei Wasserwachtler im Dunkeln in die Iller, schwimmen zu dem schon am Nachmittag verankerten Floß, halten dabei je eine brennende Fackel hoch und entzünden die Schrift.

Die Sommernacht hätte nicht schöner sein können. Tausende von Zuschauern sitzen in den Wiesen an den Uferhängen. Als der ganze Spuk vorbei ist, sucht mich die Polizei: „Sie bekommen von uns eine Anzeige. Denn es ist verboten, kaputte und abgemeldete Autos zu fahren." Und das sei auf der Brücke ja definitiv geschehen. Es sei darüber hinaus verboten, absichtlich Karambolagen zu verursachen. Ich winke lachend ab. Zeige in Richtung Oberbürgermeister, der sich 50 Meter weiter zu mir durch die Menge schiebt. Sage, sie sollen ihn anzeigen. Damit war der Fall erledigt.

Finanziell arbeiten die Cataracts am unteren Limit. Und ich natürlich auch. Dem von der Stadt freigestellten Geld nach hätten für mich sogar noch 300 DM übrig bleiben sollen. Hätten. Es stellt sich jedoch heraus, dass die Gruppe mit einem Auslandsauftrag die Einnahmen zweimal versteuern muss. Einmal zu Hause und einmal im Gastland. Mein restliches Geld geht damit voll den Bach hinunter – vielmehr die Iller. Und auch noch etwas mehr.

Deshalb beschließe ich bei meiner nächsten Einladung, die Stunts von nun an selber zu machen. Das Bochumer Bergbaumuseum will für ein Jubiläum etwas Besonderes. Ich erwähle mir natürlich den Förderturm als Bühne. Beim ersten Probeabseilen hänge ich nun am Sicherheitsgurt. Und dann muss ich den Stahlträger loslassen.

Unter mir 50 Meter Luft. Es hat eine Weile gedauert, bis ich den Mut dazu finde. Endlos kann ich mich ja nicht wie eine Kröte anklammern. Ich lasse los, sacke einen Meter in die Gurte und – wunderbar – ich kann den Rest genießen. Feuertaufe bestanden.

Ein Insider vom Museum fragt mich, was sich ein Verschütteter wohl als Allererstes wünscht, wenn er gefunden wird. Ich denke an Wasser. „Nein, das allerallerwichtigste ist Licht, nichts anderes". So verkörpere ich bei der Theaterperformance die Heilige Barbara. Sie ist die Schutzheilige der Bergleute. Dazu ausersehen, Licht zu bringen. Bevor sie vom eigenen Vater enthauptet wird, verbringt sie ihre Tage in einem Turm. Deshalb wird sie immer mit einem Turm dargestellt. Der Namenstag der Märtyrerin ist am 4. Dezember. Nach altem Brauch stellt man ihr zu Ehren die Barbarazweige ins Wasser. Bis Weihnachten blühen dann Kirsch-, Apfel- und Birnenzweige und viele andere. Ich nenne mein Bochum-Spektakel *Barbara besucht Bochum.*

Ich entwerfe eine Feuershow, die auf die Sekunde mit der Darstellung der Personen übereinstimmt. Zuerst entzündet sich auf der Krone des Förderturms ein Ringfeuer, und Schwarzpulverlunten kringen sich nach unten. Punktgleich werden zwei leuchtende Raketen zu dem Fortissimo „u.n.d e.s w.a.r.d LIIIICHT" aus Haydns Schöpfung hochgeschossen. Musik begleitet weiter die ganze Veranstaltung.

Die Bochumer Höhenrettung positioniert mich in 50 Metern Höhe. Ich hänge nun in meinem eigenen Rettungsgurt mit einem Aufhängehaken zwischen den Schulterblättern. Mit einer Seilwinde werde ich zwischen Förderturm und Nachbargebäude hinausgezogen und von dort dann langsam, langsam abgeseilt. Parallel dazu befinden sich schon zwei Bochumer Chöre als „Steiger" mit Taschenlampen bewaffnet auf der Wendeltreppe, die sich außen um den Förderschacht windet. Über die ganze Höhe verteilt machen alle mit weit ausholenden Armbewegungen Lichtreflexe. Die Personen selbst nimmt man im Dunkeln nicht wahr.

Die angesagte Abseilprobe am Tag vorher musste um ein paar Stunden verschoben werden, weil der Wind sturmmäßig um den Förderturm pfiff. Jetzt am Abend ist totale Windstille, und mein fünf Meter langer weiter Rock hängt wie ein Sack an mir herunter. Die Bochumer Höhenrettung macht die Theaterperformance als Übung, und so seilen sich direkt von der oberen Plattform auch vier „Knappen" ab. Ich schwebe also langsam Richtung Erde. Nach zwei Drittel der Höhe hänge ich plötzlich fest. Die Musik ist bereits zu Ende, der Suchscheinwerfer auf mich ausgelöscht, beide Chöre waren abgestiegen, aber ich hänge und hänge. Ich werde so wütend, dass ich mir die Lunge aus dem Leib schreie, dass ich runter will. Klar, ein Seil hat sich verheddert. Und 50 Meter Länge brauchen Zeit, wenn man sie entwirren muss. Als ich endlich unten ankomme, bin ich stocksauer. Die anderen Darsteller, Freunde und Besucher warten schon eine Ewigkeit. Stehen in zwei langen Reihen mit ihren Fackeln und können mich dann endlich beklatschen. Die dreitausend Besucher lösen sich langsam auf. Komischerweise hat von ihnen niemand mitbekommen, dass da etwas nicht geklappt hat. Als die Lichter ausgingen, dachten sie, dass ich als erstarrte Figur einfach in der Luft verschwunden bin.

In Halbenrain in der Steiermark werde ich am Boden stehend angeleint, hochgezogen und schön langsam über die Wipfel einer Baumgruppe als Königin der Nacht eingeflogen. Zu passender Musik. Währenddessen funzeln meine Kursteilnehmer im Gebüsch im Hintergrund mit Wunderkerzen als Riesenglühwürmchen herum. Ich werde in der Mitte meines ausgelegten Feuerkreises abgesetzt und ausgehakt. Ich entzünde die Lunten in Form eines Astrolabs. Das ist ein astronomisches Messinstrument. Hier hat es 50 Meter Durchmesser und könnte für Außerirdische gedacht sein. Deshalb auch der Titel : *Zenit und Nadir*. Eigentlich hätte mich der Kranführer gar nicht „befördern" dürfen. Für Personen braucht man eine eigene Lizenz. Aber wer viel fragt, bekommt viel Antwort.
Hingegen sind meine *Brennenden Dornbüsche* in der jemenitischen Wüste einfach zu bewerkstelligen. Ich setze keine harzhaltigen Koniferen in Brand, weil diese abbrennen würden. Nur die Arrakbüsche. Und keiner entzündet sich wirklich. Um die Stämme am

Fuß lege ich getränkte Wickel aus gepresster Watte. Diese zünde ich an, um dann erst das Brenngut in die Äste zu schütten, mit gebührendem Abstand. Die Flammen schießen augenblicklich hoch in den gesamten Busch. Nur kurz flammt er auf. Das Foto muss sofort gemacht werden, denn das Feuer erlischt in Sekunden. Und sofort folgt aus einem Kanister in Blechdosen gefülltes Brenngut mit dem nächsten Schwapp für das nächste Foto. Johannes Kramer fotografiert einige Male meine Feuerinstallationen, während ich Zunder gebe. Und nicht selten erscheint, wie ein Geist aus dem Dunkeln, ein Beduine und fragt, was hier los sei. Ich erkläre ihm den Sinn meiner Aktion, und begeistert schüttet der Ali oder Ahmed dann auch gleich ein paar gefüllte Blechdosen in den Brand.

Beim *Herdfeuer* krieche ich mit meinen getränkten Lunten um die mehrfachen Stämme und zünde sie selbst an. Es sind ungefähr 30 Meter lange Wülste. Von innen sieht es wie in einer Höhle aus mit einer großen Kuppel, denn das Blattkleid reicht bis zum Boden. Von außen gesehen leuchtet der riesige Busch und gibt einen wunderbaren Kontrast zur dunklen Wüstennacht mit ihrem Sternenhimmel. Im Oman leben ganze Familien in solchen Baumgewölben. Das hat mich zu dieser Feuerinstallation inspiriert. Es fliegen auch einmal eine oder zwei Dynamitstangen in schön geformte Sanddünen. Schüsse von mir peitschen auch auf Blechdosen aus Kalaschnikows, ausgeliehen von Sheikhs, die mir schmunzelnd zusehen. Meine Trefferquote ist nicht sehr hoch. Ein Gewehr wiegt etliche Kilos. Und den Lauf muss ich so ruhig halten, dass sich Kimme und Korn mit dem Auge deckt und ich auch noch in die richtige Richtung ziele.

Einmal installiere ich in einem Tempel verschiedene Feuerarten. Ich trete selber sogar als Feuerspeierin auf. Es ist ein Fest mit der Musik zu *Bilder einer Ausstellung* von Mussorgski. Unsere Ausgräbergruppe will erst am nächsten Tag den angefallenen Unrat einsammeln. Unglücklicherweise kommt genau an diesem Morgen das BBC mit seinem Fernsehteam und dem Professor der jemenitischen Antikenverwaltung hierher. Nach deren Besichtigung fragt mich Yussuf Abdallah: „Hat Dir der Tempel nicht gefallen?“ Ich schaute irritiert und fragte: „Warum?“ – „Weil Du ihn so schwarz gemacht hast!“. Er hätte mich aber auch ganz schön zur Schnecke machen können.

Am Wolfgangsee im Salzkammergut darf ich mir für einen Park etwas ausdenken. Er hat einmal zu einem kleinen Kloster gehört. Viele Wegelchen führen in seltsamen Mustern durch die Wiesenstücke. Sie sind mit Buchsbaumhecken gesäumt und für Priester angelegt worden, damit sie langsam schreitend ihr Brevier lesen können. Und das an der frischen Seeluft. Ich bestücke all die Wege mit meinen getränkten Feuerlunten. Brennend sollen sie die vielen Fußspuren wieder zum Leben erwecken. Ein frohes Feuer schaut den Nachthimmel an. Die letzten Meter führen zum Haus, das inzwischen eine Galerie geworden ist. Ich gebe den Lunten mehr Speed mit richtigem Benzin. Und mit einer Geschwindigkeit von einem Meter pro Sekunde stürmen die Flammen auch noch ins Haus hinein. Es ist ein lauer Sommerabend, wie man es sich so wünscht. Und genau neben zwei Menschlein richte ich ein bereits brennendes Riesenherz auf. Immerhin heißt der Feuerabend *Sursum Corda*, empor die Herzen. Und der Funke springt auch auf die Beiden über – sie verlieben sich im Feuerschein und werden ein Paar. *Und wenn sie nicht gestorben sind, dann leben sie noch heute.*

Aus dem Indischen Ozean ragt unweit vom Festland ein erloschener Vulkan mit mehr als 300 Metern in die Höhe. Und an seinen nicht ganz so steilen Bergflanken entsteht schon in prähistorischer Zeit eine Stadt: Aden. „Das Tor zur Hölle“ nennt es Paul Verlaine. Auch Arthur Rimbaud kann davon ein Liedchen singen, als er seine Jahre dort verbrachte. In dieser Zeit waren seine Sternstunden schon am Sinken und er wandte sich mehr dem Geldschmuggel zu und dubiosen Geschäften. Genau diesen Ort suche ich mir zum Leben aus. Allerdings ist es mir vergönnt, der Höllenglut des Adener Sommers zu entgehen. Sie reicht schon in den anderen Jahreszeiten. Aber Aden kann auch etwas mit dem Garten Eden zu tun haben. Jedenfalls für mich. Etliche Performances und Feuerinstallationen kann ich auch dort durchführen. Ich will mit *Magma* den erkalteten Berg namens *Shamsan* an seine Vergangenheit erinnern. Von Tawahi aus erreicht man durch einen Tunnel die Gold Mohur-Bucht, das goldene Siegel, mit seinem steinernen Elefanten. Die folgende Conquest Bay ist schon außerhalb jeglicher Bebauung. Nur ein Schiffswrack aus dem Krieg mit den Türken um 1905 verliert Jahr um Jahr mehr von seinen Innereien und seiner Ummantelung. Die Winterstürme leisten gute Arbeit. Ich übersteige mit Georg auch noch den nächsten Sattel zum nächsten Gebirgseinschnitt. Da, wo reales Magma ins Meer fließen würde, lege ich eine 100 Meter lange Feuerlunte. Natürlich hat auch der Mond seine Statistenrolle. Er soll sich pünktlich mit seinem vollen Gesicht gleichzeitig zum Sonnenuntergang aus dem Indischen Ozean erheben. Was er auch tut. Gleich ist die Dämmerung vorbei und das Feuer hinten am Berg entzündet. Es arbeitet sich Meter um Meter weiter und weiter Richtung Meer. Erst durch den Sand, dann in die Spritzzone und schließlich genau an die Wassergrenze. Sowohl bei Neumond als auch bei Vollmond steigen die Gezeiten höher an. Meiner Berechnung nach setzt nun auch die Flutzeit ein. Das Meer holt sich die Flammen erst nur zentimeterweise – greift dann aber immer kräftiger zu.

Von seinem Boot aus bestaunt ein einsamer Fischer das Ereignis. Oft sind solche Unternehmungen ohne Publikum. Hier wäre das Gelände zu schwierig zu erreichen. Aber ich kann gute Fotos machen. Mit guten Beschreibungen kann ich diese dann veröffentlichen. Mein Best Boy assistiert mir natürlich. Und so wird die nächtliche Kletterei zurück kein Risiko. Am nächsten Tag kommen wir zurück und sammeln die verkohlten Luntenreste in Plastiksäcke und waren froh, dass Shamsan-der-Berg über meine Aufmerksamkeit nur lächelte.

Zwei Drittel seiner Abstürze fallen senkrecht in die Tiefe und setzen sich unter Wasser fort. Sie sind dem offenen Meer zugewandt. Als erkaltete Basaltmassen pressten sie sich einstmals aus dem Erdinneren. Schon lange wünsche ich es mir, die Vulkaninsel mit einem Boot ganz zu umrunden. Das heißt, eine kleine Ecke muss man inzwischen aussparen. Eine breite Straße auf Brückenpfeilern verbindet seit vielen Jahren Alt-Aden mit dem Festland. Und dazu wurde fast ganz Khor Maksar aufgeschüttet. Ein Fischer schippert mich von Tawahi aus. Es wird eine ziemlich wilde Fahrt. Ich bekomme richtig Angst, denn die Wellen spritzen bei dem Seegang heftig ins Boot. Das Schlimmste ist aber, dass das Wasser plötzlich eine giftgrüne Farbe angenommen hat. Und mich damit ununterbrochen übergießt. Ich denke an Kupfervitriol und an eine Katastrophe, die ganz Aden vergiften wird. Der Fischer versteht auch nicht, was da passiert. Am nächsten Tag lese ich zufällig in der Adener Zeitung, dass das Adener Meeresinstitut, 30 Kilometer von der Küste entfernt im offenen Meer, wieder einmal die Strömungen misst. Und das geschieht, indem man das Meerwasser kräftig einfärbt.

Feuerlinien sind mein Markenzeichen geworden. Inzwischen brennen sie auch bei stärkerem Regen. Wie das möglich ist, finde ich durch heftiges Nachdenken heraus. Aber hier erleide ich wegen Dauerregens eine schlimme Pleite. König Friedrich I, 1120–1190, hatte einen roten Bart. Deshalb war sein Spitzname Barbarossa. Er war klug und gebildet und vollbrachte große Taten als Eroberer. Der Kyffhäuser-Legende nach, ruht er im Kyffhäuser. Sein Kopf liegt auf einer Steinplatte, und sein roter Bart wächst und wächst immerfort, und alle hundert Jahre erwacht er. Was er dann tut, konnte ich nicht ausfindig machen. Jedenfalls behauptet eine andere Legende, dass Barbarossa nicht im Kyffhäuser, sondern im Untersberg im Salzburger Land seinen Bart wachsen lässt.

Dort gibt es einen Marmorsteinbruch, und ich folge der Einladung des Inhabers zu einer Feuershow. Ich besichtige den riesigen Steinbruch und nehme die Legende zum Anlass, den Herrn Barbarossa zu besuchen. Ich wickle an die 250 Meter Feuerlunten. Dazu erbettele ich mir von einigen Krankenhäusern ausrangierte Bettwäsche. Die natürlich gewaschen und gemangelt ist. Also keimfrei. Ich baue ein acht Meter hohes Gestell, das eine menschliche Figur darstellt. Die entscheidende Körperkontur entsteht mit Profi-Feuerlunten aus Schwarzpulver. Die „Musik“ dazu kommt von steinklopfenden Arbeitern. Ich habe aber auch eine Sängerin, Margarete. Auch zu ihr führen Feuerlinien. Ihr Gesang soll wie eine Stimme aus den Sphären des Weltalls erklingen.

Ja, und es ist schlechtes Wetter angesagt. Das Publikum muss eine halbe Stunde auf einem ungeraden Pfad zur Besichtigungskante hinaufsteigen. Der dann glitschig und aufgeweicht ist. Und es regnet und regnet. Unter Planen befestige ich die Schwarzpulverlunten an der Figur. Lege die langen selbstgemachten Lunten fürs Feuer auf dem Steinbruchgelände aus. Manche waagrecht, manche hängen senkrecht an den exakten Marmorbrüchen. Es hilft nichts, er regnet und regnet. Dem Zeitablauf nach muss ich das Brenngut einbringen. Nach Einbruch der Dunkelheit zünde ich die Verteiler an. Nichts geschieht. Nichts brennt. Ich probiere hier und probierte dort – nochmal nichts. Die Sängerin steht weit entfernt im Regen im Dunkeln – ohne Feuer. Sie singt und singt unbeirrt ihre Klage. Die Meisten hören sie nicht einmal. Das einzige was brennt, ist die große Schwarzpulverfigur. Aus lauter Verzweiflung werfe ich alles nicht angebrannte Brenngut, die mit Wasser vollgesogenen Lunten, auf einen Riesenhaufen entlang der großen Barbarossafigur und ungefähr 30 Meter entlang den Hauptwänden des Steinbruchs. Und durch die Schwarzpulver-Nachbarschaft entzünden sich, der großen Hitze wegen, die einfach hingeworfenen Teile auf der ganzen Länge. Sie beleuchten magisch die riesige Marmorwand. Sie leuchtet für einige Stunden bis ins Tal hinab und im weiten Umkreis. So werden dann in der Gästehütte doch noch Lobpreisungen laut – und die Regenkälte mit diversen Schnäpsen vertrieben.

Zwei Jahre darauf werde ich wieder dorthin eingeladen. Da hatte ich es dann herausgefunden, wie meine Lunten bei Regen brennen und wie auch das Auslegen rasch vor sich gehen kann. Kein Regentief und kein Gewitter war in Sicht – ein wunderbarer Sommerabend verspricht alles. Die Sängerin Nane Frühstückl platziert sich inmitten der Zuschauer. Ich arbeite auf drei Ebenen. Ganz oben, wo die Tannen am Marmorabbruch stehen, entzünde ich einen riesigen Haufen und klettere dann an einer Flanke hinunter auf die Hauptebene. Dort liegen die Lunten bereit zum Anzünden.

Eine nach der anderen zünde ich nur am Ende an und werfe diese die Felswände hinunter. So brennen sie von unten langsam nach oben. Lauter senkrechte Feuerbalken. Eine dreißig Meter lange gebastelte Leiter verwandelt sich in eine Feuerleiter. Und dazwischen lasse ich mich von einem Bergführer auf die unterste Steinbruchplattform abseilen. Schön langsam, dorthin, wo auch das Publikum steht. Ein Wind frischt auf und mein langer flatternder Seidenschal bekommt ein paar Löcher. Mein fünf Meter langer Rock aus Fallschirmseide ist schwer entflammbar. Aber auf meinem Rücken und an den Armen wird es mir langsam warm. Mein weißer Pullover aus Wolle glimmt nur langsam an ein paar Stellen. Ich klopfe so um mich herum um Schlimmeres zu verhindern. Was für die Zuschauer auch ganz hübsch aussieht. Der bereitliegende Wasserschlauch zum Löschen für den Ernstfall ist dummerweise abgebrannt. Und schon erreiche ich die untere Ebene, wo mir zwei Helfer dann das Glimmen auf dem Rücken ausklopfen. An den Unterarmen habe ich heute noch kleine Spuren dieser Feuerperformance *Aus allen Wolken*.

Um die Nicolaikirche in Leipzig lege ich einen Feuerring. Er soll an die mutigen Menschen erinnern, die zur Maueröffnung beigetragen haben. Denn Leipzig war daran besonders beteiligt. Mein Feuerring soll die Kirche schützen und auch die, die sich im Inneren versammeln. Wegen der großen Menge Brenngut muss mich die Polizei begleiten, damit nicht irgendein Irrer gewollt oder aus Versehen eine Zigarette auf die auf einem Rollwagen lagernden leicht entzündbaren Flüssigkeiten wirft. Meter für Meter schütte ich diese langsam in die ausgelegten Wülste. Insgesamt 250 Meter Kirchenumfang. Dann kommt das Gewitter. Wie der Sturmwind rauscht es über Leipzig hinweg. Ich zitterte natürlich, ob zum gegebenen Zeitpunkt alles brennt. Nun. Es klappt. Allerdings entstehen Feuerlücken, da ein paar Meter zu nass waren. Eingeladen bin ich von der Leipziger Universität. Die Leipziger Künstlergemeinschaft hat aber schon im Vorfeld eher unmutig auf mein Vorhaben reagiert. Eine Künstlerin aus dem Westen maßt sich an, Ost-Probleme zu thematisieren! Ha! Und wohnt nicht mal in Leipzig, sondern im ungeliebten Dresden. Die Retourkutsche kommt mit einer Zeitungsüberschrift: *Heiligenschein oder letzter Scheiß?*

LICHTSPUR, Nicolaikirche Leipzig

STRÖMUNG, Mnemosine, Elbe / Dresden

BARBARA BESUCHT BOCHUM,
am Fördergerüst / Bergbaumuseum Bochum

LIVING GALLION, auf Schwerlastfrachter / Atlantischer Ozean

AUS ALLEN WOLKEN,
Marmorsteinbruch Untersberg / bei Salzburg

GAIA SCHLÄFT, Kunstnacht Kempten

Dagegen sind meine Dresdener Unternehmungen voll gelungen. Am besten finde ich die zweite Beteiligung an dem Mnemosine-Projekt. Mnemosine ist eine griechische Göttin und die Mutter der neun Quell-Nymphen. Mit ihrer Spiritualität gibt sie Künstlern Schönheit und Kraft für ihre Werke. Jede ihrer Töchter umsorgt einen anderen Kunstbereich. Aber alle Musen und ihre Mutter haben mit Wasser zu tun. Wasser ist heilig. Man darf damit nicht freveln. Deshalb erwähle ich als meine Bühne die Elbe. Zweihundert Meter vor der großen Elbbrücke soll ein Boot verankert werden. Vorher montiere ich darauf über die ganzen acht Meter eine Holzplatte. Sie hat die Form des Umrisses einer üppig gebauten Frau. Ich orientiere mich an den Brüste stützenden Frauenfigurinen aus der Munbaqa-Grabung in Syrien. Es waren kleine und größere Statuetten aus Terrakotta. Manchmal auch aus Kalkstein, sogar Fritte war dabei, einer Vorstufe von Glas. Sie sind nackt. Die Köpfe überdimensional groß, die Oberarme anliegend, und mit den Unterarmen stützen sie ihre Brüste dem Betrachter entgegen. Ein breites Becken folgt mit dicken Oberschenkeln. Im Schambereich kringeln sich Locken. Schmuck tragen die fünftausend Jahre alten Kultfiguren um Hals, Arme und Fesseln.

Die Silhouette einer solchen Figur übersetze ich ins Riesenhafte, auf die gesamte Bootslänge. Ihr Umriss bekommt meine Feuerlunten, und die charakteristischen Arme meiner Göttin stützen ebenfalls ihre Brüste damit. Für jede der neun Musen schneide ich Platten aus dickem Kork. Darauf als Feuerpunkt die Anfangsbuchstaben der Nymphen, mit Stricken miteinander verbunden. Erst nach Einbruch der Dunkelheit soll ich die Installation anzünden. Sie muss aber schon am Nachmittag in die Mitte des Flusses gebracht und verankert werden. Dazu bekomme ich tatsächlich die Genehmigung der Elbschifffahrt. Und – was Wunder – die Schifffahrt auf dem großen Strom wird für meine *Wasserglut* für Stunden gesperrt.

Ein etwas größeres Schiff schleppt nun meinen kostbaren Kahn in die Flussmitte und legt den Anker. Ich fülle von dort aus mein Brenngut in die Lunten. Zu früh darf dies nicht geschehen, weil der Sprit dann eventuell verdunstet wäre. Und diese Oberpeinlichkeit kann ich nicht riskieren. Nun ist alles präpariert und wir warten am Ufer auf die Dunkelheit. Ein Fotograf ist oben auf der Brücke postiert. Zur richtigen Zeit steuert mich das Zubringerschiff zur Göttin. Wir legen an, so gut es geht, und ich zünde sie am Kopf an. Das Feuer wandert schön gleichmäßig die beiden Außenlinien entlang, über die Arme zu den Brüsten, hinunter zu den Füßen und die Mittellinie wieder hoch bis zum Schritt. Als Brenndauer veranschlage ich eine knappe Stunde. Das kann ich mit der Flüssigkeitsmenge steuern. Nun sollen aber die Nymphlein auch noch brennen. Miteinander verbunden, sollen die tonnendeckelgroßen Korkplatten brennend flussabwärts am Kahn der Frauenfigur hängen. Ich beginne mit der hintersten. Zünde sie an und übergebe sie der Wasseroberfläche. Wie aus Geisterhand reißt mir die Strömung die Platte unter die Oberfläche mitsamt meinem Arm, und sie verschwindet in der Tiefe. Mit der nächsten passiert dasselbe. Kurzentschlossen zünde ich die nächsten Stücke an und überlasse sie der Reihe nach ohne den angebundenen Strick der Strömung. Die Nymphen schossen mit ihren Feuerkrönchen in dem heftigen Sog ohne Probleme davon. Und genau dieser Effekt soll besonders schön gewesen sein: wie die Lichter flussabwärts kleiner und kleiner werden und schließlich verschwinden. Mein Schiffsmann bringt mich dann rasch zurück zum Ufer. Die brennende Mnemosine verbrennt nicht, sondern ihre Leidenschaft leuchtet aus ihrem Wasserelement.

Das Goethe Institut hat eine Niederlassung in Sanaa gegründet, in der jemenitischen Hauptstadt. Und da es in Aden ein deutsches Konsulat gibt, automatisch auch dort. So plant der Institutsleiter Guido Zebisch für mich eine Ausstellung. Relativ neu ist meine Serie aus radierten Unikaten, die mit der arabischen Schrift zu tun hat. Ein Muss, sich damit auseinander zu setzen, wenn man schon Jahre im Jemen verbracht hat und dann gar noch in Aden wohnt. Aden war die Hauptstadt des früheren Südjemen. Sozialistisch, kommunistisch orientiert waren die Lebensumstände dort nicht so zugeknöpft wie im Nordjemen. Und Hafenstädte sind durch den Welthandel und das Völkergemisch sowieso offener.

In der Altstadt Crater gibt es einen schönen Palmengarten. Direkt gegenüber dem Rimbaud-Haus, das ab und zu auch ausländische Besucher anlockt. Meine Serie heißt *Geheime Botschaften.* Ich mixte arabische Einzelbuchstaben mit Schriftausschnitten, mit Schriftübungen und Zitaten in mehreren Ebenen. Das heißt, dass ich 96 Kupferplatten mit den verschiedenen Zeichen radierte und dann, wie ich es für gut fand, druckte. Auf diese Weise hatte ich am Ende 450 radierte Unikate. Meist bestehen sie aus drei bis vier Schichten. „Geheime Botschaften" deshalb, weil es keinen Gesamttext zu lesen gibt. Vielleicht sind es Ausschnitte, Fragmente aus einem Brief, aus einem Buch.

In diesem Garten stehen nun große Stellwände mit meinen Bildern, komplett mit Acrylglas geschützt. Zur Eröffnung strömen die Menschen zu Hunderten auf das Gelände. Mullahs hatten sich angekündigt. Sie vermuten Blasphemien oder überhaupt Schweinereien, die ich da versteckt haben könnte. Einige Stunden verbringen sie mit dem Studium, ob denn alles „sauber" ist. Und es ist sauber. Ich verwendete nicht einmal die Bilder, wo der Name Allahs oder Mohameds, des Propheten, zu lesen war. Denn diese Namen sind so heilig, dass ich sie als Christin nur beschmutzen könnte. Das meine ich jetzt total ernst. Im Westen hat man keine Ahnung, was eine Verunglimpfung der Religion bedeutet. Die gezeichneten Mohamed-Pamphlete zum Beispiel sind für Muslime so schockierend, so entsetzlich, dass auf sie anders als mit den Attentaten in Paris zu reagieren, gar nicht vorstellbar ist.

Unsere Künstler können sich unbeschadet über Religion, über den Papst, über Jesus, über Gott lustig machen. Aber wo bleibt da der Respekt? Sogar unsere Verfassungsgelehrten sind der Meinung, dass in Deutschland das eine Vergehen mit dem anderen Jux gleichgesetzt werden muss. Warum urinierten im Irakkrieg amerikanische Soldaten auf den Koran? Weil es für Muslime das Schlimmste ist, was man ihnen antun kann. In Guantanamo ist das auch immer wieder passiert. Einige der so Verhöhnten hatten sich das Leben genommen, aus Scham, aus Verzweiflung – obwohl sie wussten, damit nicht in den Himmel zu kommen. Denn Selbstmord ist für Muslime eine Sünde für die Hölle.

Da ganz Aden nun weiß, dass man sich meine Kunst unbeschadet anschauen darf, wird der tägliche Auflauf noch größer. In den Anfängen von Homepages gelingt es hier Pionieren, ein nettes Foto von mir aus dem Netz zu klauen und oben auf ein Riesenfenster der Hochhäuser hinter dem Garten zu projizieren. Ganz schön frech. Die Hauptattraktion ist aber das Minarett, das am Eingang zum Garten steht. Es ist auch das einzige antike Gebäude, das in Aden erhalten blieb. Ich darf das obere „Stübchen" mit den Fenstern in die vier Himmelsrichtungen bebildern. Die Adenis stürmten das Minarett beinahe. Vor allem auch deshalb, weil ich mir von Sayed Riesenkörbe mit duftenden Kräutern besorgen lasse. Diese liegen nun büschelweise Stufe für Stufe die Wendeltreppe hoch. Der allgegenwärtige Seewind trägt die Düfte in alle Himmelsrichtungen. Das war an einem Freitag, am Tag der Eröffnung.

An die 10.000 Menschen, davon viele Frauen, haben die Ausstellung gesehen. Ich bin immer präsent und beantworte sehr gerne die mir ununterbrochen gestellten Fragen über Kunst und über Gott und die Welt. Das Aufsichtspersonal hat sich en bloc in mich verguckt. Und sie beantragen, dass der kleine Platz vor dem Palmengarten von *Midan Menara* in *Midan Marianne Manda* umbenannt werden soll. Ohne Quatsch. Allerdings sind im Orient Wünsche und Wirklichkeit oft weit auseinander. Der Antrag, zunächst abgenickt, wird dann stillschweigend wieder vergessen.

Eine etwas schräge Performance gibt es zur Eröffnung meiner Ausstellung *Des Grases Blumen* in Kempten in der Kunsthalle. Zeichnungen, Radierungen, Objekte und meine ersten Scherenschnitte sind zu sehen. Das zentrale Stück ist ein von der Decke hängendes schwarzes Tuch. Drei Meter breit und zwölf Meter lang, liegt es noch einige Meter auf dem Boden auf. Eine weiße Pinselzeichnung eins zu eins von einer Kollektivbestattung aus dem Emirat Ras Al Khaimah habe ich darauf gemalt. Weiße menschliche Knochen,

Schädel und Grabbeigaben sind zu sehen. Diese Art von Bestattungen gibt es in Rundbauten der *Umm-an-Nar-Kultur*, der Mutter des Feuers, von ca. 3000 bis 2000 vor unserer Zeit. Das geordnete Gewirr von Gebeinen sieht sehr ästhetisch aus und berührt in seiner Endgültigkeit und Strenge.

Die Ausstellung hat also mit dem Thema Tod und Vergänglichkeit zu tun. Deshalb der Titel. Er ist ein Strophenanfang vom Brahms-Requiem. Der Text des ersten Satzes: Denn alles Fleisch es ist wie Gras und alle Herrlichkeit der Menschen ist wie *des Grases Blumen*. Das Gras ist verdorret, die Blumen abgefallen … Da die Toten betrauert werden sollen, denke ich mir zur Eröffnung eine nicht alltägliche Performance aus: Ein Klagechor mit Klageweibern. Im östlichen Europa und im Orient trauert man anders. Trauer lässt einen dort weinen, schreien, sich schlagen, sich die Kleider zerreißen. Bei uns trauert man still. Es ist unfein, laut zu werden. Der Tod ist überhaupt unfein.

Deshalb verbünde ich mich mit Freundinnen, die sich vorstellen konnten, mit verhülltem Haupt zu klagen, zu schreien. Im Orient werden solche Klagefrauen gegen Bezahlung bestellt, wie hier ein Geigenspieler, der auf Beerdigungen das Ombra mai fu oder das Ave Maria spielt. Wir müssen proben. Aus Peinlichkeit kichern wir zuerst. Aber dann wird es ernst. Aus dem Hintertürchen der Kunsthalle schreiten wir zu zwölft schwarz gewandet, mit einem schwarzen Tuch über dem Kopf, in den Saal. Wir gruppieren uns im Kreis, senken die Köpfe. Eine fängt an zu seufzen. Andere fallen ein. Wir steigern uns langsam, fallen wieder zurück. Steigern wieder, seufzen, schreien. Jede hat ihren eigenen Rhythmus im Crescendo und im Diminuendo. Wir werden immer lauter, fast kreischend. Ein Schlager dauert normalerweise drei, vier Minuten. Wir stoppen nach vier Minuten. Und das war bei dieser Klage sehr lang. Im letzten Viertel beruhigen wir uns wieder langsam, langsam in den letzten Seufzer zurück. Wir stehen dann noch fast eine Minute regungslos. Die hundertfünfzig Besucher sind sprachlos, erschüttert. Langsam löst sich ihre Erstarrung. Erst nach dem Schock trauen sie sich zu klatschen, so echt waren wir. Und als Erlösung ziehen wir unsere Tücher vom Kopf, ich streue Blumen auf das liegende Stoffteil der Kollektivbestattung und Nane Frühstückl singt zur Klavierbegleitung von Annette Naumann von Vivaldi sein versöhnendes *Nulla in mundo pax sincera.*

Zwei Frachtschiffreisen unternehme ich. Einmal in die Karibik mit Venezuela, Französisch Guyana – gegenüber von Papillons Teufelsinsel, runter zur Amazonasmündung, Fortulezza und wieder zurück. Einmal ist es sogar eine Weltumrundung von Hamburg ausgehend. Beide Male suchte ich mir Stückgutschiffe aus, keine Containerladungen. Die Schiffe mit Stückgut haben längere Liegezeiten in den Häfen. Das Be- und Entladen dauert meist zwei bis drei Tage. So ist dann mehr Zeit, um sich die Häfen und ihre Städte anzusehen. Das Stückgut besteht aus Turbinen, aus gewalzten Roheisenträgern, aus Kompressoren, aus Kabeltrommeln für eine Wüstenstadt, aus Generatoren – und alles im XXXL-Format. Wir haben sogar zwei Jachten dabei, auf denen ein Dorf hätte Erntedank feiern können. Eines hievt man vor Genua in See, das andere in Dubai.

Ich hatte auch darauf geachtet, dass beide Schiffe eigene Kräne haben. Beide Reisen gehören zu den Höhepunkten meines Lebens. Zudem hatte ich etwas im Hinterkopf: ich will mich als lebende Galionsfigur an einen der Kräne hängen lassen und dem Schiff meinen Segen spenden.

Auf solchen Frachtschiffen gibt es meist zwei oder drei Kabinen, wo zahlende Passagiere mitgenommen werden. Man hat bedingten Zugang zur Brücke, darf auch einmal den Maschinenraum sehen. Während der Stunden und Tage auf See spaziere ich täglich vor zum Bug und zurück zum Heck. Das war ein halber Kilometer. Während der Be- und Entladezeiten ist es tabu, dort zu spazieren. Man hätte die Mannschaft behindert und vielleicht Unfälle ausgelöst.

Die Besatzung besteht jeweils aus dem Kapitän und 6 Offizieren, plus 25 Matrosen mit verschiedenen Verantwortungsstufen.

Ich bin die einzige Deutsche. Die höheren Ränge stammen mehr aus Osteuropa, die Mannschaft aus den Philippinen. Einmal bin ich der einzige Gast, einmal steigt in Singapur ein Ehepaar zu.

Auf einem der Schiffe ist es mir gelungen, als Galionsfigur lebendig zu werden. Solch eine Figur hängt aus Tradition an allen alten Schiffen vorne am Bug. Sie soll Glück bringen. Und mein Plan geht so: Ein Mitreisender wie ich verbringt die Essenszeiten mit Kapitän und Offizieren gemeinsam. So spekuliere ich die ersten paar Wochen darauf, dass wir uns etwas kennenlernen, dass mich alle nett finden und mögen. Besonders der Kapitän. Ihm trage ich nach einiger Zeit meine Bitte vor, mich mit einem der Kräne in die Luft zu schwingen. Er lehnte ab. Es sei zu gefährlich. Während der Fahrt gäbe es unerwartete Windstöße, die mich an den Kranmasten donnern könnten. Und in den Häfen werden die Kräne zum Be- und Entladen der Güter gebraucht. Keine Chance.

Nun ist unser Schiff nicht mehr das Jüngste. Und so haben wir auf Höhe der Amazonasmündung, noch in internationalen Gewässern, einen Motorschaden. Mit Schleppanker dümpeln wir dahin. Das Meer schimmert türkisfarben, fliegende Fische zischen um den Bug, und über Funk verständigte Fischer bringen uns Verpflegung. Eigentlich ganz idyllisch mit Südseeflair. Ein Mechaniker, sofort eingeflogen, erkennt, dass ein Ersatzteil gebraucht wird. Ein großes. Es kommt aus Augsburg von der M.A.N. Erst nach drei Wochen sind wir wieder flott. Und bald wird das Wasser rationiert. Für Klo und Dusche gibt es einen Kübel pro Tag. Da fällt einem der alte Gassenhauer ein: „Wir lagen vor Madagaskar und hatten die Pest an Bord. In den Kesseln da faulte das Wasser, und täglich ging einer über Bord." So schlimm wurde es nicht. Und – ich werde zum Kapitän gerufen: Er erlaubt mir meinen Galions-Höhenflug. Kein Hafen und kein Fahrtwind sprechen nun dagegen.

Natürlich habe ich vorsorglich meine Hängegurte im Gepäck und das passende Flatterkleid mit meinem fünf Meter langen Fallschirmseidenrock. Zwischen meinen Schulterblättern ist der entscheidende

Haken zum Aufhängen. Die Offiziere sind ganz begeistert, als ich wie eine Königin gewandet und angetan und gegurtet auf Deck erscheine. Gekonnt hängen sie mich an den riesigen Kranhaken, sichern dreimal das Ganze – und schon gibt man dem im Kranhäusle hockenden Matrosen das Zeichen zum Hochziehen. Per Funk kommen dann die Anweisungen zum Schwenken und Drehen. Ein Offizier machte tolle Fotos. Die gesamte Mannschaft hat für das Ereignis frei bekommen. Sie hocken beisammen auf dem Deck und bestaunen mit offenem Mund das Wunderwesen, das da über sie hinwegfliegt. So schön, „like a butterfly", habe ich sie bezirzt. Noch lange bleibt die Vorführung das Gesprächsthema rundum.

Bei meiner zweiten Schiffsreise will ich dasselbe versuchen. Aber kein Motorschaden begünstigt meinen Wunsch. Allerdings ist auch dieser Kapitän zu neugierig geworden. Er erlaubt mir zwar keinen Kran, aber ich darf in Nähe des Mastes posieren, oben auf einem Eisenträger angehängt und vorne am Bug. Der Wind zaubert mit meinen Schleiern und dem weiten Kleid wunderbare Gebilde über die tiefblaue See. Ein paar Matrosen spielen mit mir Seeräuberei, und sogar ein Seeadler umrundet mich neugierig, was ein Foto beweist. Auch hier bleibe ich als lebendig gewordene Schutzfigur am Bug sicher noch lange im Gedächtnis der sonst Schwerstarbeit leistenden Schiffsmannschaft.

Im Hinblick auf den Erfolg meiner Kemptener Veranstaltungen an und über der Iller, möchte die Stadt eine weitere Veranstaltung von mir haben. Im Milleniumjahr 2000 soll es in Kempten wieder krachen. Geld wird zur Verfügung gestellt. Ich habe gute Beziehungen zu meiner ganzen Kemptener Verwandtschaft. Je nach Können kann ich sie einsetzen. Dabei helfen sie, meine knappen Finanzen am Boden zu halten. Die Illerbrücke wird wiederum zur Bühne und die Bundesstraße gesperrt. Ich engagiere die Cataracts ein zweites Mal. Ich engagiere einen alten Spezl, der pyrotechnische Gegenstände vertreibt. Ich selbst bringe meine Feuerlinien ein, die auf dem Geländer der Brücke brennen sollen. Die Mannschaften von Wasserwacht und Feuerwehr helfen mit, wo immer sie helfen können.

Der Plan war, dass zu Beginn der Posaunenchor der Sankt Mang Kirche aufspielt. Dabei sollen dann schon meine Feuerlinien auf dem Brückengeländer brennen. Die Feuerwehr installiert dazu eine Art Wasserbogen, gespeist aus der Iller. Wie ein riesiger Fächer spritzt er dann im hohen Bogen schöne Fontänen zu Händels Wassermusik. Ein Vorhang aus Magnesiumflammen tanzt über einer ganzen Brückenseite ins Wasser. Zwei Mercedesrennmotoren hängen knapp über dem Wasserspiegel unter der Brücke. Ihr Krach übersteigt zwar die vorgegebenen Dezibel ums Dreifache, aber ich riskiere es. Schließlich waren die Motoren bis zum Haubenschloss zu hören. Eine Schneekanone lässt seidige Tücher hoch in die Luft flattern. Ja, die können das auch. Eine Hebebühne fährt zwölf Meter in die Höhe, wo auf der Plattform ohne Geländer ein wilder Tanz aufgeführt werden soll. Auf der Plattform sind hohe Schischuhe angeschraubt. Gut zugeschnallt, kann so der wild tanzende Feuergott nicht herunterfallen. Ein paar Feuersätze sollen bis zu neun Meter hohe Feuerstöße bringen. An einem Autokran schwebt dann eine Tänzerin mit brennenden Fackeln. Ein riesiger Abfallcontainer brennt lichterloh und schwenkt über den Fluss. Und vor allem soll die ganze Brücke mit Bengalfeuern und mit feuer- und pyrotechnischen Gegenständen bestückt sein. Das Feuer sollte die Hauptsache sein. Ja, das war der Plan.

Nun ist das Allgäu nicht gerade für seine langen Schönwetterperioden berühmt. Eine Woche vor dem Ereignis beginnt es zu regnen. Es regnete jeden Tag wie aus Kübeln. Bis zum *FEUER–FLUSS* sollte es besser werden. Wurde es aber nicht. Es regnete. Es regnete am Tag der Aufführung morgens schon in Strömen. Und es regnet am Mittag und in den Nachmittag hinein. Wir präparieren im Regen die Show. Beda Percht, der Regisseur der Cataracts wird immer unruhiger. Nachmittags um vier ist Brainstorming angesagt. Die Aufführung durchziehen oder abbrechen? Der Großteil der Pyrosätze ist durch den Regen unbrauchbar geworden. Die Feuerkanone mit den neun Meter hohen Feuersäulen hat schon fast den Geist aufgegeben. Wenn der Regen in einer Stunde nicht aufhört, dann haben wir auf der Brücke Kriechstrom.

Dann müssen wir sowieso abbrechen. Gut, den Kriechstrom in Kauf nehmend, präparieren wir weiter.

Der Regen hört um fünf Uhr auf. Tatsächlich. Nun zeigt sich ein weiteres Problem: Hundertfünfzig Meter unterhalb der Brücke ist ein kleines Wehr. Normalerweise fließt das Wasser einfach darüber, ohne vernehmbaren Lärm zu verursachen. Durch den tagelangen Regen und den heutigen dazu, ist der Fluss zum Überlaufen angeschwollen. Die Wassermassen tosen über das Wehr, überschlagen sich, überschlagen sich in alle Richtungen kreuz und quer. Es ist ein Schauspiel für sich alleine. Gegen das Tosen kann man unsere Musik zur Show nicht besonders wahrnehmen. Die Flammen auf der Brücke kann man zählen. Zu viele sind abgesoffen. Die Neunmetersäulen sind nur noch einen halben Meter hoch. Aber meine Brückengeländer-Lunten brennen. Und alles andere funktioniert auch wie am Schnürchen. Tausende von Zuschauern sind begeistert. Sie wissen ja nicht, wie alles hätte werden können. Wir sind stolz, dass wir diesen Kraftakt durchgestanden haben.

Die Presse aber hat für diese Veranstaltung eher Häme. Unser Feuer wäre nur mit einer Gaslaterne vergleichbar gewesen. Und, und, und. Ich schreibe der Kulturredaktion einen Brief, in dem ich die Schwierigkeiten benenne, unter denen wir die Show trotzdem aufführten. Die Alternative wäre gewesen, die Veranstaltung ersatzlos abzusagen. Keine Antwort. Stillos.

Installationen und Performances bis hin zur Theaterperformance wage ich inzwischen ohne Bedenken. Da ich an der Sprengschule in Dresden den Erlaubnisschein erwarb, mit Feuer, Schwarzpulver, Bengalfeuer und pyrotechnischen Gegenständen umzugehen, baute ich dies mit Vergnügen in meine Projekte ein.

Eine dieser Aufführungen wird mir ewig in Erinnerung bleiben. Bad Gastein wollte für den Mittsommer ein Fest. Auf über 2.000 Metern Höhe ist eine Hängebrücke am Hausberg Graukogel mit einer Länge von annähernd 200 Metern eingeweiht worden. So bietet sich mir diese Brücke als Bühne an. Die Szenerien einer großartigen Bergwelt geben den Hintergrund dazu. Die Hängebrücke verbindet den Hauptgipfel mit einem Nebengipfel, und in deren Mitte kann man 200 Meter in die Tiefe blicken. Das Publikum sollte parallel zur Brücke auf einem breiten Grat stehen. Meine Freundin Marianne Frühstückl ist für den musikalischen Bereich zuständig, ich für den darstellenden. Mehr als 300 Meter Feuerlunten wickelten wir die Tage davor. Freundin Kerstin und Freund Mario kommen zwei Tage vorher auch dazu und helfen. Das Sonnwendfeuer sollte weit, weit sichtbar werden. Das Brenngut ist mit der Seilbahn hoch transportiert worden. Einige Bergwachtler sollen mich als Sommergöttin, in Weiß gewandet und mit im Wind flatternden Tüchern, abseilen. Am Tag vor der Aufführung ist dafür eine Probe angesagt, bereits im Kostüm.

An meinem speziellen Hängegurt-Haken im Nacken werde ich von der Brücke heruntergelassen. Unter mir der steile Absturz ins Tal.

Zur Aufführung wäre da am nächsten Tag Gesang und Instrumentalmusik dazugekommen. Die vorgesehenen Feuerlunten hätte ich, unter der Brücke schwebend, die jähen Abhänge brennend hinuntergeworfen. Jetzt aber hänge ich zunächst einmal fünf Meter unter der Brücke, versuche elegante Armbewegungen und lasse die Stoffe im Wind spielen. Unerwartet ist es mir etwas komisch, dann wird mir schlecht. Ich versuchte, das den Helfern zu signalisieren, aber dazu hatte ich schon keine Kraft mehr. Ich erbreche mein Frühstück im hohen Bogen 200 Meter in die Tiefe. Ich kann dem Erbrochenen noch kurz hinterherschauen – dann werde ich ohnmächtig.

Was für eine Pleite. Ich komme zu mir, als ich fünfzig Meter weiter unten auf dem steilen Absturz in die Tiefe liege, und zwei von der Bergwacht sich um mich bemühen. Meine Abseiler denken es ziemlich laut, dass ich dem Ganzen nicht gewachsen sei. Ich kann mir keinen Reim darauf machen. Etliche solcher Abseilaktionen habe ich an verschiedenen Orten zu verschiedenen Themen schon aufgeführt. Ohne dass so etwas passierte.

Nun, der Wetterbericht prophezeit für den morgigen Tag Schneefall. Der kommt dann auch einen halben Meter hoch angeschneit. Und macht den ganzen Tag mit dickem Nebel so weiter. Bei solchen Outdoor-Veranstaltungen soll man immer eine Ersatzlösung im Ärmel haben. Da in einer Hochgebirgsregion oft mit einem schnellen Wetterumschwung zu rechnen ist, suche ich mir schon im Vorfeld eine Talvariante aus. Es bietet sich eine schöne Hügelkombination an. Eine große steile Wiese, von Wäldern gesäumt. Die Feuerlunten liegen nun auf den grünen Matten wie außerirdische Zeichen. Im Tal gibt es statt Schnee nun Regen, und die Lunten brennen trotzdem an die zwei Stunden. Ich habe ja dazugelernt. Das sonstige Drumherum klappt auch. Allerdings kommen von den oben auf dem Berg erwarteten paar Tausend Zuschauern vielleicht gerade mal 200. Aber so ist das halt mit Open-air-Veranstaltungen im Dauerregen. Künstlerpech.

Mir lässt mein peinliches Versagen keine Ruhe. Denn die nächste Abseilaktion steht bald vor der Tür. Da muss ich 15 Minuten durchhalten können. Ich stopfe mir die Riemen meines Aufhängegurtes um den Schritt herum mit zwei Kissen aus, bitte Freundin Aska dazu und hänge mich in meinem Malatelier an einen Haken. Mit Blick auf die Uhr plaudern wir angeregt. Sollte es mir schummrig werden, dann will mir Aska helfen, vom Haken herunterzukommen. Was absolut leichtsinnig war. Sie hätte mich nie alleine aushaken können. Aber nach 15 Minuten bahnte sich immer noch keine Ohnmacht an.

Also, was war da oben auf dem Graukogel passiert? Die Lösung kommt sehr schnell. Bei der Probe zu *Feuervogel* lege ich mein Schicksal in die Hände meines Neffen Tim. Er soll mich an der Fassade der Basilika St. Lorenz in Kempten abseilen. Tim ist ein erprobter Bergsteiger in den oberen Schwierigkeitsgraden. Mit seinem Bergkameraden Axel sichert er mich. Tim hilft mir in mein Geschirr, zieht die Gurte fest, auch die rechts und links im Leistenbereich. Er meint, dass meine Ohnmacht von falsch festgezurrten Gurten gekommen sei, die mir eine Schlagader abgeschnürt hatten. Bei der Aufführung komme ich als *Feuervogel* wohlbehalten unten an. Ohne Zwischeneinlage.

Die Kunstnacht mobilisiert einige Tausende, die das Spektakel miterleben wollen. Der böse König Kusei verhindert, dass ein Liebespaar zusammenkommt, weil er die Prinzessin für sich selbst will. Der *Feuervogel* hilft der Prinzessin und ihrem Prinzen und entmachtet den König. Igor Stravinskis *Feuervogel* handelt von dieser Geschichte. Ich kann den begnadeten Musiker Walter Dolak gewinnen, zu Stravinskis Musik 30 Minuten an der Orgel in der Basilika zu improvisieren. Dies wird mit Megaboxen auf den Platz vor der Kirche übertragen. Gleichzeitig entzünden meine drei Enkel die auf dem Treppenaufgang zur Kirche ausgelegten Feuerlunten. Langsam entfalteten sich die Flammen. Auf dem mittleren stufenfreien Absatz tanzt der König einen fulminanten Breakdance. Wild und kraftvoll. Für die Zuschauer sieht es aus, als ob er mitten im Feuer tanzt. Meine Freundin Dasa Wagner studierte mit fünfundzwanzig ihrer Tanzschülerinnen Figuren ein. Als kleine Vögelchen hüpfen und tanzen und winden sie sich um das Geschehen. Freundin Kerstin und Freund Mario spielen das Liebespaar. Sie stehen bis zum Schluss als lebendes Bild unter den Eingangsarkaden der Kirche.

Diese Theaterperformance beginnt mit Posaunenfanfaren. Mit einem Suchscheinwerfer angestrahlt, erscheine ich als rot gewandeter Feuervogel zwischen den beiden Türmen. Der Loslassmoment ist immer eine Mutprobe. Wieder sacke ich erst einen Meter in das Seil. Über eine Rolle gleite ich dann langsam und sanft nach unten. Tim und Axel halten mich sicher. Unten angekommen, beschwöre ich den König. Kämpfe um seine Niederlage. Immer noch tobt und wütet er. Aber der Feuervogel kann König Kusei endlich in die Knie zwingen. Erst als er am Boden liegt, erwacht das Paar aus seiner Erstarrung. Die kleinen Vögelchen von Dasa geben alles, das Liebespaar erwacht aus seiner Starrheit und der böse König Kusei ist endgültig erledigt. In der Schlusssequenz erlischt auch das Feuer.

Die Zuschauer sahen das reale Geschehen – die diversen Pannen bekommen sie nicht mit. Für sie ist alles nach Plan verlaufen. Aber nach kurzer Zeit fällt der Suchscheinwerfer für mich aus. Fast gleichzeitig wird die musikalische Übertragung für ein paar Minuten unterbrochen.

Die zugesagte Aufnahme der Improvisation ist einfach vergessen worden. Die wechselnden Farben an der Basilika-Fassade verharren bald in einem Blau. Zwei Straßenlampen leuchten das ganze Spiel hindurch. Sie hätten abgedeckt werden sollen. Die seitlichen Scheinwerfer vergessen ebenfalls, ihre Farben zu wechseln. Da aber niemand weiß, was da alles gefehlt hat, wird auch nichts vermisst. Sogar der zwischenzeitliche Ausfall von Walters Orgelspiel wird als Regieeinfall aufgenommen. Die Technik war einfach dilettantisch für gutes Geld. Nun ahnt sicher der freundliche Leser und die freundliche Leserin, wie hoch mein Honorar gewesen war. Schlicht und einfach – null. Eigentlich unter null, denn ich schenke bei der Auszahlung den Beteiligten eigene Radierungen dazu.

Leila und Madschnun ist eine der berühmtesten Dichtungen des persischen Poeten Nizami. Er schrieb sie im 12. Jahrhundert. Es ist die Geschichte von zwei Liebenden, die sich ihr ganzes Leben nach einander sehnen, aber nicht zusammenkommen. Orientalische Menschen sind meist ganz große Romantiker. Die romantische Liebe ohne Erfüllung, das sich nach einander Verzehren ähnelt der erhabenen Liebe in unserem Mittelalter. Damals und heute wird mitgelitten und mitgeseufzt und mitgeweint. Die tragische Geschichte der beiden Unglücklichen meiner Aufführung kennt man in jedem Dorf in Arabien, in Nordafrika, im Iran und den Ländern daneben. Und jedes Dorf behauptet, dass *Madschnun*, der Verrückte, bei ihnen geboren und aufgewachsen sei.

Ich versuche, mit einer Theaterperformance die Sehnsucht der beiden Liebenden darzustellen. Dazu brauche ich die arabische Wüste. Ich brauchte den Vollmond. Ich brauche zwei spezielle Berge von dort. Die beiden heißen *Nahdayn* – die zwei Mädchenbrüste.

Ein Besuch beim Gouverneur der jemenitischen Provinz Hadramaut verschafft mir ein Erlaubnisschreiben für mein Projekt *Leila und Madschnun*. Dazu brauche ich vier Träger aus seiner Armee, um sechzig Liter Brenngut und vier Säcke Holzkohle 300 Höhenmeter hoch zu schleppen. Ich bekomme zusätzlich einen Beduinen, der sich von einem Sattel der Zwillingsberge aus mit Gewehrschüssen mit mir und Georg verständigen kann. Ich habe eine Kassette mit der in den 1950er-Jahren in Ägypten vertonten Musik zu *Leila und Madschnun*. Der Komponist war der berühmte Mohamed Al Wahab. Ich habe einen Landcruiser mit Gästen aus der 700 Kilometer entfernten Hauptstadt Sanaa, mit dessen Rekorder man die Kassette abspielen kann. Ich habe die deutsche Übersetzung der Geschichte von Nizami. Ein paar Kapitel daraus liest Gabi Gudrian dann vor, wenn der Vollmond über die Mädchenbrüste hochgestiegen ist.

In der heißen Mittagssonne stapfen Georg und ich mit Ahmed und seiner Kalaschnikow und den vier Trägern durch wegloses Gelände Richtung Berge. Auf der ersten Erhebung lege ich ein riesiges Herz aus mit fünfzig Metern Durchmesser. Hundert Blechbecher, mit Watte und Brennflüssigkeit gefüllt, zeichnen die Form. Ahmeds Aufgabe ist, diese anzuzünden, wenn unsere eigenen Schüsse von oben am Berg zu hören sind, und mit einem Schuss von ihm dies zu bestätigen. Die Mittagshitze weicht einer kühleren Nachmittagsbrise, und nun trennten sich unsere Wege. Georg als Madschnun steigt mit zwei der Träger zur rechten Bergflanke hoch, ich als Leila mit den beiden anderen auf die linke. Es ist ein mühsames Gekraxel. Wir alle haben mit dem Brennmaterial schwere Lasten zu tragen. Unsere Träger freuen sich anfangs und jubeln über den freien Tag vom Militärdienst. Wenn sie gewusst hätten, dass sie als Packesel gebraucht werden, hätten sie sich nie freiwillig gemeldet.

Unser beider Ziel liegt wohl einen Kilometer auseinander. Nur mit dem Fernglas kann ich Georg noch erkennen. Beide schütten wir auf einem Riesenlaken einen Sack Holzkohle aus und tränken alles mit dem Brennmaterial. Die beiden Stellen müssen vom Lagerplatz aus eingesehen werden. Gleich dämmert es. Die erschöpften Soldaten geben brav mit ihren Kalaschnikows ihre Schüsse ab und verschwinden wie der Blitz. Ihre Arbeit ist getan. Und schon hören wir als Antwort zwei Schüsse von Ahmed unten im Tal. Ich und Georg hocken jeweils alleine in der Wildnis und haben im Dunkeln noch den ganzen Abstieg vor uns. Aber schon brennen auch unsere Feuerzeichen.

Von unten sieht man die hoch aufsteigenden Flammen, die weit, weit auseinander liegen. Auf halber Höhe brennt in der Mitte das Feuerherz und gleich schwingt sich der Vollmond weiter in den sternklaren Nachthimmel. Und jedes Dorf im Umkreis weiß bereits, dass sich Madschnun und seine Leila wirklich erst im Paradies wiederfinden.

Vom selben persischen Dichter gibt es auch eine andere Liebesgeschichte – von Chosraw und Shirin. Sie findet aber ein glückliches Ende. Allerdings durchleben die beiden Liebenden viele Jahre der Trennung und der Prüfung. Dieses Schicksal greife ich ebenfalls künstlerisch auf. Damals, vor 800 Jahren, malten Künstler Miniaturen, um die Poesie Nizamis zu verdeutlichen. Ich ranke um diese Geschichte mit ihren Bildern einen orientalischen Zaubergarten mit dem Medium Scherenschnitt. Bis zu zwei Meter hohe Bilder entstehen. Das Medium Scherenschnitt eröffnet mir eine radikale Reduktion im formalen Bereich. Mit dem Wegschneiden des Papiers definiere ich das Geschehen. *Lerche und Nachtigall* halten in meinem Zyklus beschwörende Zwiesprache. Kairo und Salzburg waren die Stationen dieser Ausstellung.

Auf einer Allgäuer Wiese lasse ich zu einem Künstlerfest ein Labyrinth als Feuerspur erscheinen. Ich beginne mit dem Anzünden von außen und lande dann im Mittelpunkt des Labyrinths. Hier verbinde ich mir die Augen und durchwandere blind den brennenden Weg nach draußen. Nun, so ganz blind bin ich nicht, ich kann links und rechts von meiner Nase ein bisschen etwas sehen. Trotzdem muss ich sehr aufpassen, denn auch nur fast blind macht einen schwindelig. Und es bietet sich an, dass ich nicht zu viel mit dem Feuer in Berührung komme. Nun, es ist Ende August, und die gemähte Wiese ist dick getränkt vom Herbsttau.

Ein weiteres Labyrinth mit meinen Dochten lege ich Jahre vorher in den Schnee. Freundin Gisela lädt zu ihrem 65. Geburtstag ein, und da ist es Winter. So experimentiere ich vorher in Askas Wintermärchenwald, ob eine im Schnee liegende Lunte brennt.

Sie tut mir den Gefallen. So erlebt eine Waldlichtung im Kreuztal mit allen Geburtstagsgästen eine Feuerinstallation. Wieder mit Blasmusik live. Es brennt eine halbe Stunde und danach sind die Lunten so schwer mit geschmolzenem Schneewasser vollgesogen, dass ich sie fast nicht wegschleppen kann.

Für ein verwildertes Gelände in Kempten gestalte ich mit naiver Freude den *Zauber-Garten*. Im Chapuis-Park rechts der Iller. Von seiner Wildnis war ich damals förmlich durchdrungen: Ich wohne sogar ein halbes Jahr im Chapuis-Türmchen hoch oben an der Ecke der Stadtmauer. Zu jener Zeit schläft dort noch alles wie Dornröschen in ihrem efeu- und rosenumrankten Schloss. Die Bäume hatten über hundert Jahre wachsen dürfen und schufen einen fast dichten Wald. Ich wohne damals noch ohne Strom und Wasser. Ich bin selbst wie verzaubert von dem Turm, von dem aus ich bis in die Allgäuer Alpen sehe, dann hinauf zur Lenzfrieder Kirche, und durch zwei weitere Fenster in den dichten, grünen Dschungel mit Eschen, Ahornen, Linden, Eiben, Fichten und vielerlei Gesträuch und Geschlinge mit Bodengewächs. Ein Zaubergarten.

So wächst und wächst in mir der Gedanke an eine künstlerisch gestaltete nächtliche Wanderung durch den Park mit allerlei Zitaten von Legenden und Märchen. Ich kann Daša Wagner wieder gewinnen, mit einigen Schülerinnen ihrer Ballettschule mitzuwirken. Ich nähe die Kostüme, beschaffe die Ausstattung, führe die Regie. Daša choreografiert bei den belebten Szenen die Dramaturgie. Insgesamt zwanzig Stationen gestalten den Park. Ein fremdartiger Herold führt durch den Parcours, ein kleiner Faun läuft vor ihm her und spielt Melodien auf seiner Flöte. Ihnen folgen die Besucher. Die Stationen sind mit Fackeln oder Kerzen beleuchtet, der Aufstieg mit fünfzig Metern Christbaumbeleuchtung.

Von einer wasserschöpfenden Quell-Nymphe geht es zu einem verwilderten Gewächshaus. Dort liegt Schneewittchen mit ihrem wunderschönen Haar. Manchmal bewegt sie ihre Zehen und schlägt kurz die Augen auf, um sofort wieder in ihren Schlaf zu sinken.

Vorbei an den Blumen des Bösen durch den Spiegelwald zu einem Menschen im Rabennest, den Steig bergauf zum Torwächter, der hoch auf dem Torbogen sitzt und wie Frau Holle Flocken auf die Durchgehenden rieseln lässt. Draußen auf der Wiese tanzt zu mittelalterlicher Musik eine Elfe vor dem letzten Abendrot am Himmel. Die äußere Stadtmauer entlang führt unser Weg zu einem klingenden Baum, vorbei am drohenden Faun, durch die beiden Tore des Turms hinein und wieder hinaus durch dichte Schleier.

Ein Herzschlag pocht aus einer schwarzen Höhle, ein Feuervogel krächzt in einer hundertjährigen Buche. Eine brennende Schlange weist den Weg. Eine Schaukel hängt am Ast einer riesigen Esche, und eine Hexe sitzt darauf. Als der Baum umrundet ist, hat sie sich mit einem Zaubertrank in ein wunderschönes Mädchen verwandelt.

Nun wieder hinab zum Pavillon. Durch seine Fenster erblickt man einen festlich gedeckten Tisch für eine Jagdgesellschaft. Ein überquellendes Angebot von Schinken und Käse, Oliven und Wein. Hirsch- und Gamsgeweihe und ein Horn kann man entdecken, und herbe Trinklieder klingen nach draußen in die Nacht.

Unter schwebenden Barockkleidern führt der Weg an einem Schimmel mit seinem Stallknecht vorbei zum Zauberbrunnen. All mein orientalischer Schmuck leuchtet im Wassertrog. Unsichtbar liegt unmittelbar darauf eine Glasscheibe. Das bis zum Rand stehende Brunnenwasser drückt diese mit sicherlich 200 Kilogramm nach unten, sodass sich niemand an dem Geschmeide vergreifen kann. Ich lasse es sogar auch noch die ganze Nacht so liegen. Doch vorher führt der Herold mit seinem kleinen Faun unsere nächtlichen Wanderer zurück in die Wirklichkeit.

Auch hier kann ich meine ganze Familie und etliche Freundinnen und Freunde zum Mitmachen bewegen. Die Fülle der verschiedensten Stationen bedingt natürlich eine fast nicht zu bewältigende Arbeit. Aber um dies alles vorzubereiten, habe ich nun einige Heinzelmännchen zur Hand. Ohne diese hätte ich nicht nur zwei, sondern zehn Wochen zu allem gebraucht. Der kleine Faun Jakob ist ein Schüler der Sing- und Musikschule, unser Herold Freund Helmut. Meine liebe Schwiegertochter Marion flechtet die Blumen des Bösen, die drei Mädels Verena, Moni und Evi von Bruder Michael und Schwägerin Claudia lassen den Klangbaum erklingen, der Torwächter ist Neffe Tim, der Feuervogel Neffe Christoph. Von der Duracher Karateschule kommt Faun Richard. Dašas Ballettschule leiht mir die Tänzerin auf der Wiese, die Hexe und das junge Mädchen als eine Person, leiht mir das blinzelnde Schneewittchen und die Quell-Nymphe. Die Barockkleider sind dem Stadttheaterfundus entliehen, das weiße Pferd samt Stallknecht kommt aus einem besonderen Reiterhof. Freundin Elfi näht mir ein Rabenkostüm mit echten Rabenfedern und sie stellt mir auch ihr hundertjähriges mit echtem Gold versehenes Jagdgeschirr und Besteck für den Pavillon zur Verfügung. Die Jagdtrophäen erbettele ich von Aska und sie diese von ihrem Wolfgang und das Waldhorn und die Trompete besorgt mir Gisela von ihrem Orchester. Aska und Gisela helfen beim Aufbau und auch Freundin Elisabeth aus Überlingen. Mein lieber Sohn Roman kümmert sich um die Technik, damit Licht und Ton funktionieren. Manch ein Helfer von der Stadtarchäologie legte noch Hand mit an und der Stadtarchäologe Gerhard Weber wacht über allem, denn der wilde Park ist inzwischen der Stadtarchäologie anvertraut. Zwei Wanderungen durch den Zaubergarten gibt es, und am Tag danach sind alle, alle eingeladen, und wir verputzten mit großem Appetit und mit viel Gelächter die von Firma Feneberg und Firma Käserei Champignon gesponserten Schlemmereien im Pavillon.

Nun will ich aber auch noch einen kleinen Zwischenfall dazu erzählen: Nachmittags, vor der ersten Aufführung, kommt eine Fotografin vorbei und löchert mich während des Aufbaus mit Fragen, was es da denn alles zu sehen gäbe. Als sie erwähnt, wie sie da „blitzen“ soll, fahre ich sie ziemlich scharf an: „Blitzlicht ist unmöglich! Das verdirbt die ganze Atmosphäre. Deshalb gibt es Fackeln und üppiges Kerzenlicht! Also bitte kein Blitzlicht!“ Nun, das Spiel hat begonnen, und die nächtlichen Besucher sind bei der am Teich wasserschöpfenden Nymphe angelangt. Mit einem Schöpfgerät zaubert sie wunderschöne Wasserspuren in die Luft. Da beginnt es, wie ein Gewitter durch die Nacht zu blitzen. Nach einer Schrecksekunde renne ich dorthin und raunze die Fotografin vom Nachmittag mit lauter Stimme an: „Ich verbiete Ihnen zu blitzen, Sie wissen das ganz genau, und wenn Sie sich nicht daran halten, nehme ich Ihnen den Fotoapparat weg!" Sie antwortete darauf: „Aber die da drüben blitzen doch auch!" Ich wieder: „Die kommen auch gleich dran!" und renne noch mehr erbost zu den zwei etwas abseits beisammen stehenden Männern und schreie nochmal: „Ich verbiete Ihnen zu blitzen, sie machen die ganze Stimmung kaputt, und wenn Sie sich nicht daran halten, dann nehme ich ihnen den Fotoapparat weg!" Uff. War ich in Rage.

Sie halten sich daran, aber als Retourkutsche bekomme ich eine süffisante Kritik in der Zeitung. Denn die Beiden sind vom „Allgäuer" – der von mir erbetene Fotograf und der Rezensent. Noch in der Nacht fällt mir das ein. Am nächsten Morgen rufe ich sofort den Fotografen Ralph Lienert an und entschuldige mich. Er aber lacht und sagt nur, dass ich ja Recht hatte, und die von ihm geschossenen Bilder nicht verwendet werden können. Bei der zweiten Aufführung will er hinterherlaufen, um da die Stimmungsbilder zu machen. Was er auch tat. Allerdings war der Rezensent Herr Mayr zu sehr verärgert und meinte: „Was ist denn das für eine Furie!" Dementsprechend entzaubert geht er dann durch den Zauber-Garten und zahlt es mir heim. Allerdings haben sich in der Zeitung einige wirklich verzauberte nächtliche Wanderer über die schlechte Kritik beschwert. Und so finden sich bei der zweiten nächtlichen Wanderung noch mehr Neugierige ein, die über die hämische Nachrede nur den Kopf schütteln.

TREFFEN UND GETROFFEN WERDEN
Pazifischer Ozean bei Bab Al Mandab / Jemen

FANNI

Wenn eine Ehe nicht besonders glücklich läuft, glaubt man gerne, dass ein Kind die verfahrene Geschichte retten könne. Was meist ein Fehlschluss ist. Und wenn man sich diesen eingesteht, dann kommt ein Hund her. So geschehen auch bei mir in fernen Zeiten, vor einem ganzen halben Jahrhundert. Es sollte natürlich ein Rassehund sein, kein Renommierhund. Es wurde ein bayrischer Rauhaardackel. Die Fanni.

Sie entwickelt sich als äußerst anhänglich. Stürzt sich ohne zögern in das Adriatische Meer, um mich vermeintlich zu retten. Dreht sich um auf den Rücken als sie mich erreichte, pieselt mit einem Bogen vor Freude, wie sie es immer tut, und ist dabei fast abgesoffen. So eine Sensible ist sie also. Und als sie läufig wird, verstrickt sie sich so in eine fiktive Schwangerschaft, dass ihr Gesäuge anschwillt, sie im Garten Nester buddelt und irgendwelche Socken darin birgt, um mit Gefiepe und Gegrunze Brutpflege zu betreiben. Fanni ist also nicht nur sensibel, sie ist auch ein bisschen plemplem. Der Tierarzt meint, man solle sie sterilisieren, vor allem auch deshalb, weil solche Hündinnen zu Gebärmuttertumoren neigen. Und damit sie weniger spinnen, solle sie vorher gedeckt werden und real gebären.

Da mit der Hundehaltung die Verdrängung der Eheprobleme weiterhin keinen Erfolg zeigt, soll Fanni Junge kriegen. Und das natürlich nur mit einem ihr ebenbürtigen Rassedackel. Dieser wird ausgesucht und ihr zum Zeitpunkt von Fannis Läufigkeit, auf Tage ausgerechnet, zugeführt. Aber Fanni will nur eine Affenmutter sein mit Socken und gebuddelten Nestern und null Interesse an dem schmucken Boy. So vergehen sechs weitere Monate. Und auch da zeigt sie kein Interesse. Und noch einmal vergeht ein halbes Jahr, und wieder die ganze Zeremonie, und wieder dasselbe. So sagt der Tierarzt, und dabei denkt er sicherlich auch an seinen Geldbeutel, dass beim nächsten Mal mit dem gleichen Ergebnis eine künstliche Befruchtung her solle. Doktorgläubig, wie ich damals war, steht für mich der Beschluss fest. Fanni verschmäht den Hubertus, der auf ihr hechelt, ergebnislos hechelt. Also auf zum Tierarzt. Auch händische Starthilfe klappt nicht. Fanni weigert sich. So also Plan B. Man braucht für die Spritze ja einen Samen, einen Hundesamen. Wie kann ich es sagen: Der Tierarzt holt dem Hubertus händisch einen runter, ich muss ihn vorne halten. Eine Spritze saugt die Millionen von Spermien auf. Ich muss die sich weigernde Fanni wieder stillhalten und umgehend verschwindet in Fannis Gebärteil die sterile Segensspenderin.

Wenn man diese Prozedur gesehen und den Hund dazu gehalten hat, macht ein normal denkender Mensch das nicht nochmal. So lange ich mir auch ans Hirn und denke: Wie konnte ich bloß. Doch der Clou kommt erst noch: Zwei Wochen später gehe ich mit der so geschändet Geschwängerten in Eschach bei Kempten spazieren. Es ist ein grauer Tag, und wir zotteln zusammen lustlos dahin. Da kommt ein Dorfköter um die Ecke daher, und schwupp, so schnell kann ich gar nicht schauen, hängen die beiden mit verdrehten Augen zusammen …

In meiner Jugend laufen die meisten Hunde noch frei herum. Und paaren sich nach Herzenslust, wo es ihnen gerade einfällt. Und natürlich auf der Straße. Schamhaft muss man wegschauen. Ältere Leute rennen und holen einen Eimer mit kaltem Wasser, das sie brutal über das in Liebesekstase verharrende Hundepaar schütten. Der Schock löst die Beiden voneinander, und sie jagen verstört davon. Die Ordnung ist damit wieder hergestellt.

Nicht so bei Fanni und dem dahergelaufenen Hallodri. Ich stehe bedröppelt daneben, Fanni immer noch an der Leine. Die Dorfbelegschaft ist beim Mittagsschlaf, es ist Sonntag. Ich ziehe an der Leine, schleife Fanni samt Hallodri einen Meter weiter. Dann gebe ich auf. Aber was jetzt? Die neuen Herrchen und Frauchen mit Rassevorstellungen stehen schon Schlange. So hilft nur abwarten. Und nach genau 62 Tagen wirft Fanni acht Welpen. Acht!!! Und schon nach kurzer Zeit kann man feststellen, dass unser wackerer

Hubertus von-und-zu Unerwünscht damit gar nix zu tun hat: Vater unbekannt. Die acht Welpen bekomme ich dann trotzdem noch los. An ein anderes Klientel. Die Hündchen haben alle lange Beine und einen kurzen Körper. Ganz der Vater.

Mutter auf dem Sprungbrett

MUTTER

Sie ist ein Silvesterkind, das am letzten Tag des Jahres 1912 geboren wurde. Mit ihrem ersten Schrei dürften die ersten Böller und Kracher, Knallerbsen, Raketen und Bengalfeuer gezündet worden sein. Mit Karacho startet also das lange Leben von Theresia Stachel, geborene Högerle. In Wirklichkeit war meine Mutter kein schillernder Mensch – sie leuchtete konstant. Leuchtete kraftvoll und ausdauernd, leuchtete demütig und friedvoll. Von innen.

In jungen Jahren glänzt sie als Sportlerin. Zur damaligen Zeit war es noch eine große Ausnahme, dass Frauen Sport betreiben und auch zum Schwimmen gehen. Turnvater Jahn ebnet diese Bewegung schon 200 Jahre früher. Trotzdem sitzen die feinen Damen immer noch im züchtigen Ganzkörper-Spitzenanzüglein in blickdichten Strandkörben und wagen nur, ihre großen Zehen mal kurz ins Wasser zu tauchen. Mutige Frauen kaufen sich bereits die neu kreierten Badeanzüge, wo man nackte Beine sehen kann. Auch meine Mutter huldigt dem Fortschritt. Sie ist eine wunderbare Wassersportlerin, was Fotos von ihr im perfekten Hechtsprung beweisen. Sie ist eine begeisterte Skifahrerin und Tourenläuferin. Damals gibt es keine Lifte. Man stapft im Tiefschnee einen Hügel hoch, fährt herunter und stapft wieder hinauf. Man kämpft sich im Tiefschnee die Berge hoch. Die Mutter erzählt von Frühjahrsausflügen an Sonntagen, die zur Abfahrt Firn versprechen. Firn ist ein weicher, grobgekörnter Altschnee. Damit in Kandahar-Schwüngen ins Tal zu sausen, ist ein besonderes Vergnügen.

Im Freundeskreis radelt man auf den bereits schneefreien Straßen nach Kranzegg oder nach Ofterschwang für die Hörnertour. Skier und Stöcke schnallt man wie bei einer Herrenradstange der Länge nach ans Fahrrad. Allein die Radtour an den Fuß des Grüntens ist mit den alten Rädern ganz sicher nicht ohne. Und dann beginnt der Aufstieg auf den spätwinterlichen Wächter des Allgäus mit den Skiern auf dem Buckel. Mit jedem Schritt sinkt man in den Schnee ein.

Das ist ganz schön kräftezehrend. Aber nach drei Stunden Aufstieg hat man es geschafft. Sicherlich gibt es auf dem Gipfel ein paar Landjäger und einen Almdudler zur Erfrischung. Und dann kommt der schönste Teil des Ausflugs: die Abfahrt. Sie dauert sicherlich nicht mehr als eine halbe Stunde. Was aber die Besonderheit dieses Erlebnisses noch mehr unterstreicht. Und nach Hause muss dann auch noch geradelt werden …

Die abenteuerlichen Geschichten des Vaters prägen mich wohl mehr, als ich damals ahnte. Mein handwerkliches Geschick habe ich von ihm und meine Sehnsucht, in exotischen Ländern zu leben. Die Mutter trägt aber mit Naturkunde, Erdkunde, Bergsteigen und Sport ihren Teil ebenfalls bei. Und sie weckt die musische Seite in mir. Mich als Mädchen mag sie besonders. Sie fördert alle meine kindlichen Aktivitäten. Sie entlässt mich später auch ohne Zaudern in die große weite Welt hinaus. In mir sieht sie das, was sie selbst gerne erleben wollte. Nie jammert sie mir hinterher, nie vermiest sie mir meine wohl nicht immer ungefährlichen Aufenthalte im Nahen Osten mit Angst. Immer gibt sie mit mir an, – dass ich gefeit sei gegen alle Widernisse. Dies entspricht nicht so ganz der Wirklichkeit, zeigt aber Mutters Stolz auf mich.

Von den blöden Zeiten der Pubertät abgesehen, wird sie meine Freundin. Ganz besonders in ihrem letzten Lebensabschnitt. Sie lebt ihre letzten drei Jahre in einem Heim. Und selbst da macht sie ab und zu bei einem meiner Fotoshootings mit. Sie legt sich in eine riesige Margeritenwiese. Sie spielt die Baumfrau vor einer fast hohlen Kastanie. Sie spielt die Steinfrau und klettert dazu auf Granitsteine. Sie ist die Erdfrau und die Luftfrau. Sogar als 96-jähriges Modell ist sie mit Eifer dabei. Statt mit einem Porsche kommt sie zum Fototermin mit ihrem Rollator angerollt.

Sie schläft im Alter von 96 Jahren ohne Krankheit zufrieden ein. Ich will bei ihrer letzten Waschung dabei sein. Als sie nackt vor mir liegt, erschüttert es mich, sie so zu sehen – nur noch ein alter knorriger Stecken. Das ist von ihr übrig geblieben. Ich kleide sie mit weißer

Bluse und einem roten Samtwestchen an. Um die schütteren Haare binde ich ein buntes Tüchlein, im Nacken geknotet. Sie sieht damit aus wie eine muntere Zigeunerin (ich weiß, ich weiß!), die gleich zum Tanzen anfängt. Mit Aska zusammen stecke ich auf Mamas Sarg aus 250 kleinen Rosen ein Bouquet. Es sieht wunderschön aus. Und dann gibt es sie nicht mehr. Und was ich sie noch alles hätte fragen wollen. Sei es ein Rezept, wie man Holunderblütensaft macht, sei es, wie man Socken strickt oder wie die Verwandtschaft in Burghausen an der Donau heißt.

Mutters Naturell war absolut friedfertig. Ich kenne niemanden in der Nachbarschaft, mit dem sie nicht gut war. Sie war ein fröhlicher Mensch. Sie war zuverlässig, sie war fleißig, sie war sparsam. Sie war erfinderisch. Sie wusste, wie sie der Familie in den harten Kriegs- und Nachkriegszeiten das Leben erleichtern und verschönern konnte. Sie war nimmermüde und nicht wehleidig. Arztbesuche waren eine Seltenheit. Wir lachten viel, erzählten ununterbrochen von Gott und der Welt. Ja, sie war sehr religiös. Deshalb verkraftete sie den Schatten, der von Vaters Fehltritt vorübergehend auf unser aller Leben gefallen war. Sie konnte also auch verzeihen. Und das ohne Vorbehalte.

Erdkunde ist Mutters Lieblingsfach. Deshalb gibt es die abendlichen Denksportaufgaben, wer von den drei Geschwistern und den Eltern bei *Stadtlandfluss* am schnellsten ist. Erschwert wird das Spiel mit den Fragen nach dem höchsten Berg, dem längsten Fluss, dem größten See ... Mutter brilliert immer. Aber sie überlässt das Lösungswort natürlich meist den Kindern.

Die Mutter singt auch sehr gerne und schön und wünscht sich immer den zweistimmigen Gesang mit ihrer Tochter. Ich schäme mich aber sehr, laut eine eigene Stimme zu singen. So schwenke ich trotz des für mich nach oben weisenden Zeigefingers der Mutter sofort mit ihr in die Unterstimme. Und dann, als diese sich missverstanden glaubt und ihrerseits in die erste Stimme schwingt, biege ich gleichfalls schlank mit nach oben, um wieder unisono mit ihr zu sein.

Meine Abneigung gegen das Singen behalte ich lange Zeit. Aber plötzlich entdecke ich im Musikunterricht beim Einstudieren einer vierstimmigen Motette von Mozart meine Liebe zur klassischen Musik. Als Nachwuchssopran im Kirchenchor zu Sankt Lorenz begeistere ich mich dann immer mehr für die Schönheit des Chorgesangs, aber, heiß und heimlich auch für die der jungen Tenöre und Bässe.

Nun schon ein Teenager, nimmt mich die Mutter mit ins Kino. Von Ben Hur bis zu Filmen von Fellini, Bertolucci und Pasolini. Wir sprechen anschließend darüber und versuchen, unsere Sichtweisen zu erklären. Von unserem Bücherregal waren nur die oberen zwei Regalbretter für mich tabu. Als diese Vorschrift in Kraft treten soll, habe ich aber schon fast alles gelesen. Heute würde ich sagen, dass es Liebesromane waren, die, der Moralvorstellung der 1950er-Jahre entsprechend, unzüchtig waren. Laotse und Konfuzius stehen dagegen in dem jugendfreien unteren Teil. Meine Mutter ist von China, Japan und Tibet fasziniert. Sie verschlingt Bücher von Pearl S. Buck. Einmal bin ich mit ihr in einem sehr katholischen Buchladen. Ich will für mich auch ein Buch und fragte harmlos nach *Lolita* von Vladimir Nabokow. Die Verkäuferin machte einen Satz nach rückwärts und hätte am liebsten das Jugendamt benachrichtigt. Ich habe keine Ahnung, um was es in dem Buch geht. Meine Mutter wäre am liebsten im Boden versunken. Nach dieser Reaktion kaufe ich das Buch natürlich sofort – alleine und in einem anderen Buchladen.

Meine Lieblingslektüre ist aber *Verbotenes Südarabien* von Hans Helfritz. Sie lockt mich hinaus in die weite Welt. Das Buch handelt von einer Expedition in den Jemen in Südarabien. Die Stadt Mukallah am Indischen Ozean ist der Ausgangspunkt. Allein das Wort *Indischer Ozean* zerschmilzt mir auf der Zunge. Unter großen Strapazen und gefährliche Situationen meisternd, führt die Route von dort über Marib nach Sana'a. Mit einer Kamelkarawane zieht der deutsche Forscher, flankiert von Beduinen als Begleittross, die aus antiken Zeiten bekannte Weihrauchstraße entlang. Der Jemen ist damals immer noch ein verbotenes Land. Abgeschottet für den Westen. Zum spannenden Text faszinieren mich die dazu gehörenden

Schwarzweißfotos. Einheimische mit wilden Bärten und noch wilderem Gesichtsausdruck, mit abenteuerlich geschlungenen Turbanen, schauen mich an, Fischer mit zottigen Haaren, nur in umgewickelten Lendentüchern. In den palmenbewachsenen Schluchten zeigen sich bis an die Zähne bewaffnete Stammeskrieger, mit Vorderlader und Bajonett ausgerüstet. Es gibt aber auch schon Maschinenpistolen. Mit den umgehängten Patronengurten, zwei über der Brust gekreuzt, sehen die Wüstensöhne in ihrer zerlumpten Kleidung grausam und gefährlich aus. Auch Messer, Dolche, Säbel fehlen nicht. Vor allem der Krummdolch, die Jambia, prangt als Statussymbol an deren Gürteln. Den Expeditionsleiter kann man nicht mehr von den Einheimischen unterscheiden, so verwegen sieht auch er aus.

Damals gibt es noch kein Fernsehen. So sind die Wildheit der Männer, die fremde Landschaft mit den Palmen, die Wellen der Sanddünen, Berge und Meer, verschleierte Frauen am Brunnen, Kamele und Esel für mich eine neue Welt. Ich male mir in der Vorstellung aus, was wohl hinter jenem Horizont sein könnte. Was wohl? Meine Phantasie verführt zu Tagträumen und weckt Sehnsucht nach weg von hier. Geheimnisvolle Wörter wie Hadramout, Rub al Khali, Bachr al Hind, Dschol, Tarim, Ramlat as Sabateyn kommen vor und natürlich Sheikhs, Mahmuds, viele Abdallahs und Mohammeds, die Oasen, die Fata Morgana, Gewehre, Geschrei, Entbehrungen, Gefahr – einfach alles, was ein romantisches Mädchenherz mit Lust auf Abenteuer zu entzücken weiß.

Das Buch wird zum Buch der Bücher, selbst Karl May gerät ins Hintertreffen, obwohl sein *Durch die Wüste* die Grundlage für meinen späteren Arabischwortschatz bildet: *Ya Sidi* – oh mein Herr, *Sheitan* – Teufel, *Dschin* – böser Geist, *Qabili* – Stammeskrieger, *Nasrani* – Ungläubiger, *Kelb* – Hund, *Bunduq* – Gewehr, *Dschehenna* – Hölle.

Obwohl ich meine Mutter immer wieder einlade, mich im Jemen zu besuchen, kommt es leider nie dazu. Aber es kommt dazu, dass ich genau am Indischen Ozean ein Haus gebaut habe, wie ich es mir schon als Mädchen erträumt hatte.

l.o. Resi und Hanna
r.o. Die Kandahar–Spezialistinnen
u. Freundinnen

o. Wanderlust
u. Verschnaufpause

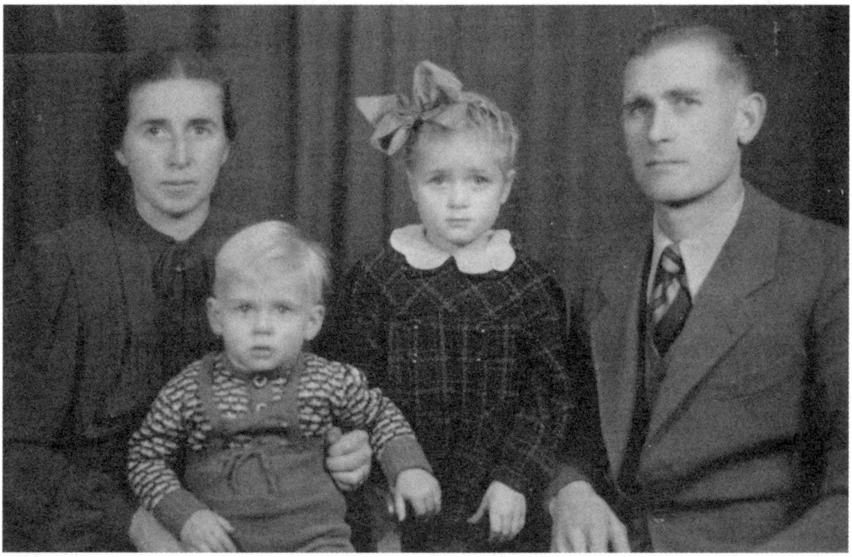

Beim Fotografen

FAMILIENFREUDEN UND MÄDCHENTRÄUME

Wir Kinder werden immer in alles mit einbezogen. In unserer Freizeit dürfen wir auch alleine zum Sporteln losziehen. Wir werden praktisch angelernt – und werden getestet. Und wenn unsere Eltern überzeugt sind, dass wir alles richtig machen, dann dürfen wir ohne Aufsicht zum Schifahren, zum Schlittschuhlaufen und zum Schwimmen gehen.

Früher waren die Allgäuer Winter kälter. Da froren die Seen zu und hielten das Eis darauf viel dicker und länger geschlossen. Und wenn das so weit war, dann ziehen wir Kinder nach der Schule bei klirrender Kälte von der Altstadt bis zum Bachtelweiher hinaus. Dort schrauben wir uns die Schlittschuhe mit einem Steckschlüssel an die Winterstiefel. Die ersten Schritte damit auf dem Eis sind immer mit einem kleinen Schaudern verbunden. Der zuständige Bauer hat mit einem Reisigbesen eine schöne Fläche freigefegt, wo wir unsere Runden ziehen können. Manchmal liegt auf dem Eis keine Schneeschicht. Alles ist zugefroren, aber man kann durch die klare Eisdecke in die Tiefe des Wassers schauen. Davor fürchten wir uns, es fühlt sich unheimlich an. Aber vorne am Einstieg haben die Schneiden der Schlittschuhe durch das Herumkurven schon eine undurchsichtige Fläche geschabt. Der Atem dampft vor dem Mund, und manchmal frieren sogar die von der Kälte herausgetriebenen Tränen an den Wimpern fest. Mit schwer gewordenen Füßen stapfen wir müde und zufrieden in der Dämmerung nach Hause.

Unsere Ausrüstung hat nichts mit den heute benötigten Hightech-Sportsachen zu tun, absolut nichts. Es gibt noch keine *Funktionskleidung*. Meine Cousine Gertrud und ich, wir haben lange Zeit nicht einmal Schihosen. In dicken, von unseren Müttern gestrickten Strümpfen und mit warmen Mänteln gehen wir zum Schifahren an den kleinen Buckel an der Keckwiese zur Iller hinüber. Beliebt ist auch der Seifenhang bei Steufzgen. Unsere Skiausrüstung besteht aus irgendwelchen Brettern, die schon zwei Generationen vorher gebraucht wurden. Sie haben teilweise nur Hohlkehlen quer, wo mit Stricken unsere Schuhe angebunden werden. Riemenbindung ist dann schon *der* Fortschritt. Da hält eine gürtelartige Verschlussschnalle an einem Lederriemen Skier und Schuhe zusammen. Die ganz neuen Riemen gehen um die Absätze herum. Vor den Schuhen klappt man diese mit einem Federzug auf die Holzbretter. Unsere Stöcke sind aus Besenstielen gefertigt. An Weihnachten liegen dann welche aus Bambus auf dem Gabentisch. Unten dran hängen tellergroße Scheiben zum Abstoßen, um Fahrt aufzunehmen. Mehr wie Schussfahren oder Pflug können wir nicht. Oben am Hang schreien wir *Bahn frei, Kartoffelbrei*, und unten wird mit dem Hintern gebremst.

Bereits mit Skihosen angetan, schleppen wir nachmittags nach der Schule die Schier bis rauf auf den Mariaberg. Den oberen steilen Hang schaffen wir vielleicht zweimal, höchstens dreimal. Das ist aber schon fast etwas für Fortgeschrittene. Dann beginnt die weitere Abfahrt zurück in die Stadt. Über vereiste Wege und unter schneebehangenen Bäumen, über die Brücke des Pulvermühlbaches. Dort gruselt es uns regelmäßig, weil vor einiger Zeit im Bach ein Ermordeter gefunden wird. Aber nie der Mörder. Spätestens vom Stift Allmay aus wird es schnee- und eisfrei. So schultern wir wieder unsere Brettle. Bei einsetzender Dunkelheit müssen wir zu Hause sein. Eine gute Skifahrerin werde ich nie. Meine vorrangige Technik war der Pflug mit Hinternbremse.

Im Sommer geht es nachmittags natürlich zum Baden. Die wunderbaren Seen rundum werden für uns Kinder erst interessant, als wir verlässlich schwimmen können. Die Jahre vorher pilgern wir mit der Mutter ins Volksbad an der Ecke Füssener Straße hin zur Lenzfrieder Straße. Das Bad wird vom Lohmühlbach gespeist, einem Moorwasser. Viel Liegeplatz ist nicht vorhanden, denn der Abhang zur Engelhalde hoch geht fast senkrecht in die Höhe. Er nimmt der kleinen Anlage viel Sonnenlicht. Das grob gemauerte Becken senkt sich von vielleicht 20 cm Wasserhöhe zu einer Schwimmtiefe von

1,50 Meter ab. Es ist immer genudelt voll, hauptsächlich von Frauen mit ihren Kindern.

Damals gibt es noch keine Luftmatratzen, keine Schwimmbretter und schon gar keine Schwimmflügel. Aber man weiß sich zu helfen. Die bevorzugte Schwimmhilfe besteht aus zwei verschließbaren, leeren Blechdosen und einem Strick. Die Dosen sollen etwas größer als die normalen sein, die nur einen Liter aufnehmen können. Der Strick wird einmal um die eine Blechdose und am anderen Ende um die zweite Blechdose gebunden. Der Strick dazwischen kann einen Abstand von vielleicht 50 bis 70 cm haben, je nach Körpergröße. Der Strick kommt vorne um die Brust, die Dosen dann rechts und links vom Körper. Man steigt ins Wasser, hält mit beiden Händen den Strick oder klemmt ihn bereits mit dem Armen am Körper fest. Die Blechdosen sind dann schon hinter den Armen. Man watet tiefer ins Wasser, und siehe da, die Dosen schwimmen. Die Luft im Innern lässt einen nicht untergehen. Eine prima Erfindung. Die Blechdosen hinten am Rücken scheppern ununterbrochen zusammen. Und da das Wasser ständig schwappt, scheppern sie mit denen vom Nachbarn ebenfalls zusammen. Zu dieser Zeit können auch viele Erwachsene nicht schwimmen. Die scheppern sich dann auch noch durch die Fluten. Durch das ständige gegenseitige Zusammenstoßen herrscht ein ohrenbetäubender Krach. Dazu kommt noch der Lärmpegel von hundert rumschreienden Kindern. Alles nochmal multipliziert vom Rückhall der Betonmauer am Engelhaldehügel hoch.

Bald kommt dann der Korkschwimmgürtel in Mode. Dieser verursacht überhaupt keinen Lärm. Er hat allerdings den Nachteil, dass man leicht den Kopf unters Wasser bekommt, wenn man die Korkteile nicht hoch genug um den Oberkörper schnallt. So zehn Stück sind auf Schnüre in zwei Reihen aufgefädelt. Diesen Gürtel bindet man sich einfach um Bauch oder Oberkörper. Und das trägt einen im Wasser wunderbar. Autoreifenschläuche werden dann auch sehr beliebt. Schwimmen kann man damit nicht, und sie nehmen sehr viel Platz ein. Und plötzlich entdeckt ein pfiffiger Erfinder die immer noch aktuellen, aufblasbaren Schwimmflügelchen. Doch zu all den Enten und Flamingos, Krokodilen und Riesenfröschen der heutigen Zeit ist immer noch ein weiter Weg.

Als Alternative zum Volksbad gibt es das Rottachbad. Unter anständigen Menschen ist es sehr verrufen. Denn dort wird nackt gebadet. Dort hat die Freikörperkultur auch in Kempten einen Freiraum gefunden. Schwimmbad und Liegewiese findet man inmitten von wild bewachsenem Unterholz. Blickdicht abgeschottet. Trotzdem zieht es immer wieder neugierige Spanner ins Gebüsch. Die raunen dann den moralisch gesinnten Bürgern Geschichten von wildem Sex in die Ohren.

Das Stadtbad in Kempten bietet uns Kindern bald *das* Nachmittagsvergnügen. Wir bleiben im Wasser, bis wir blaue Lippen haben und vor Kälte schnattern. Aber dann raus und drauf auf den heißen Asphalt der Gehwege. Anfangs verbrennen wir uns dabei fast Arme und Beine. Aber gleich darauf durchzieht eine wohlige Wärme den Körper und bereitet uns fürs nächste Wassergehen vor. Etwas unbequem ist bei der Aufheizkur, dass immer wieder kleiner, spitzer Split uns piekt. Er wird von den Wegen außerhalb angeschleppt. Die heute so üblichen Süßigkeiten gibt es für uns nicht. Dafür ist einfach kein Geld da. Mama begleitet uns nicht mehr so oft. Sie bleibt lieber zu Hause und kümmert sich um allerlei Kleinkram, der auch gemacht werden muss.

Im Stadtbad gibt es auch ein abgeschottetes Frauenbad mit einem kleineren Schwimmbecken. Rundum schützt eine hohe Bretterwand ältere Damen vor unerwünschten Blicken. Kinder sind verpönt. Die schreien nur herum und spritzen die betagten Hüterinnen der Ordnung beim Schwimmen an. Als ich es in späteren Jahren wage, mir mit Kleinkind Roman einen Liegeplatz auszusuchen, hätten mich die Blicke der Weibermafia am liebsten erdolcht.

Als kleines Mädchen bin ich sehr schüchtern. Muss beim Grüßen die Leute anschauen und einen Knicks machen. Das sind Vaters

Vorstellungen. Weil ich einmal meine Freundin Waltraud nicht auch so begrüßen will, handele ich mir zwei Stunden sitzen im Hühnerstall ein. In dem stockdunklen, wo die Hühner schlafen. Die Türe darf ich offen lassen. Wenn der Vater zum Mittagessen nach Hause kommt, muss ich ihn ebenfalls so formell begrüßen. Um dieses Ritual zu umgehen, verstecke ich mich des Öfteren und lasse mich erst wieder blicken, wenn alle schon am Tisch sitzen. Da kann ich dann ganz schnell an meinen Platz schlüpfen.

Ein einziges Mal bekomme ich vom Vater eine Ohrfeige. Aber eine, dass mir Hören und Sehen vergeht. Ich habe ihn angelogen. Heimlich will ich ein in die Hand gespucktes fettes Fleisch in der Toilette entsorgen. Meine Mutter geht dazwischen und verhindert eine weitere Watsche. Ihr rutscht öfter mal die Hand aus, aber das war nie schlimm. Wir Kinder waren mit ihr meist einer Meinung: Dass wir das verdient haben. Aber der Vater konnte es nicht hinnehmen, dass Essen weggeschmissen wird, wo doch im Krieg die Soldaten vor Hunger ihre Schuhsohlen aßen und Gras und Rindenstücke. Mama will mir das fette Fleisch schmackhaft machen und erklärt: „Du magst doch so gerne Butter. Das ist doch auch nur Fett.“ Aber von nun an aß ich auch keine Butter mehr.

Als Schulkind wurde ich sehr aufgeweckt. Die Himmelskörper kommen in Erdkunde in den Unterricht. Ich melde mich zu einer entsprechenden Frage und erkläre – eingedenk unserer abendlichen Familienrätselstunden – stolz: Die Erde dreht sich um ihre eigene Achse. Die Lehrerin ist über diese richtige Antwort erbost und faucht mich an, dass ich nicht so siebengescheit daherreden soll. Das ist noch in der Illerschule, wo wir von den Amerikanern Schülerspeisung erhalten. Das war in der Zeit, als in Kempten im Illerstadion ein Kinderfest veranstaltet wird. Amerikanische Soldaten versprechen uns Süßigkeiten und Karussellfahren. An die 25.000 Menschen quetschen sich aufs Festgelände. Quetschen sich über den Illersteg, bis er zusammenstürzt. Unsere Eltern sind mit mir und Bruder Josef im Kinderwagen auch dort. Ein paar Meter früher, und wir wären mit 800 anderen in die Tiefe gerissen worden.

Der Schrei aus Tausenden von Kehlen ist mir heute noch in den Ohren.

Eine gewisse Tendenz zur Selbstdarstellung entwickle ich durch Stegreifspiele mit Schulfreundinnen. Sie öffnen mir eine weite Welt. Meine Phantasie geht zu Hause auf Reisen. Unser Dachboden hütet eine schwarze Holzkiste mit einem Klappdeckel. Dort bewahren wir alte Ballkleider, Hüte, Handschuhe und Schirme der Urgroßmutter auf. Straußenfedern und Spitzenunterhosen, Fächer und Hutnadeln kommen zum Vorschein und Schuhe mit hundert Knöpfchen zum Zumachen. In einer kleinen Schachtel schlummern sogar Broschen und Gemmen. Ich darf in den alten Sachen kramen. Eine Herrenjacke hat es mir besonders angetan. Aus schwarzem Samt und rot gefüttert mit Schößen könnte sie Mozart getragen haben. Diese Kleidersammlung inspiriert mich, bei uns eine Wohnzimmeraufführung von Aschenputtel, frei nach Grimm, aufzuführen. Zuerst schreibe ich die Texte und lege die männlichen und weiblichen Darsteller fest. Natürlich bin ich das Aschenputtel und Cousine Gertrud dann der Prinz. Für die bösen Schwestern konnte ich Freundin Christel und Freundin Waltraud überreden. Die Brüder Josef und Michael und Cousin Heini stellen das Gesinde dar. Zur Aufführung kommen außer den Eltern alle Hausbewohner und sogar welche aus der Nachbarschaft. Auf Vaters handgeschnitztem Schaukelpferd aus dem Weihnachtsarsenal reitet am Ende das glückliche Traumpaar unter Bravorufen davon.

Der volle Erfolg ermuntert mich, mir weitere „Inszenierungen" auszudenken und auch aufzuführen. Von den sieben Raben mit dem Glasberg und von Rumpelstilzchen berichten meine damaligen „Drehbücher". Immerhin fühle ich mich bereits wie eine Theaterdirektorin. Das Adventspiel mit dem Nikolaus führt unsere höchst motivierte Theatergruppe gleich zweimal auf. Tagelang schnipseln wir Kinder aus Papierbögen Schneeflocken, die dann durch die Wohnzimmer stöbern sollen. Schon vor dem Wintereinbruch haben wir Moospolster für die Bühnenausstattung gesammelt und Tannenzweige und Herbstlaub. Sogar drei Birkenbäumchen stibitzt der Vater aus einem Waldstück, um den Hintergrund der Bühne zu bereichern. Zunächst führen wir das Stück bei meiner Nachbarfreundin Christel in der Wohnküche auf. Dazu habe ich auch meine Lehrerin Frau Hummel eingeladen. Unser Spiel gefällt ihr so gut, dass wir einen Gastspielauftritt in meiner Schulklasse geben dürfen.

Die junge Theatermacherin scheitert dann allerdings an Goethes Faust. An Faust erster Teil. Ihn als Heimspiel zu dramatisieren, erweist sich als zu schwierig. Und mit der Besetzung wäre es auch nicht einfach gewesen. Soll ich nun das Gretchen spielen oder besser Faust oder gar Mephisto? Diese Frage bleibt ungelöst in Auerbachs Keller hängen. Dagegen bietet sich mir ein weiteres Betätigungsfeld: die zwölf Bände von *Brehms Tierleben* aus dem Bücherschrank der Eltern will ich in eine Jugendausgabe kürzen. Dies erschien mir unbedingt nötig. Leider fällt dann auch dieses Vorhaben der Einsicht zum Opfer, dass zu dieser Verwirklichung ein Schülerinnenleben einfach nicht ausreicht. Bei den halbaffigen Lemuren breche ich das Projekt ab. Normalerweise fällt es mir nicht leicht, angefangene Sachen nicht zu Ende zu bringen. Deshalb habe ich wegen der unvollendeten Großprojekte *Faust* und *Brehms* bis auf den heutigen Tag ein schlechtes Gewissen. Bei einer Sache aber bleibe ich dabei: Mein Onkel Franz bringt aus seiner zehn Jahre dauernden russischen Gefangenschaft außer einem kaputten Körper auch ein deutsches Lehrbuch für die russische Sprache mit nach Hause. Das schenkt er mir. Inzwischen bin ich eine Zwölfjährige geworden. Ich lerne mit dem Buch die russische Schrift und kann mich tatsächlich Kapitel für Kapitel weiterhangeln. Später belege ich in der Volkshochschule über vier Jahre Russisch. Die Sprache kann ich dann als junge Frau sehr gut anwenden, als wir uns mit einer russischen Auswandererfamilie anfreunden.

Die zwei folgenden Sätze klaute ich aus einem Interview mit Daniel Barenboim und einer deutschen Tageszeitung. Ich finde sie so treffend, dass ich sie auch für mich verwenden möchte:

Ich fühlte mich damals für meine Unternehmungen nicht zu jung, was ich aber war. Heute fühle ich mich hingegen nicht so alt, wie ich tatsächlich bin.

Deshalb treibt es mich weiter um mit allem was mir Freude macht. Und das ist gut so.

Mein Vater wird ein sehr beliebter Leiter des Ausländeramtes. Er ist kein Paragraphenreiter, kein Amtsschimmel. Er behandelt die Scharen von Einwanderern auf Augenhöhe. So manches ist bei den Vorschriften denn doch Ermessenssache. Und in diesem Fall handelt er immer zugunsten der Antragssteller. Drei Familien schließen ihn besonders ins Herz und beziehen auch unsere ganze Familie mit ein. Es war zum einen die türkische Familie Anil. Sie können mit Vaters Hilfe ein türkisches Geschäft für Lebensmittel in der Vogtstraße eröffnen. Immer wieder wird unsere Familie zum Essen eingeladen. Und eine orientalische Essenseinladung lässt keinen hungrig zurück. Auch Geschenke in Form von bemalten Tellern und Schüsseln mit arabischen Schriftzeichen kann man bald in unserer Wohnung entdecken.

Eine ganze Zahnarzt-Dynastie hat es mit seiner Großfamilie nach Kempten verschlagen. Es sind jüdische Russen. Drei Brüder und zwei Schwestern und ihre Schwägerinnen und Schwäger, Oma und Opa und ein Haufen Kinder: die Belousows. Natürlich fehlen auch bei ihnen diverse Papiere, die der Vater nach längerem Hin und Her einfach voraussetzt. Immer wieder kommen auch von ihnen Einladungen zum Essen. Aber hier biegen sich die Tische nicht nur, sie krachen beinahe zusammen. Wir werden bei unseren neuen Freunden fast gemästet. Und ich kann mit meinen Russischkenntnissen glänzen. Fünf von der Sippe sind Zahnärzte. Unsere ganze Familie wird von ihnen auf ihre Zahnarztstühle beordert. Bei mir finden sich auch nach sechzig Jahren immer noch einige Amalgamfüllungen. Noch haben sie mich nicht ins Grab befördert.

Auch mit einer weiteren Familie werden wir eng befreundet. Es ist Familie Li aus China. Auch da hilft Vater. Hier ist alles besonders kompliziert, weil sie zwölf Kinder haben. Allein das Wohnungsproblem ist schwierig. Im Entenmoos eröffnen sie ein China-Restaurant. Es ist das erste dieser Art in Kempten. Es läuft nicht besonders gut. Zu damaliger Zeit war ausländisches Essen noch eher suspekt. Wir können die vielen Einladungen dorthin gar nicht alle annehmen. Es wäre uns zu peinlich geworden. Über viele Jahre nehmen wir aber regen Anteil am Leben der Familie Li. Meine Mutter wird sogar Patin des dreizehnten Kindes – ein Mädchen namens Nancy. Eine der älteren Töchter heißt Gloria. Sie wird oft und oft mein Modell beim Porträtmalen in der Volkshochschule. Frau Li stirbt bald nach der Geburt ihrer jüngsten Tochter. Da sich die Kemptener immer noch nicht vom chinesischen Essen überzeugen lassen, wandert Herr Li mit seiner ganzen Kinderschar nach Amerika aus. Nie wieder hören wir etwas von ihnen. Aber neben den türkischen Tellern und russischen Birkenholzdosen staubt Mama immer wieder auch etliche Väschen aus China ab.

Souhail Ba Obeid – Sheikh El Thaman

SOUHAIL BA OBEID – SHEIKH EL THAMAN (SCHEICH AUF IMMERDAR)

Ein Sheikh lebt in der Wüste. Er ist immens reich. Er hat viele Frauen. Er gibt sich dem Müßiggang hin. Er hat hundert Kinder, und seine Kamele sind ihm wichtiger als seine Frauen. Er läuft den ganzen Tag im Nachthemd herum, ist gnadenlos gegen Feinde und hasst alle Christen.

Das sind die gesammelten westlichen Vorurteile. Eines Besseren will man gar nicht belehrt werden, ansonsten könnte ja das Weltbild auseinanderbrechen. Um aber ein bisschen dahinter zu steigen, was es mit einem Scheich wirklich auf sich hat, muss man etwas von der arabischen Stammesgesellschaft wissen. Unser Freund Souhail – Sheihk El Thaman – klärt auch mich am Beispiel der jemenitischen Stammesgesellschaft auf.

„Der jemenitische Staat ist in verschiedene Stammesgebiete mit genau festgelegten Grenzen aufgeteilt. Über dieses Gebiet und dessen Bevölkerung herrscht der Sultan. Er ist ein Fürst, dessen Stellung und Amt erblich sind.

Ein Stamm besteht aus sechs Ständen, vergleichbar mit dem indischen Kastensystem. Alle Stände heiraten nur untereinander. Der oberste Stand besteht aus Kriegern, den Gabilis, und den Scheichs. Der Stand der Gabilis besteht aus den Groß-Clans, in unserem Fall sind es die Wahaishi. Die Groß-Clans bestehen wiederum aus den kleineren Familien-Clans. Die Clanmitglieder wählen und bevollmächtigen die Scheichs, für sie alle zu sprechen – mit amtlich bestätigter Vollmacht. Ist dies erfolgt, wird der Gewählte vom Sultan ernannt und von einer beim Innenministerium angesiedelten Behörde registriert. Er bekommt einen Ausweis und hat Anspruch auf Bodyguards und eine Bezahlung.

Nun hat die Institution Sheikh drei verschiedene Ehrengrade:

1. *Sheihk Laham ist der Dorf-Sheikh. Er wird von der Dorfgemeinschaft gewählt. Er entspricht einem ehrenamtlichen Bürgermeister.*

2. *Sheikh, ohne Zusatztitel, ist die nächst höhere Stufe. Er wird von den Clanmitgliedern gewählt und ist für ein größeres Gebiet zuständig.*

3. *Sheikh El Thaman ist das höchste Sheikh-Amt für den ganzen Clan. Er hat zugleich die unterste Stufe der staatlichen Judikative inne. Er soll ein angesehener und unparteiischer Mann sein, einer mit Sachkenntnis und Beziehungen. Zu seinen Aufgaben gehört es, größere Erbstreitigkeiten, Insolvenzen usw. zu klären. Sein Schlichterspruch wird in der Regel von den Parteien anerkannt. Für den Fall, dass der Schlichterspruch nicht anerkannt wird, ist dieser trotzdem die Voraussetzung für eine gerichtliche Auseinandersetzung. Einem Sheikh El Thaman stehen Bezahlung zu und Leibwächter!"*

Darüber hinaus weiß ich auch, dass von einem solchen Sheikh den Bedürftigen geholfen wird, sei es nun finanziell oder auch nur fürsorglich. Nützliche Beziehungen werden hergestellt, lebensnotwendige Ratschläge erteilt.

Unser Freund Souhail Ba Obeid ist so ein Sheikh Al Thaman. Er ist Jemenite. Er ist ein „Badu", ein Beduine. Er wurde vor ein paar Monaten vom Sultan zum Scheich auf Lebenszeit ernannt. Souhail stammt aus der nordöstlichen Region über Aden, der Provinz Al Bayda.

Die Monsunwinde peitschen dort zur Regenzeit über die bestellten Felder. Sie dringen durch geschlossene Fenster, pressen den Regen durch alle Ritzen. Aber bis zum Abend haben sie die dick getränkten Wolken über die Küste hinaus auf den Indischen Ozean getrieben. Ein rosa Himmel im rosa Abendschein verspricht dann eine sternenklare Nacht und einen sonnigen Morgen. Und sogleich türmen sich im Monsun wieder die Sturzfluten zusammen und befruchten das Land. Klug angelegte Terrassenfelder saugen das Wasser auf. Geben es an die Samen weiter. Bereits nach einer Woche quellen die ersten Schösslinge aus der brüchigen Scholle. Zweimal im Jahr kann geerntet werden. Sonnengereift. Denn wenn sich der Monsun beruhigt hat, ist jeder Tag ein Sonnentag. Diese mittleren Höhenlagen im Jemen sind fruchtbar. Die Menschen dort sehen das Wachsen und Werden und auch das rasche Vergehen. Sie haben über sich hohe Berge, um sich herum sanfte Matten, und jäh öffnen sich tiefe Gründe Richtung Meer und Wüste. Adler und Geier gibt es dort und auch noch Hyänen, Wildkatzen und Wölfe.

Wenn sie nicht Jemeniten wären, dann wären die Menschen dort nicht so willensstark und mutig. So aber tragen sie ihr Land in sich, ihre Familien, ihre Scholle und ihren Schöpfer.

Und wäre er nicht Jemenite, wäre er nicht Souhail. Dann wäre Souhails Güte nicht allgegenwärtig. Dann wäre sein Beschützerinstinkt nicht wachsam. Gewaltig aber ist sein Zorn auf Unrecht und Böswilligkeit. Es schläft immer ein Raubtier in ihm. Meist ist es satt und zufrieden, aber wehe, wenn es angegriffen wird. Dann behaupten sich Krallen und Gebiss.

So sehe ich Souhail. Er war und ist mein Patron. Mein Schutzgeist. Sechsundzwanzig Jahre kennen wir uns. Und seitdem dauert unsere Freundschaft: Nein, es ist nicht die alte Frau und das Meer, sondern die alte Frau und der Berg. Zehn Jahre haben wir viel zusammen zu tun. Planen, bauen, beschützen. Dann kommen ruhigere Zeiten. Und jetzt, nach vielen Jahren, ist er wieder der Schutzengel.

Unser Verbindungselement ist Barbara. Souhails zweite Frau. In Aden am Indischen Ozean lebt er und ein Teil seiner Großfamilie. Ganz wichtig war die inzwischen verstorbene Oma, die Gidda. Sie entschied sogar, ob einer ihrer Enkel im Westen studieren darf oder nicht. Sie war das Herz der Familie. Ihr Rat war geschätzt, ihre Vetos galten.

Das Adener Haus zwischen Ma'allah und Tawahi beherbergt Souhails Brüder Radi und Ahmed, dazu deren Frauen und Kinder. Eine Nichte, die Million heißt, die zwei Neffen Saleh Hussein und Amin ebenfalls. Schließlich wachsen Souhails vier Kinder von seiner tödlich verunglückten ersten Frau heran:

Hussein, Mohamed, Iftiham und Amr. Barbara ist ihre zweite Mutter geworden. Sie sorgt dafür, dass die Kinder Arabisch und Deutsch sprechen. Beim Mittagessen sitzen alle um einen großen Tisch herum. Souhails weitere Großfamilie, sein Clan, lebt im Bilad, auf dem Land, in der Nähe von Al Bayda. Da gibt es noch den Bruder Hussein. Dieser hat zwei Frauen, die sich sehr mögen. Nein, ich hab mich vertan, diese gehören zu Bruder Ahmed. Aber es gibt Schwager, Schwägerinnen, Schwiegermütter, Schwiegerväter, Onkel und Tanten, Cousins und Cousinen, weitere Nichten und Neffen und jede Menge Kinder in unüberschaubarer Zahl.

Souhail ist das Oberhaupt der ganzen Familie. Er hat eine Baufirma. Er baut Häuser und verkauft die einzelnen Wohnungen. Diese haben meist schon vor der Fertigstellung des Gebäudes einen neuen Besitzer. Souhails Firma samt Architekt und den Bauleuten ist erstklassig. Einige Männer von seiner Adeni-Familie arbeiten ebenfalls in der Firma. Inzwischen sind sogar zwei von den drei Souhail-Söhnen in das Baugeschäft eingestiegen: Hussein und Mohamed.

Ich will mir in Aden ein Haus kaufen. Und auf der Suche danach lerne ich Souhail kennen. Er nimmt mich in seine Familie auf, und ich bin jederzeit herzlich willkommen. Oft wird mir zu Ehren ein Zicklein geschlachtet. Und es schmeckt immer köstlich. Dann sitzt die ganze Familie um den Esstisch, Souhail am Präsidium, ich zu seiner Rechten und Barbara mir gegenüber. Auf jeden Ausflug werde ich mitgenommen, sei es ans Meer oder in die Wüste zum Picknick. Sei es zum Einkaufen oder ins Restaurant zum Chinesen an der Hauptstraße, sei es vor dem Sonnenuntergang in die Tanks am Shamsan, dem erloschenen Vulkan. Das sind raffiniert angelegte Wasserspeicher in einer Bergschlucht. Um den Fuß des Berges schmiegt sich Adens Altstadt. In Trockenzeiten wird sie mit dem Zisternenwasser versorgt.

Inzwischen wohne ich ebenfalls in Aden. In einem Haus in Tawahi, oben am Felshang. Dort stand eine kleine Hütte auf einem Schotter-Plateau mit Sicht über den Golf von Aden und auf seinen Hafen.

Souhail baut sie um, baut an und setzt ein zweites Stockwerk darauf. Und legt nach meinem Entwurf einen Garten an. Es entsteht ein Stückchen Paradies. Ich darf Wünsche äußern, zeichne Pläne bis hin zum Verlegen der Steckdosen. Ich entwerfe Mosaiken im Marmorboden, entwerfe ein buntes Glasfenster mit einer Palmenkrone und exotischen Vögeln darin.

Unter dem Schotterboden der ursprünglichen Hütte befindet sich nur die erstarrte Magmamasse aus prähistorischen Zeiten. Deshalb muss Gartenerde angefahren werden. Ich lege fest, wo die größeren Gewächse ihren Standort finden. Da werden dann Vertiefungen für mehr Erde gehackt. Aus dem fünfhundert Meter höher gelegenen Lahij im Inland kommt der Humus angefahren. Und ein Garten braucht eine Mauer drumherum. So zertrümmert eine Baumaschine mit einem Riesendorn tagelang viel Vulkangestein, um am Hang eine Stützmauer mit Terrassen anzulegen. Zwölf Meter wird sie hoch.

Und da man eh schon am Bauen ist, und da es ein ungeschriebenes Gesetz im Jemen gibt, wonach einem der Grund gehört, wenn die Umfassung einmal gemacht ist, schnappt sich Souhail noch ein paar Meter für den Garten dazu. Die Serpentine der Straße vor meinem Tor wird dadurch nicht beschnitten. Ein paar Gesetzeshüter beschweren sich über den ohne Genehmigung einverleibten Grund. Souhail regelt den kleinen Landraub – wahrscheinlich mit einem großzügigen Bakschisch.

Souhail regelt auch das Steinewerfen der Kinder. Sie wohnen am Hang über meinem Anwesen. Und wenn es ihnen langweilig ist, üben sie Weitwerfen. Für sie ist es ein Spiel. Aber für mich eine Bedrohung. Ich könnte ja zufällig getroffen werden. Souhail redet mit den Eltern der Buben. Er hält ihnen keine Steine vor die Nase, sondern seine Kalaschnikow. Seit archaischen Zeiten werden Steine geworfen. Sie liegen überall in der Gegend, und wenn man sich verteidigen muss, greift man schnell nach so einem Geschoß. Sei es gegen wilde Hunde – oder eben eine Horde von wilden Knaben.

Diese können ganz schön frech werden. Im Pulk wird man mutig, und mit Steinen kann man Fremde in Schach halten. Ich aber auch. Sich nach einem Stein bücken, das begreift hier jeder Hund – und weicht zurück. Genauso ist es im Hochland passiert. Ich wandere mit einer Freundin über abgeerntete Felder. Von Weitem rotten sich ein paar junge Kerle zusammen. Sie beginnen, Steine zu werfen, als wir noch außerhalb der Wurfweite sind. Einfach als Machtprobe. Wir bücken uns ebenfalls und stecken ein paar dieser praktischen Dinger in unsere Taschen. Sofort haben sich die bösen Buben zurückgezogen.

Souhail ist ein frommer Mensch. Wenn man den Islam ernst nimmt und seinen Regeln folgt, ist man auch ein guter Mensch. Souhail hat eine besondere Gabe: Man mag ihn einfach. Er strahlt Gelassenheit und Ruhe aus. Deshalb gelingen ihm Dinge, die ohne die Freundlichkeit seines Naturells nicht möglich wären. Aber wehe, wenn Unrecht geschieht. Dann verteidigt er sein Territorium und seine Familie. Als jemenitischer Badu geht das nicht ohne Waffensammlung. Einmal hat er sie mir gezeigt. Sie ist in einem begehbaren Schrank untergebracht, größer als eine Besenkammer. Und sehr gut bestückt. Ich will für alle, alle Fälle in meinem Adener Haus auch eine Waffe haben. In Marib, in der Wildweststadt vor der großen Arabischen Wüste, kaufe ich mir eine Pistole. Da gibt es einen Waffenmarkt. Auf dem kann man sich etwas Passendes aussuchen. Natürlich erwecke ich als Frau einiges Aufsehen. Ein Rudel Neugieriger begleitet mich von Kaufstand zu Kaufstand. Letztlich ziehe ich erhobenen Hauptes und bewaffnet von dannen. Souhail besorgt mir die Patronen dazu.

Ich möchte ein künstlerisches Schießprojekt durchziehen. Wieder mit Souhail. Mit seinen Buben und den Neffen Amin und Saleh Hussein fahren wir eines Nachmittags Richtung Westen, Richtung Bab Al Mandab, dem Tor der Tränen. Es ist die Landenge, wo das Rote Meer in den Indischen Ozean übergeht. Souhail sucht für das Vorhaben nach einem Gelände direkt am Meer und möglichst weit entfernt von der nächsten Militärstation. Denn wir haben vor, rund zweihunderfünfzig Schüsse auf Papierbögen zu verschießen.

Und wenn uns diese Schüsse verraten hätten – eine ganze Nacht im Gefängnis hätten wir uns damit eingebrockt. Wir werden aber nicht entdeckt. Dazu trägt auch das heftige Tosen des Ozeans bei. Abwechselnd schießen wir auf das Eisengestell, in dem hintereinander zwölf meiner Papierbahnen hängen. Wir schießen ein Herz. Ein Herz aus Schusslöchern, Schuss für Schuss. Souhails Revolver kommt auch zum Einsatz, damit wir die Performance schneller über die Bühne bringen. Danach sind wir alle taub. Ich habe mein Objekt und das Geschehen fotografisch dokumentiert, und kein Soldat guckte dabei über die Dünen. Nur einmal kommt das Kunstobjekt in einer Ausstellung zum Einsatz. Vielleicht schaffe ich es, dieses als schießende Urgroßmutter noch einmal zu zeigen. Der tiefere Sinn der Aktion ist die Täter-Opfer-Perspektive. Je nachdem, auf welcher Seite man steht – Einschussloch versus Austrittsloch.

Souhail besorgt mir ein Auto, einen roten Opel Corsa. Er besorgt mir auch den Führerschein dazu. Ohne Fahrstundenbeleg. So bin ich in Aden beweglicher geworden. Souhail weiß trotzdem immer, wo ich am Vortag gewesen bin. Auf seine Anregung hin hat der Geheimdienst immer ein Auge auf mich. In meinem roten Flitzer leuchte ich schon von Weitem als „die Ausländerin von Souhail“ durch die Gegend. Öfter bleibt die Kiste einfach stehen, worauf sich halb Aden darum versammelt und in die geöffnete Motorhaube guckt. Souhail hat auch ein großes Talent für Operationen. Ich jage mir beim Abschleifen eines Regalbretts einen dicken Holzsplitter unter den Fingernagel. Ziemlich weit. Beim Versuch, ihn herauszuziehen bricht er ab. Da sitzt das unerreichbare Stück im Fleisch, und der Nagel beginnt übel zu pochen. Souhail beruhigt mich, nimmt Nadel und Pinzette, und lockert Stückchen für Stückchen um den Splitter herum. Es tut fast nicht weh, und bald kann er den Übeltäter mit der Pinzette fassen. Langsam zieht er ihn heraus und meint, dass sie mir im Krankenhaus sicherlich den Fingernagel herausgezogen hätten.

Kommen Familienmitglieder von auswärts, dann gehen wir alle zusammen zum Essen. So lerne ich auch Cousin Harun El Fatih und seine Frau Salva kennen. Er hatte in Sanaa ein Reisebüro.

Der Krieg funkte böswillig dazwischen. Witzigerweise war Harun mit dem Deutschen Alpenverein verbandelt und da speziell mit der Sektion Kempten im Allgäu. Er bot Wandertouren im wilden Bergland des Jemen an. Harun spricht fließend Deutsch, – und er ist sehr charmant. Die Frauenherzen sind ihm sicherlich alle nur so zugeflogen. Und alle, die jemals mit ihm unterwegs waren, nehmen beglückt und reich beschenkt das Abenteuer Jemen im Herzen mit nach Hause zurück. So mancher und so manche kommt wieder und bringt Harun eine Flasche Whisky mit.

Aber der Jemen ist ein sehr religiöses Land – es herrscht das Recht der Scharia. Alkohol ist streng verboten. Man kann ihn nicht kaufen, höchstens einen geschmuggelten. Das ist aber nicht einfach, und wenn man erwischt wird, kommt man ins Gefängnis. Haruns Frau Salva ist sehr religiös. So sind ihr allein schon die Flaschen ein Dorn im Auge. Jedes Mal, wenn sich ihr Gatte dem verbotenen Trank hingegeben hat, bekommt er Stress. So reduziert sich der Genuss des Trinkgelages auf heimliche Schlückchen hie und da. Und regelmäßig beten muss er inzwischen auch.

Ich hatte einen Wunsch-Traum, dem ich heute immer noch nachtrauere. Ich wollte auf dem über 3.000 Meter hohen, fast unzugänglichen Gebal Al Awd eine Ausstellung realisieren. Dort oben arbeitete ich über einige Jahre, immer auf mehrere Monate verteilt, auf unserer DAI-Ausgrabung. Obwohl dort oben die Bedingungen sehr hart sind, beflügelt gerade dies unsere ganze Ausgräbertruppe. Dort oben arbeiten zu dürfen, so nahe den Sternen, ist ein Privileg. Die nächsten drei Dörfer liegen zweihundert Meter tiefer um den Gebirgsstock herum. Auf dem mittleren der drei Gipfel steht ein Gebäude. Es wird als kleines Museum errichtet, für die Fundstücke der Ausgrabung gedacht. Damals gibt es Bestrebungen, diese grandiose Bergwelt touristisch zu erschließen. Die Abgeschiedenheit, die senkrechten Abstürze, der Weitblick verpassen uns fast eine Gänsehaut – und hätten eine touristische Attraktion der besonderen Art werden können. Aber die Natur entscheidet sich dagegen. Die heftigen Monsunregen verwandeln jedes Mal die schon normalerweise fast nicht befahrbaren Wege in Bachbette. Sie auch nur für Allradfahrzeuge instand zu halten, erweist sich als undurchführbar. Selbst unser Grabungsfahrer Haider braucht mit unserem Geländewagen für eine Talfahrt im Schritttempo über zwei Stunden. Nur für die eine Richtung. Der Plan, Touristen dort oben die Schönheit und Wildheit der Schöpfung zu zeigen, misslingt also.

Aber das kleine Museum hat es mir angetan. Da sich auch der Museumsplan in Luft auflöste, schlugen wir bei jeder Grabungs-Kampagne dort unser Lager auf. Strom nur stundenweise mit einem Generator. Und Wasser aus einer Zisterne. Die Grundfläche des Gebäudes ähnelt der einer kleinen Kirche, nein, eher einer größeren Kapelle. Eine Apsis vorne, eine hinten, ein großer Raum und einige Nebenräume. Sogar zwei Toiletten als Plumpsklos. Und genau da hinein, in dieses Gebäude, hätte meine Ausstellung *Abendland – Morgenland* perfekt gepasst.

Diese hatte ich zweimal präsentieren können. Einmal in Kempten im Allgäu in der mittelalterlichen Alten Münze, einmal in München in der Prähistorischen Staatssammlung. Die Ausstellung gliederte ich nach den fünf Gebetszeiten der Muslime, dem Morgen-, Mittags-, Nachmittags-, Abend- und Nachtgebet. Jeden Raum widmete ich anderen Themenbereichen. Der Religion, dem öffentlichen Leben, der Geschichte, dem häuslichen Refugium und schließlich der Angst und Gewalt.

Meine Planung für diese Ausstellung an dem verrückten Ort war schon weit gediehen. Die Räumlichkeiten standen zur Verfügung. Die Einwände, wer diese Ausstellung denn überhaupt anschauen könne, konnte ich entwerten. Ich war überzeugt gewesen, dass die Bergjemeniten, sogar mit ihren Frauen, aus weitem Umkreis wie die Ziegen hinaufgekraxelt wären. Denn das Fernsehen hätte die Bekanntmachung verbreitet. Und das Internet. Und wegen meiner bisherigen Erfahrungen damit, wie neugierig die Menschen hier sind und was für eine Besonderheit die Sache gewesen wäre, habe ich nicht an deren Erfolg gezweifelt. Die Unwegsamkeit vereitelt das Projekt zunächst. Das Transportproblem der Bilder und Objekte ist ungelöst. Aber Jemeniten lassen nicht so schnell locker, wenn sie einmal Blut geleckt haben. Und ich auch nicht. Und da schon einige involviert und begeistert waren, kommt die Lösung des Transports im wahrsten Sinne auf mich zugeflogen: Durch seine professionellen touristischen Unternehmungen hat Harun El Fatih auch gute Beziehungen zur Regierung und zum Militär. Er befasst sich mit dem *sanften Tourismus*. Die Natur und die Umwelt und vor allem auch die Menschen sollen beim Ein- und Überfall in ihre Lebensräume möglichst geschont werden. In diesem Zusammenhang knüpft er Kontakte zur jemenitischen Luftwaffe. Er beschafft mir einen Armeehubschrauber.

Leider, leider wird mein Projekt dann doch der zunehmenden Unsicherheit, besonders in dieser Gegend, geopfert. Früher waren es eher Entführungen und Streits zwischen den Stämmen. Aber langsam überziehen das Land aggressive, fundamentalistische Kräfte.

In der hintersten Ecke meines Daseins träume ich aber immer noch vom Berg der Berge.

Die vielen Monate und Jahre in meinem Adener Domizil lassen mir Zeit, mich auch bei Souhails Projekten einzubringen. Ich entwerfe einen Garten für seine Familie. Zeichne einen Plan mit kleinen Wegen und Ruhebänken. In der Mitte ein Pavillon, berankt mit Jasmin und Bougainvillea. Ein Grillplatz und ein Sandplatz für die Kinder gehören dazu. Souhails Baufirma setzt alles eins zu eins um. Dattelpalmen schaffen dominante Punkte, Sträucher umfassen das Gelände als Hecken, Staudenrabatten säumen die gefliesten Wege. So manches gegrillte Hähnchen verdrückten wir hier in lauen Abendstunden. Und Grillen ist auch im Orient Männersache.

Ein Restaurant an der Corniche entsteht. Viele Palmen rauschen bald am Strand. Souhail kauft Kokospalmen, die den heftigen Küstenwind besser aushalten als Dattelpalmen. Eine große Glaswand lässt im klimatisierten Gastraum die Besucher auf den feinen

Sandstrand und die anrollenden Wellen mit dem tiefblauen Meer dahinter blicken. Ich entwerfe ein zehn Meter langes Wandbild, das als Kunst am Bau über dem Eingang die Gäste anlocken soll. Die Szenerie zeigt anrollende Wellen und den Namen des Restaurants in großen Buchstaben, ähnlich einer Zirkuswerbung. Während ich auf dem Gerüst arbeite, werde ich immer von Amin beschützt, der natürlich bewaffnet ist. In Sanaa wird in dieser Zeit von der Botschaft für alle Ausländer ein Ausgehverbot ausgesprochen, weil Unruhen wieder einmal das Land erschüttern und es Tote gegeben hat. Hier in Aden an den Corniche aber kräht danach kein Hahn.

Noch ein Restaurant baut Souhail. Es ist ein Gartenbetrieb. Es heißt *Al Gesira*, die Insel. Eine riesige Verkehrsinsel mit rechts und links vorbeiführenden Straßen liegt brach mit Gestrüpp und Unrat dazwischen. Souhail verwandelt sie in ein Restaurant mit Familien- und Frauenabteilung im Freien, an der frischen Luft. Ein Novum für Aden, für den ganzen Jemen. Normalerweise ist es üblich, dass sich Familien oder von Männern unbegleitete Frauen nur in Restaurants treffen, die dafür spezielle Abteilungen haben. Sie sind entweder in muffigen oberen Stockwerken oder mit Vorhängen vom Rest der Welt isoliert. Nun sitzen sie frei in der Öffentlichkeit von Blumen und Sträuchern umgeben. Hier treffen sich inzwischen auch Freundinnen und genießen die lauen Abende. Sie können einen Tee trinken oder ein Sandwich essen. Ein Stück Freiheit innerhalb der Tradition. Und das Projekt schlägt voll ein. Es bedarf allerdings einer besonderen Aufmerksamkeit, dass die Frauen in Ruhe gelassen werden. Denn ein schlechter Ruf wäre das Ende all dieser Annehmlichkeit. Einmal aber erscheint eine Dame – offensichtlich eine vom horizontalen Gewerbe – und ein Freier dazu. Sie setzen sich in den Frauenbereich. Wächter werden auf das Paar aufmerksam. Der Begleiter wird aufgefordert, das Gelände zu verlassen. Und er hätte gut daran getan, einfach zu verschwinden. Aber er verschwand erst dann, als ihn Radi und Amin am Kragen packten und auf die Straße warfen.

Die Rache kommt eine Stunde später. Fünfzig Halbwüchsige und erwachsene Kerle rücken mit ihren Motorrädern an. Springen ab und schmeißen ihre Gefährte auf den Asphalt der Parkplätze. Stürmen johlend und messerschwingend in den Gastgarten. Die aufgescheuchten Wächter erkennen sofort die Sachlage und zücken ihre Messer, ihre Gambijas. Die Küchenbelegschaft, großteils Familienmitglieder, rennen auch sofort mit ihren Küchenmessern zu Hilfe, die Küchenbretter als Schilde verwendend. Sofort entwickelt sich eine Rauferei, bei der auch gleich Blut fließt. Leider war Souhail unterwegs, ein Notruf bringt ihn aber sofort auf den Weg. Einige der Angreifer liegen da schon sich windend auf dem Boden. Die anderen Raufbolde kämpfen weiter und werden mit Messern und den Brettern abgewehrt. Dann stürzt sich Souhail dazwischen, hebt den Arm und schießt in die Luft. Da war Ruhe. Die leicht Verletzten schleppen sich auf ihren Motorrädern davon. Die anderen packt der Sayed-Clan grob in Souhails Landcruiser. Das Krankenhaus in Al Mansura flickt sie wieder zusammen.

Souhail lässt über die üblichen, uns Westlern unergründlichen, Kanäle verkünden, dass er am nächsten Tag eine Entschuldigung erwarte. Und siehe da, der Schlägertrupp findet sich ein, und der Anführer entschuldigt sich. Souhail nimmt die Entschuldigung an und sagt dann noch in einem Nachsatz: Wer will, der könne sich bei ihm hier im Gastgewerbe anstellen lassen. Den siegreichen Souhail-Kämpfern juckt es am nächsten Tag immer noch mit glänzenden Augen in den Fingern – aber vergeben ist vergeben.

Unsere Verbindung hört mit dem schrecklichen Krieg nicht auf. Über Umwege erfahre ich immer mal wieder etwas über die Lage in Aden und im Land selbst. Die westliche Presse verhält sich dabei schändlich. Es wird immer unübersichtlicher, wer eigentlich gegen wen kämpft. Saudi Arabien bombardiert Aden, die Huthis kämpfen auch im Süden, die Separatisten wollen sich abtrennen, die Regierungstreuen fliehen hingegen nach Saudi Arabien und nach Marib. Die Regierung selbst flieht nach Saudi Arabien. Die Emiratis bombardieren Al-Hudaida. Felder werden zerstört, sogar auf einzelne Kühe wird geschossen, um die ganze Bevölkerung mit Hunger zu strafen.

Jahrelang ziehen sich vor allem im Süden die Kriegshandlungen hin. Die nordöstliche Region bis zur Hauptstadt Sanaa haben die Huthis in der Hand. In einer relativ geordneten Struktur. Marib explodiert von einem Dorf in eine Großstadt von zwei Millionen Einwohnern. Regierungstreue und Glücksritter haben sich hier verschanzt. Inzwischen geht es nur noch um Marib. Denn dort fließt das flüssige Gold – das Öl. Al Qaida kämpft weiter im Süden, ebenso die Islamisten. Die Saudis streiten sich mit den Emiratis um die erkämpften Territorien. Saudi Arabien sucht einen Weg, ohne Gesichtsverlust aus dem Desaster herauszukommen. Ein Waffenstillstand erleichtert die Lage. Gerüchten zufolge will es aber mit Amerika wieder vermehrt bombardieren. Allerdings sterben die Menschen inzwischen auch ohne Bomben: an Hunger und Krankheiten. Erst jetzt rückt der Krieg wieder ab und zu in die Schlagzeilen. Wenn sich die Huthi-Kämpfer erlauben, Tanker im Roten Meer anzugreifen.

Ein Teil der Souhail-Familie war aufs Land zur Verwandtschaft geflohen. Souhails Wohnhaus in Aden steht dummerweise genau an einem Schnittpunkt in der Schusslinie der Kämpfenden. Von Muallah kommend nach Tawahi in Hujaif. Um diesen zu kontrollieren, kämpfen die Huthis aus dem Norden mit den verbliebenen Hadi-Anhängern. Bomben zerstören Souhails unfertige Hochhäuser an diesem heiß umkämpften Knotenpunkt. Eine Rakete fliegt durchs Wohnhaus der Familie. Im Haus selbst kann man sich nicht mehr aufhalten, weil es zu gefährlich wird. Scharfschützen verschanzten sich in Souhails unfertigen Gebäuden. Sein Wohnhaus hat aber einen Keller, ganz unüblich für die jemenitische Bauweise. Dorthin flüchten sich die verbliebenen Familienangehörigen und etliche aus der Nachbarschaft – Kinder, Frauen und Männer. Es sind wohl an die fünfzig Schutzsuchende. Souhails Tochter Iftiham ist mit ihrem Säugling Hamid auch dabei. Die Männer der Familie schlafen nachts auf dem Boden des Erdgeschosses, wo man jeden Augenblick abgeschossen werden kann. Sie beschützen die Menschen im Keller. Die sind zusammengepfercht mit nur einer Toilette. Das Wasser ist knapp. Zwar gibt es eine Klimaanlage, aber meist keinen Strom.

Lebensmittel zu besorgen ist lebensgefährlich. Aber Souhail organisiert.

Nun wissen aber auch die Huthis von dem Keller. Und genau dort wollen sie ihr Hauptquartier einrichten. Das darf nicht sein, denn wohin mit den Frauen und Kindern? So entschließt sich Souhail, zusammen mit ein paar seiner Familien-Kämpfer und mithilfe seines Landcruisers nach Sanaa durchzukommen. Die Flughäfen sind zerstört. Der Landweg bleibt also die einzige Möglichkeit, dorthin zu kommen – und eine höchst gefährliche. Die vierhundert Kilometer nach Sanaa, mit Scharfschützen, Helikopterangriffen, Raketen und Strauchdieben, die waren fast ein Todeskommando. Aber Souhail schafft es. Er hat in Sanaa Verbindungen, die ihm ein Treffen mit dem obersten General der Huthis ermöglichen. Und es gelingt Souhail, den Kommandanten zu überzeugen, das Vorhaben mit der Hauptzentrale in seinem Haus fallen zu lassen.

Jedes Verlassen oder Aufsuchen des Gebäudes ist aber lebensgefährlich geworden. Die Menschen im Keller brauchen Trinkwasser und Essen. Und die Versorgung wird immer noch schwieriger. Es sollen dabei sogar Huthis geholfen haben. Für die dort Festsitzenden muss das Zusammenleben auf engstem Raum schrecklich geworden sein. So fasst Souhail einen Plan. Auf dem Hügel gegenüber hat Cousin Harun ein Büro. In Schussweite. Er verschanzt sich dort gut bewaffnet mit ein paar Getreuen.

Die eingeschlossenen Menschen sollen aufs Festland evakuiert werden. Während sie aus dem Haus in bereitstehende Autos steigen und der Pulk aufbricht, geben Souhail und seine Getreuen den Aufbrechenden vom Berghang her Feuerschutz. Sitzen selber aber auch als Lockvögel im Schussbereich ihrer Gegner.

Die Operation ist gelungen. Niemand wurde verletzt. Und während hier die Hölle tobt, ist auf dem Festland Ruhe. Dorthin werden die Menschen gebracht. Sie konnten alle in ein leerstehendes Haus ziehen, das ebenfalls der Familie gehört. Drüben in Al Mansura, Sheikh Osman und Little Aden ist es meist ruhig. Im Südjemen im Hadramaut gibt es keinen Krieg. Aber umso heftiger sind die Kämpfe auf der anderen Seite.

Inzwischen ist Souhail wieder in Aden trotz all der Rundumschießereien. Er baut und repariert mit Hochdruck seine unfertigen und zerstörten Häuser. Immer noch herrscht das reine Chaos. Jeder Warlord meint, seine eigenen Streitereien mit Waffengewalt ausfechten zu können. Scharfschützen ballern einen über den Haufen, wenn man die Nase irgendwo zu weit hinaussteckt. Zwei seiner Söhne hat er in Aden verheiratet.

Das Leben geht weiter. Aber inzwischen geht er und gehen auch alle anderen seiner Getreuen traumatisiert durch dieses Leben. In Souhails Haus galt immer ein unumstößliches Qatverbot. Nun kaut er die Blätter selber, um seine geschädigten Nerven zu beruhigen.

Schlussendlich kommt noch eine weitere Wendung in meine und Georgs eigene Geschichte. Souhail ist immer wieder hier in Kairo. Und bei dem letzten seiner Aufenthalte hilft er uns aus der Patsche. Wir hatten hier etwas Geld deponiert, um eine kleine Wohnung zu kaufen. Nun lässt Georgs Gesundheitszustand das Vorhaben aber nicht mehr zu. Deshalb wollen wir das Geld von unserem Konto wieder zurück. Aber es gibt hier keine Devisen mehr. Und so überweisen wir die Egypt Pounds auf Souhails Konto. Was auch nur geht, weil er genau bei dieser Bank eine VIP-Person ist. Und sobald man in Ägypten wieder Bankgeschäfte mit dem Ausland tätigen kann, überweist er die Anlage wieder an uns.

Nun stelle ich mir die Frage: Wie konnte ein Friedensnobelpreisträger wie Barack Obama Hunderte von Drohnen über den Jemen ausschicken? Die dessen Menschen zerfetzen und zerhacken? Und bekannterweise nicht nur die angeblich zu eliminierenden Schurken.

Souhail ist zu einem Sheihk El Thaman ernannt worden. Das ist ein arabischer Ehrentitel seit vorislamischer Zeit – nur für Männer mit Rang und Namen. Er wird im Sinne von „Geistiger Führer“ vergeben. Für Führung sowohl in weltlichen als auch in religiösen Zusammenhängen. Souhail hat diesen Titel mehr als verdient. Ich würde ihm den Friedensnobelpreis verleihen.

Wer ist wohl der Nikolaus?

VATER

Mein Vater war im Krieg Feldwebel. Er wurde Beamter. War Standesbeamter, arbeitet später im Ausländeramt. Er ist ein Romantiker – trotzdem. Er ist vernarrt in die Natur. Er kennt alles, was da kreucht und fleucht. Er kennt jede einheimische Pflanze, jeden Baum. Und ich fürchte seinen Zorn. Denn den Feldwebel kann er lange, lange nicht ablegen.

Bei den ungeliebten Sonntagsspaziergängen, die eigentlich immer wunderschön waren, werde ich von ihm hauptsächlich über die Pflanzenwelt examiniert. Obwohl ich mich dagegen sträube, bleibt ungemein viel Wissen hängen. Vom Ehrentreu über den Butzenstängel zum Huflattich und weiter zum Johanniskraut und zur Schafgarbe weiß ich alles, gebe aber aus Trotz gerne falsche Antworten. Die Mutter dagegen muss bei jeder Wanderung lautstark die einzelnen Berge aufzählen. Ich versuche gerne so zu tun, als gehöre ich nicht zu dieser Wandergruppe. Aber die Berggipfel kann ich immer noch herunterbeten, wie einst meine Mutter.

Die kargen Kriegsjahre selbst bekamen wir Kinder, ich als Älteste 1943 geboren, nicht mit. Nur an Eines glaube ich mich zu erinnern: bei Fliegeralarm rennen wir, ich unterm Arm der Großmutter, über die Gasse und rein in den Keller des Brauhauses. Dort sitzen wir dann verängstigt beisammen und warten auf die Entwarnung. Wie gut, dass Kempten von Fliegerangriffen weitgehend verschont wurde.

In den Nachkriegsjahren müssen wir nicht hungern, aber die Wurstschiebebrote waren üblich: Auf eine Scheibe Brot kommt ein Rädle Wurst. Schon während des ersten Reinbeißens schieben wir die Wurst etwas nach hinten und essen nur den Bissen Brot. Aber man hat den wunderbaren Wurstgeruch in der Nase. Beim nächsten und übernächsten Bissen wird die Wurst weiter Richtung Ende der Brotscheibe geschoben. Und erst dann darf man in beides zusammen hineinbeißen: Das Credo unserer Ernährung. Die Genügsamkeit ist damals in unser Fleisch und Blut übergegangen. Wir essen Kutteln und Euter vom Rind und Pferdefleisch und Pferdefleischwürste. Aber bald beginnen die fetten Jahre. Viel Fett am Fleisch, viel Butter. Unser Schrebergarten wird hauptsächlich vom Vater versorgt. Deshalb haben wir viel und gutes Gemüse. Und der Sonntagskuchen gehört dann auch zu unseren Gaumenfreuden.

Trotzdem leben wir schon aus Prinzip sparsam. Das betrifft alle Lebenslagen. Betrifft unsere Kleidung und auch die Ausflüge. So nimmt der romantische Vater mich und Bruder Josef wieder einmal mit auf eine Zelttour. Der kleine Michael bleibt bei Mama zu Hause. Ich und Josi hatten unsere Kinderrucksäckle mit eigener Kleidung zu tragen. Vater schleppt Zelt und Decken und Essen. Zuerst geht es mit dem Zug nach Pfronten. Dann ein kleiner Aufstieg Richtung Aggenstein. Wir sind das Wandern schon gewöhnt. Uns wurde beigebracht, wie man sich dabei verhält: Nicht dauernd danach quengeln, dass man Durst hat oder gar Hunger und wie weit es noch ist. Auf dem Weg bleiben, nicht Hans-guck-in-die-Luft spielen. Nicht trödeln, nicht rennen. Nicht Rumschreien. Keinen Schnee essen und schon gar keine unbekannten Kräuter und Früchte.

Wir kommen also in ein liebliches Hochtal und suchen im Schatten des Einsteins einen Platz zum Übernachten. Damals darf man noch frei zelten. Unter einer Fichtengruppe mit bis zum Boden hängenden Ästen baut der Vater das kleine Zweimannzelt auf. Man kann darin nur sitzen. Das Wetter verspricht schön zu bleiben. Eine zünftige Brotzeit zur untergehenden Sonne, und schon bald schlummern wir tief dem morgigen Tag entgegen.

Aufgewacht, mit Tau das Gesicht abgerieben. Es ist kalt, und der Nebel hängt nass um uns herum im Unterholz. Ein paar Kekse zum Frühstück und Saft aus der Tüte. Der heutige Tagesplan sagt: weiter bergauf Richtung Tannheimer Berge. Dann ohne Weg auf derselben Höhe nach Osten, und – heimlich über die Grenze. Dort ein Abstieg zum österreichischen Musau, um mit dem Zug wieder nach Kempten zurückzukommen. Das war der Plan des Vaters.

Es war um das Jahr 1952. Da ist es noch verboten, ohne Grenzschein ins Nachbarland zu wechseln. Und auf Schleichwegen erst recht. Wir zwei Kinder bekommen nun eine Verhaltenslektion. Wir müssen uns leise verhalten. Sollte uns ein Grenzler begegnen, dürfen wir auf keinen Fall etwas sagen. Der Vater redet sich dann hinaus, dass wir uns verlaufen haben. Haben natürlich keine Ahnung, dass wir bereits über der Grenze sind. Wir wollen nur eine nette, kleine Bergwanderung machen, die Natur erleben.

Also brechen wir auf. Es ist weiterhin neblig, und wir schleichen bergan über Stock und Stein. Wir bleiben innerhalb der Waldgrenze. Wir Kinder sind sehr aufgeregt und hoffen, dass wir nicht ins Gefängnis kommen. Und tatsächlich kommt uns gegen Mittag, immer noch im Nebel, ein grün gewandeter Mann entgegen. Er hat ein furchteinflößendes Gewehr umgehängt und ein Edelweiß auf seiner Uniform aufgenäht. Fragt, woher wir kommen und wohin wir wollen. Starr vor Schreck hängen wir an Vaters Beinen. Er gibt ordentlich Auskunft, dass wir von Pfronten aufgestiegen sind. Aber wo wir nun genau seien, wisse er nicht. Wir wollen halt wieder zurück und mit dem Zug nach Kempten fahren. Der Grenzler mustert uns etwas kritisch, wird dann aber sehr freundlich. Wir befinden uns schon weit auf österreichischem Gebiet und sollen halt nach Musau absteigen. Er füllt uns ein Schreiben aus, dass wir das auch dürfen. Wie erlöst sind Josi und ich, als sich der Grenzbeamte verabschiedet. Vater natürlich auch. So endete unser großes Abenteuer in den Bergen, nahe der Roten Flüh. Und Vaters Plan ist genau aufgegangen. Müde kommen wir an der Bahnstation an. Als Belohnung gibt es für jeden ein Paar Wienerle und einen Almdudler. Für Vater den mit Zitrone in Gelb, für Josi den mit Himbeergeschmack in Rot, und ich wähle Waldmeister in Giftgrün.

Seit diesem wunderbaren Ausflug liebe ich Österreich. Es ist wirklich so, dass mir bei jedem Grenzübergang das Herz hüpft. Die Berge sind dort höher und schöner, die Menschen netter und sogar der Himmel weiter. Die Österreicher sind nicht so verbissen wie die Deutschen, sie sind lockerer. Sie haben schon einen kleinen Teil

Orient in sich. Es muss nicht alles perfekt sein. Da ich einen starken Affekt hin zum Orient habe, dort Jahrzehnte verbrachte, passt das alles zusammen. Und noch eine Sache finde ich sehr gut: Österreich ist politisch eher neutral.

Ich unterrichte siebzehn Sommer in Salzburg auf der Festung an der Internationalen Sommerakademie in der Radierklasse als Assistentin. Es sind himmlische Zeiten gewesen. Und weil es gar so wunderbar ist, habe ich dort sogar acht Jahre meinen Hauptwohnsitz. Wohne in der Hubert-Sattler-Gasse hinterm Mirabellgarten und ums Eck in der Auerspergstraße ist mein Atelier. Künstlerisch bin ich mit Salzburg immer noch verbandelt.

Vaters Sehnsucht nach Freiheit bekommt er auch auf eine andere Weise erfüllt. Er kann sich jedes Jahr im Mai im Allgäuer Hochgebirge eine Auszeit nehmen. Mit seinem Freund Alfred verbringt er vier Wochen auf einer noch zugeschneiten Sennhütte hinter dem Entschenkopf bei Hindelang. Im Allgäu beginnt die Schneeschmelze erst im Juni. So müssen die Beiden meistens den Eingang zu der fast 1.400 Meter hoch liegenden Alpe ausgraben.

Ein besonderes Privileg ist es, dass mich der Vater einmal auf seine jährlich stattfindende Auszeit mitnimmt. Vielleicht war ich schon vierzehn. Aber nicht zu vergleichen mit den Vierzehnjährigen heutzutage. Noch keine Spur von Erwachsenwerden, weder Menstruation oder gar ein Busen. Bin aber bereits eine begeisterte Bergsteigerin. Für die zwei Wochen Pfingstferien darf ich dabei sein. Durch Tiefschnee schleppen wir unsere Rücksäcke die Bergflanken hinauf. Tatsächlich schaufeln wir dann den Eingang zur Hütte frei, ein ganzer Meter Schnee noch auf dem Dach. Kerzen sind abends unsere Lichtquelle und mit Holz aus dem Schuppen heizen wir den kleinen Raum. Ein paar Untermieter – Feldmäuse – haben schnell begriffen, dass ein Schlaraffenland hier mit einzieht. Wenn wir am Abend still am Tisch bei einer Tasse Tee sitzen, klettern sie ohne Scheu an uns hoch und über die auf dem Tisch liegenden Arme zu unseren auf dem Tisch liegenden Bröseln. Ist eine Tasse leergetrunken, dann sind sie, schwupp, auch gleich drinnen und lecken den verbliebenen Zucker auf.

Tagsüber ersteigen wir einige kleinere Gipfel oder besser gesagt, Vorbuckel der großen, steil abfallenden Nebelhorn- und Daumenwände. Es sind keine lawinenträchtigen Rinnen und Schluchten. Beim Absteigen von den steilen Hängen machen wir Riesensprünge talwärts, kommen bei jedem Sprung wieder in den weichen Schnee, der uns dann einen weiteren Meter schliddern lässt. Es sind herrliche Momente und herrliche Tage ohne jede Verbindung zur Außenwelt. Wir fühlen uns wie in der Arktis, kein Gräslein wagt sich aus der Schneedecke. Die Murmeltiere sind noch im Winterschlaf. Aber Gämsen klettern ab und zu schon auf der anderen Talseite herum. Nur drei Abenteurer hinterlassen täglich ihre Fußspuren ums Haus, wenn nicht ab und zu ein heftiger Schneefall alles wieder weggezaubert hat.

Für unsere Familie gibt es keinen Urlaub mit Hotel und Meer. Aber jeden Sommer unternehmen wir in den Allgäuer Alpen eine einwöchige Bergtour von Hütte zu Hütte. Die Eltern sind Mitglied im Alpenverein. Deshalb gibt es bei Übernachtung und Verköstigung einen Preisnachlass. Allerdings sind die Rucksäcke der Eltern trotzdem vollbepackt mit hartgekochten Eiern, mit Landjägern, mit Fischdosen. Als Mitglied bekommt man kostenlos Teewasser. Man darf sich mit heißem Wasser selbst Tee mit seinen Teebeuteln zubereiten. Am Abend bekommt jeder von uns immer eine Erbswurstsuppe mit einem aufgeschnittenen Wienerle drin. Ein, zwei Brotscheiben dazu, und es schmeckt köstlich. Für die Getränke haben wir Sirup im Rucksack. Untertags beim Wandern füllen wir uns die Trinkflaschen mit Wasser aus einem Bach auf, zusammen mit einem Schuss Sirup. Wir Kinder müssen von klein auf einen Rucksack tragen. Natürlich nur mit unserer eigenen Kleidung zum Wechseln. Bei dem kleinen Michael ist es zunächst nur ein symbolisches Tragen ohne Gewicht.

Wir erkunden in all den Jahren die bekanntesten Hütten der Allgäuer Alpen. Manchmal gibt es auch Regentage, die uns ins Heu einer Alm verbannen. Die jüngeren Brüder sind immer gut mitgelaufen.

Manchmal bekommen sie zur Sicherung einen Strick um den Bauch gebunden, wenn es zu abschüssig und ausgesetzt wird. Ich selbst bin damals schon trittsicher. Freue mich, mit großen Sprüngen eine Schotterhalde hinunterzuspringen. Mit jedem Schritt einen halben Meter weiterrutschend, so ähnlich wie bei der winterlichen Almhütte. Ich wandere gerne vorneweg. War ich einmal hinten, dann hatte ich das Gefühl, mich doppelt anstrengen zu müssen.

Meine Eltern sind bis ins hohe Alter in die Berge gegangen. Es war ihnen ein Jungbrunnen. Mich selbst verschlug es dann eher in die arabischen Wüsten. Aber auch dort gibt es bis zu hundert Meter hohe Berge aus Wüstensand zu erklimmen. Von Marib aus ist es für unsere Ausgräbergruppe ein Sonntagsnachmittagsausflug. Wie im Tiefschnee geht es die Dünen hinauf – und bergab rutschen wir dann auf stabilen Plastiktüten die steilen Hänge hinab.

Der strenge Vater, vor dem ich mich bis ins Erwachsenenleben hinein oft fürchte, pflanzt andererseits in mir den Hang zu Freiheit und Abenteuer. Seine Geschichten und seine Liebe zur Natur haben in mir Saiten berührt, die immer noch schwingen.

Allerdings war da auch ein schwarzer Schatten. Er trübt unser fünfköpfiges Familienleben für einige Jahre. In den unmittelbaren Nachkriegsjahren wird meine Mutter, die Mama, krank. Lungenkrank. Offene Lungentuberkulose. Die Entbehrungen des Krieges und auch noch danach begünstigen die Erkrankung. Mama kommt in eine Lungenheilanstalt. So hieß das damals. Völlig abgezehrt kehrt sie zurück.

Der Arzt verschreibt ihr einen Lungenpneu, alle vierzehn Tage. Und, dass sie auf keinen Fall nochmal ein Kind bekommen dürfe. Der Lungenpneu wird über zwei Jahre durchgeführt. Und ist jedes Mal die Folter schlechthin gewesen. Alle zwei Wochen wird meiner Mutter eine Düse in die Lunge gebohrt, in beide Lungenflügel, und diese mit Luft durch die Düse aufgepumpt. Die ersten Tage kann sie vor Schmerzen kaum atmen. Die Luft drückt auf die Schultern und im Brustkorb auf jedes Organ. Die Schmerzen lindern sich im Laufe der zwei Wochen von Tag zu Tag, und sobald sie wieder schmerzfrei gewesen wäre, kommt die nächste Ladung Luft.

Damals ist man noch sehr arzthörig, und so erduldet sie die Behandlung. Aber nach zwei Jahren platzt meinem Vater der Kragen, und er setzt sich durch, einen anderen Arzt aufzusuchen. Dieser ist entsetzt über die lange Behandlungszeit. Und er beendet sie sofort.

Über die unsägliche körperliche Erleichterung der Mutter stülpt sich aber ein noch schwererer seelischer Druck. Mit der Ehe scheint irgendetwas nicht mehr zu stimmen: Der Vater verliebt sich unsterblich in eine andere Frau. Heimlich.

Den Sündenfall begünstigt die sehr katholische Einstellung der Eltern. Es darf ja kein Kind mehr gemacht werden. Das heißt übersetzt: Enthaltsamkeit. So schleicht sich Adele aus dem Sudetenland in Vaters Herz. In ihr findet er die Erfüllung. Jahrelang. Die ganze Nachbarschaft weiß es, nur nicht unsere Mutter. Adele wohnt nämlich im Parterre unseres Hauses. Das ganz Schlimme an der Sache ist, dass der Liebe ein Dokument gemacht werden „musste". Ein Kind. Es kam behindert auf die Welt. „Die Strafe Gottes!" – wie man dann gesagt hat. Aber es kommt noch ein zweites Kind. Haarsträubende Geschichten werden Mama aufgetischt von einem Verlobten im Ausland. Aber langsam gehen meiner Mutter die Augen auf.

Trotz des ärztlichen Verbots hat sie auch noch ein Kind bekommen, Bruder Michael. Er ist ihr großer Trost. Er ist ein Jahr alt, als sich die Büchse der Pandora öffnet. Monate mit Beschimpfungen und Vorwürfen ziehen ins Land. Mutter spioniert den Beiden hinterher, was zu öffentlichen Streits führt. Bruder Josef ist noch zu klein, um die Zusammenhänge zu verstehen. Von Michael ganz zu schweigen. Ich bin zwölf und leide offen unter der schlimmen Zeit. Vater will sich nicht scheiden lassen, Mutter will sich nicht scheiden lassen. So ringen sie um das *Wie* der Zukunft. Mal heftig böse, mal weinend.

Ich will für mich, dass dies ein Ende hat und sie sich endlich scheiden lassen. Ich war meiner Mutter deshalb sogar böse.

Das Blatt wendet sich, als die Stadtverwaltung das ganze Schlamassel mitbekommt und meinen Vater Josef Stachel, den Standesbeamten, degradiert. Er muss sogar eidesstattlich unterschreiben, dass er die Affäre beendet hat. Und ehrlich wie er ist, tut er das auch und steht dazu. Dies geschah in den 1950er-Jahren!!! Mama ist über den erzwungenen Schlussstrich erleichtert. Allerdings wohnt die Nebenbuhlerin weiterhin im Haus. Die Lösung mit ihrem Auszug war dann keine wirkliche Lösung. Denn Vater kauft Adele ein kleines Grundstück neben unserem Grundstück auf dem Land, unweit von Kempten. Es bot sich an, weil es billig war. Mutter tobt. Aber Vater versichert ihr immer wieder, dass die Beziehung beendet sei. Allerdings fühlt er sich natürlich für seine Taten verantwortlich. Deshalb hilft er jede freie Minute bei dem Bau einer besseren Hütte für die andere Familie. Über zwei weitere Jahre zieht sich diese Phase hin. Klar, die junge Frau will den Vater ihrer Kinder für sich. Da sich dies nicht einstellt, bekommt der Vater auch Zunder von ihrer Seite. Und die große Liebe bröckelt, bis nur noch das Alimentezahlen bleibt.

Meine Mutter entschließt sich nach vielen Beteuerungen, dass die Beziehung beendet sei, dem Ehemann zu glauben. So kann sie ihm verzeihen. Und das tut sie vorbehaltlos. Und von da an beginnt, so sehe ich es jetzt als alte Frau, die wirkliche Liebesgeschichte von Mama und Papa. Noch fünfundzwanzig Jahre dürfen sie diese erleben. Papa erleidet zwei Jahre vor seinem Tod einen Schlaganfall. So ganz erholte er sich davon nicht mehr. Die Gesichtslähmung verschwindet, und er kann wieder gut sprechen. Dann schlägt der Krebs zu, und nach eisernen Kämpfen verliert unser Vater seinen eigenen Lebenskampf.

Bemerkenswert ist, dass ich von dem Moment an, als Vater den Schlaganfall erlitten hat, meine immer noch anhaltenden Vorbehalte ihm gegenüber verliere. Die Zeit der cholerischen Ausbrüche ist eh vorbei. So muss ich mich nicht mehr vor ihm fürchten.

Schon traurig, dass ein Mensch erst hilflos werden muss, um sich ihm ganz zuwenden zu können. Meine Mutter überlebt den Vater um volle zehn Jahre, ehe sie friedlich einschläft.

Meine zwei Brüder, Michael zuerst und dann der ältere Joseph, sind ihnen schon gefolgt. Ich, als die Älteste, möchte dem Erdenleben noch eine Weile treu bleiben.

Mamas Held

VORHANG AUF

Im Alter von sieben Jahren beginnt er zu trainieren. Mit zehn hat er seinen ersten Soloauftritt. Mit dreizehn ist er das dritte Drittel des Mike-Schnelle-Trios. Als Jongleur. Mit fünfzig sitzt er vor mir in einem Taxi in Addis Abeba.

Wir fahren zum Arbeiten ins Nationalmuseum. Unzählige Arbeitstage hatten wir wohl über zwanzig Jahre immer wieder zusammen im Jemen und seit 2009 auch in Äthiopien verbracht. Ich als wissenschaftliche Zeichnerin für archäologische Funde, Mike als Architekt und Bauforscher – spezialisiert auf die sabäische und sabä-aksumitische Kultur. Er ist besessen von seiner Arbeit. Kein Widernis schreckt ihn, keine sengende Wüstenglut, kein Sandsturm, keine Bettwanzen. Man kann daraus schließen: Mike liebt seine Arbeit. „Work is Life!", sagt er gerade zu unserem äthiopischen Fahrer Wondemu.

Disziplin gehört zu all seinem Tun und Lassen. Und Pünktlichkeit. Und eine gewisse Distanz zu seinem Gegenüber. Mikes außergewöhnliche Kindheit und Jugend haben diesen Menschen geschaffen. In die ehemalige DDR hineingeboren, hat er ein Leben kennenlernen und führen dürfen, das für normale Menschen wohl unerreichbar ist. Ein Leben, das Normalsterblichen eine Welt der Träume erschließt, das eine Welt hervorzaubert, die Freude schenkt und den Alltag vergessen lässt: ein Zirkusleben.

Mikes Vater wird in die Schrecken und Wirren des Zweiten Weltkriegs hineingeboren. Schon zeigt sich ein Ende am Horizont, aber damit kommen auch die Bomben der Alliierten. Kommt Tod über die größeren Städte Deutschlands. Um Schwangere und Mütter mit Kleinkindern zu schützen, werden diese im Rahmen der Wehrmachtsevakuierung aufs Land deportiert. So auch Mikes schwangere Großmutter. Mikes Vater Michael erblickt deshalb in Chemnitz das Licht der Welt, kurz bevor seine Heimatstadt Leipzig bombardiert wird.

In Chemnitz wohnen die Großeltern vom neugeborenen Michael. Das war 1944, und der kleine Michael bleibt seine ersten Kindheitsjahre dort. Dann nimmt das Schicksal den aufgeweckten Jungen bei der Hand. Es entführt ihn in ein besonderes Leben. Er entdeckt die Zirkusluft, die für ihn zum Lebenselixier geworden ist. Von der ersten Berührung an fesselt sie sein ganzes Sinnen und Trachten, und diese Zirkusluft hat ihn bis heute nicht mehr losgelassen. Als 80-Jähriger steht er immer noch im Rampenlicht und tourt als *Sir Mike* durch die Lande. Er erfreut Kinder und Erwachsene als Jongleur, als Zauberer und Entertainer mit seiner Leidenschaft und ungebrochenen Freude am Spiel mit seinen Künsten.

Wie kommt es zu dieser ersten Berührung mit der Welt der Kleinkunst, des Klamauks, des Seins und Scheins, der Zauberwelt der Artisten und auch der Welt der gnadenlosen Selbstdisziplin? Es war eine wunderbare Fügung. Michael stolpert mehr oder weniger in sein Glück. Er hält inne und sagt ja. Denn als kleiner Junge sieht er vom Wohnzimmerfenster aus immer wieder den Übungsstunden einer Artistengruppe zu. Sie üben mit Keulen, werfen sie in die Luft und jonglieren damit. Je länger ihnen Michael zusieht, desto mehr fasziniert ihn diese Kunst. Das will er auch lernen. So beginnt er mit eisernem Willen und Ausdauer heimlich für sich zu üben. Er übt mit Glasflaschen, denn woher sollte der ambitionierte Schüler echte Keulen zum Jonglieren herbekommen? Er übt und übt und übt. Und eines Tages bringt er den Mut auf, die Gruppe anzusprechen. Er führt ihnen seine Kunst vor, mit dem Ziel, bei ihnen mitzuarbeiten. Und die Überraschung gelingt. Wie wunderbar!

Michael Schnelle senior, also der Vater von jenem mir bekannten Mike, wird noch im Schulalter Mitglied der bekanntesten Jongleur- und Varieté-Truppe der ganzen damaligen DDR: den Wallastons.

Der vor Neugier und Tatendrang überschäumende Junge verschreibt sich der Zirkuswelt. Es ist ein Pakt auf Gedeih und Verderb. Seine richtige Ausbildung erhält er nun von der Artistentruppe. Sie wird seine Familie. Trainieren, trainieren und nochmals trainieren füllen seine Tage, Glitzer und Glamour sein Leben. Acht Monate Sommersaison verlangen Jahr für Jahr täglich zwei Aufführungen, einmal nachmittags, einmal abends. Zu Beginn seiner Kariere wird der junge Michael zum Mike und zum festen Mitglied der Truppe. Und natürlich betet er auch bald ein Mädchen an. Sie verliebt sich ebenfalls in den jungen Heißsporn und wird seine Muse Cordula. Mit ihrem künstlerischen Talent wächst sie schnell in diese fremde Welt hinein. Ihr Liebster lernt sie an, und sie wird seine Partnerin in der Manege und im Leben. Bald schon kann sie ebenfalls mit allen Tricks jonglieren und die Menschen verzaubern.

Die Beiden heiraten. Schon gleich ist Mike junior unterwegs und wird geboren. Die allerersten Jahre schnuppert er Landluft bei der Großmutter. Aber bald schon pendelt er mit den Eltern in der Sommersaison durch die Lande. In der Winterpause wird die Nomadenfamilie kurzfristig bürgerlich. Aber Mikes Kinderjahre sind umringt von Artisten, vom Publikum, vom Applaus. Sie sind erfüllt von Zirkusmusik, von Zirkuskleidern, vom Zirkusgeruch – von der riesigen, bunten Familie des Varietés. Er ist umgeben von Tieren. Sie sind ebenfalls seine Brüder und Schwestern geworden. Auch vor den wilden Tieren fürchtet er sich nicht. Mit dem Erkennen der Schöpfung weiß Mike schon in jungen Jahren um das Zusammenspiel von Mensch und Tier. Er lernt Respekt und Achtung vor der Leistung der Artisten. Denn auch er unterwirft sich schon als kleiner Junge der enormen Disziplin des Übens. Auch er trägt schon als kleiner Junge dieses stolze Gefühl in sich, etwas zu leisten.

Ausgefüllt von ständigen Ortswechseln lernt Mike junior den Rhythmus und die Regeln, die Klänge, aber auch die Misstöne der Zirkuswelt kennen. In das Schulleben der Wintermonate kann er sich nicht so leicht einfügen. Verlangt es doch andere Pflichten. Zudem ist Mike seinen Mitschülern sicherlich weit überlegen. Er hat bereits etwas von der Welt gesehen, kennt ganz andere Bedürfnisse, weiß von ganz anderen Zielen – und auch von Bescheidenheit. Mike bleibt im normalen Schulleben ein Fremder. Der Zirkus hat ihn bereits verführt, betört, verschlungen. Im Alter von sieben Jahren beginnt er zu trainieren, mit zehn hat er seinen ersten Soloauftritt. Als Jongleur. Der Vater und die Mutter bilden mit ihm zusammen nun ein eigenes Team innerhalb der großen Zirkus-Familie: das Mike-Schnelle-Trio. Sie jonglieren als Artisten mit Bällen und Keulen. Sie wirbeln durch die Zirkusarena oder über die Bühnen der Welt. Spielerisch fliegen ihre Keulen durch die Lüfte. Ein wahres Funkenstieben von den Geschossen und ihren artistischen Sprüngen begleiten die Choreografie ihrer Aufführung. Die überraschenden Tempo- und Richtungswechsel der Wurfgeschosse verwirren und verblüffen das Publikum und lassen es nur noch staunen. Und der bewundernde Applaus kommt wie eine Woge seelischen Glücks über die Künstler.

Die Zirkusluft berauscht den jungen Mike immer mehr und saugt ihn in seine turbulenten und magischen Umarmungen. Die Jahre im Schulalter verbringt Mike meist auf dem Land bei der Großmutter, aber wann immer es geht, tritt er im Mike-Schnelle-Trio mit auf. Ab seinem dreizehnten Lebensjahr immer. Der Lebensmittelpunkt ist trotz der teils weitläufigen Tourneen Leipzig und das Hinterland mit der Großmutter. In seiner Freizeit stromert Mike durch den Leipziger Auwald. Er sucht und sammelt Artefakte, Versteinerungen und archäologisch anmutende Funde im Umfeld der Braunkohlehalden. Dort ist er gerne alleine. Er freut sich an gedanklichen Verbindungen geschichtlicher Ereignisse und sinniert ihnen nach. Damit bereitet er unbewusst einen Raum nur für sich selbst: Er ist mit der Natur verbunden und mit ihren Gesetzen. Immer ganz bei sich, legt Mike mit diesen geliebten Ausflügen in seine seelischen Urwelten unbewusst den Grundstein für sein späteres Leben. Doch zunächst geht es weiter als Artist im Varieté. Es ist eine Zeit des Wachsens und Werdens, eine Zeit der Suche nach dem Ich. Die unglaublichste Tollheit gelingt Vater, Mutter und Sohn mit dem Mike-Schnelle-Sprung. Da springt der Sohn hoch über die bereits mit Keulen jonglierenden Eltern, im Sprung übernimmt er deren Keulen, kommt jonglierend mit ihnen auf die Füße und jongliert immer noch weiter, als ob nichts gewesen wäre. Erst nach Sekunden bricht die Starre des Publikums, der angehaltene Atem befreit sich in tosendem Applaus.

Mike-Schnelle-Trio mit dem Mike-Schnelle-Sprung

Bereits im sechsten Jahrhundert gibt es Jongleure, die mit Barden und Hofnarren auf Märkten und in Gasthäusern auftreten. Allerdings werden sie zu dieser Zeit gerne als Trickbetrüger und Tagediebe abgestempelt. Ab dem elften Jahrhundert bereichern dann die Jongleure mit ihren vielen Talenten die Unterhaltung der Adligen. Sogar in Schulen und Bruderschaften können sie ihr Talent verfeinern. Ab Mitte des achtzehnten Jahrhunderts ist dann die Kunstform Jonglieren in jedem Zirkus vertreten. Sie gehört zur professionellen Besetzung. Inzwischen hat die Kleinkunst leider sehr an Bedeutung verloren. Zum einen decken sich die Kosten nur schwer mit den Einnahmen der Vorführungen. Zum anderen wird die Menschheit im digitalen Zeitalter und dessen unermesslichen Möglichkeiten mit *immer noch besser, immer noch aufregender, immer noch gefährlicher* geblendet.

Dem allem zum Trotz ist Mikes Vater, heute als *Sir Mike*, mit Herzblut weiterhin unterwegs. Ein solitäres Urgestein in einer öden Landschaft. Es gibt ihn noch. Und seine Erinnerungen. Niemand kann erahnen was es bedeutet, sich zirkusreife Auftritte anzutrainieren. Disziplin und Pünktlichkeit müssen ins Blut übergehen. Und ist dies einmal geschehen, dann wird die Ausübung zur lebenserhaltenden Substanz.

Die üblichen Tournee-Orte des Mike-Schnelle-Trios sind hauptsächlich in der DDR und in den Ostblockstaaten. Aber auch Engagements im Westen gehören dazu. Die berühmtesten drei Staatszirkusse Busch, Berolina und Aeros dürfen im Westen auftreten. Die DDR braucht Devisen und auf diese Weise bekommt sie Westgeld, das die Artisten bei der Rückreise im Zwangsumtausch wieder einführen. Denn die Aufführungen waren immer ausverkauft. Auch kleine Zirkusse und Varietégruppen dürfen in den Westen. Die Kriterien dazu legt der DDR-Staat fest: Die Aufenthalte dürfen nicht benutzt werden, um sich abzusetzen. Dort verdient man das große Geld. Vater Mike kauft Autos und handelt damit im Osten. Für sich selbst ersteht er einen starken Volvo als Zugauto für einen Wohnwagen. Damit ist die Familie autark geworden und kann somit leichter Engagements annehmen. Die Zirkus-Kostüme entstehen in Schneidereien in der DDR, die Stoffe dazu kauft sich die Artistenfamilie im Westen. Immer wieder kann das Trio unter anderem auch im *Hansa-Varieté-Theater* in Hamburg auftreten. Zigeuner und Liliputaner, Zauberer, Feuerschlucker, die Dame ohne Unterleib – ein Pulverfass voller Menschen, die am Rande der Gesellschaft leben. Transvestiten und Drogendealer, Gestrandete und Abzocker mischen die Landschaft auf. Dort auf der Reeperbahn gibt es einen Kostümladen, den *Indianer Joe*. Er ist selbst für Theaterleute und Artisten ein Wunderland. Mike Junior verliert sich dort oft, noch nicht ahnend, dass der Name des Ladens irgendwie Programm für sein weiteres Leben werden soll. Denn *Indiana Jones,* ein Archäologe und Forscher, ist die fiktive Hauptfigur einer berühmten Abenteuerfilmreihe. Mit Hut und Schlangenlederpeitsche ist dieser ein legendärer Filmheld geworden. Nonchalant löst er Menschheitsrätsel und sprengt Verbrechersyndikate. *Indianer Joe* oder *Indiana Jones* – wo ist der Unterschied?

Das Mike-Schnelle-Trio ist also ständig auf Achse. Es tritt im Zirkus und auch auf Varieté-Bühnen auf. Es reist einmal acht Monate mit einem Schweizer Zirkus durch die Lande. Im Zirkuswagen leben die Eltern, im Zugtier Volvo lebt Mike. Er ist ein junger Mann geworden. Hätte gerne eine feste Beziehung mit einem Mädchen. Wie hätte sich das mit diesem Zirkusleben vereinbaren können? Diese acht Monate im Westen und ständig unterwegs auf engstem Raum – das war für Mike zu viel geworden. Er steht an einem Scheideweg. Nach dem letzten darauffolgenden Auftritt im Hansa-Varieté-Theater Hamburg flieht Mike junior in den Westen. Zum Entsetzen seiner Eltern. Er ist neunzehn und springt ins kalte Berliner Westwasser. Mit nichts.

Für Mike senior zerbricht eine Welt. Zerbricht damit doch sein Mike-Schnelle-Trio, seine Lebensgrundlage. Von Seiten der DDR-Regierung wird er vorgeladen und in den Westen geschickt, um seinen Sohn zur Rückkehr zu bewegen. Der Vater hat einen Vertrauensvorschuss, weil er sich 1970 mit seiner damaligen Varieté-Truppe, den Wallastons, in Wien nicht mit in den Westen abgesetzt hat. Die Bekehrung seines Sohnes gelingt ihm nicht. So kehrt Mike senior ohne Mike junior zurück nach Leipzig. Dies war im Jahre 1988.

Für Mike selbst ist die Flucht und die damit verbundene Trennung von seinen Eltern *das* traumatische Erlebnis seines Lebens. Allerdings wirkt sich diese nicht ganz so dramatisch auf das Fortleben der Eltern aus. Die Auftragslage bleibt für das neue Duo konstant. So fliegt der Sohn kurz darauf in die Schweiz und besucht die Eltern. Die verfahrene Situation hat sich damit wohl wieder etwas eingerenkt.

Der junge Mike fasst Fuß in Berlin, studiert Architektur. Er hängt als Postgraduierter auch noch das Studium der Denkmalpflege und Bauforschung an. Und seine Sehnsucht nach Weite und Freiheit und einem Schuss Abenteuer erfüllt sich auf andere Weise: Mike ist seit 2001 beim Deutschen Archäologischen Institut angestellt und mit festen Projekten verbunden. Und seit 2001 arbeiten wir, also auch ich, regelmäßig zusammen auf Ausgrabungen der Station Sanaa im Jemen und in Äthiopien.

Der Hut kommt bei ihm ab und zu zum Einsatz, die Schlangenlederpeitsche eher selten. Frau und Kinder geben ihm Heimat. Und wenn Mike seine achtjährige Tochter Alma zum Pferderücken-Kunst-Reiten, dem Voltigieren, fährt und in der Arena Stallluft schnuppert, dann explodiert Seligkeit in seinen Erinnerungen, unsägliche Seligkeit.

Altplauen
Vorher

Altplauen
Nachher

ALTPLAUEN 12

Meine eigenen Erfahrungen und Erinnerungen mit der ehemaligen DDR sind etwas traumatischer. Bekanntlich bettet man sich so, wie man dann liegt. Nun, ich bettete mich über die kommenden Jahre hinweg etwas unbequem.

Ich lerne Teilkonstruktion im Maschinenbau. Ich bekomme meinen Sohn Roman. Als 37-Jährige beschenkt mich mein Leben mit einem Hochbegabtenstudium für Malerei und Grafik. Das ich mit einem Diplom abschließe und zwei Jahre Meisterschülerin bin. Ich komme zum ersten Auslandsaufenthalt auf eine Ausgrabung. Dies ist mein Einstieg in den Orient bis ins hohe Alter, mit monatelangen Einsätzen. Und ab 1991 habe ich über siebzehn Jahre die Assistenz an der Internationalen Sommerakademie in Salzburg im Fachbereich Radierung. Was will ich mehr?

Ich will weg von Kempten. Da ich aber nicht weiß wohin, drehe ich den Spieß um: Ich löse meine Wohnung und meine Werkstatt auf. Entsorge ein Drittel meiner Habe, verschenke das zweite Drittel und lagere das dritte ein. Nun bin ich frei. Für den Übergang beziehe ich ein kleines neogotisches Türmchen hoch über einem Park ohne fließendes Wasser und ohne Strom. Denke, dass nun von selbst eine Lösung kommen wird. Und sie kommt. In Form eines Prinzen. Wie konnte es anders sein. Sein gut bewehrtes Schloss erhob sich in Leipzig. Aber bald bekommt es der Prinz mit der Angst zu tun. Deshalb beschließe ich, mich nicht in Leipzig, sondern in Dresden niederzulassen.

Im Freistil geht es los: Innerhalb einer Woche habe ich dort ein Zimmer und eine Arbeit. Ich zeichne für das Landesamt für Denkmalpflege als archäologische Zeichnerin für die Restaurierung im Stadtbereich.

Es sind die ersten Jahre nach dem Fall der Mauer. Aufbruchstimmung überall. Aber überall auch Schutt und Trümmer.

Viele Menschen haben Ost-Visionen. Manch einer will für sich ein zweites Wirtschaftswunder. Aber einige spüren rasch die Ungleichheit der beiden Deutschlandteile. Die Investitionen bereichern meist den Westen. Die östliche Jugend wandert aus. Die Dörfer veröden. Die Städte sind noch grau. Die westlichen Einwanderer beäugt man scheel. Man weiß, warum. Und dieses Vorurteil bestätigt sich immer wieder. Ich finde mich leider auch in derselben Schublade.

Einem Wohngemeinschaftszimmer bin ich wirklich entwachsen. So halte ich Ausschau nach einer Wohnung. Es ist aber unmöglich, an eine heranzukommen. Wir schreiben das Jahre 1994. Der gewaltlose Mauerfall bewirkt total überzogene Mietpreise. Es sei billiger, so die Aussage der Makler, sich einen Kredit zu besorgen und ein Haus zu kaufen. Am allerbesten ein Wohn- und Geschäftshaus, wo Miete hereinkommt. Dann würde es sich rechnen. Nun gibt es in Dresden jede Menge renovierungsbedürftiger Häuser. Ich schaue mich um und finde ein Kaufobjekt. Heruntergekommener Jugendstil. Ein Wohn- und Geschäftshaus mit freier Wohnetage für den eigenen Gebrauch, und im Geschäftsbereich Parterre sehe ich schon meine Radierwerkstatt. Ich male mir sofort das sanierte Ergebnis aus und bin begeistert. Zudem lockt der Staat, einem bei Denkmalschutzgebäuden gewaltig unter die Arme zu greifen.

Bei Großbanken erkundige ich mich nach einem Kredit. Beinahe wäre ich den Verlockungen der Deutschen Bank erlegen, kann aber deren Angebot noch stoppen. Die Zahlungen hätten mich in den Ruin getrieben. Denn noch ist das Objekt ein verlottertes, fast unbewohnbares Gebäude. Die Lösung ist, in Eigenregie alles in Kleinarbeit auf die Beine zu stellen – und das Abenteuer beginnt.

So fällt mir eine Bauingenieurin und Mathematikerin in den Schoß. Frau Behrbalk. Sie kalkuliert die Aufwendungen realistischer durch und ist bereit, mich die ersten Schritte zu begleiten. Der Kredit wird von einer anderen Bank vergeben. Ich kaufe das Gebäude. Drei Mietparteien wohnen im Haus. Alle sind mit der

Komplett-Sanierung einverstanden. Und wollen auch während der ganzen Bautätigkeiten wohnen bleiben, wie auch immer. Ich selbst ziehe mit meinem eingelagerten Hausratdrittel aus Kempten ebenfalls mutig ein.

Die Klos außerhalb der Wohnungen auf halber Treppe. Keine Dusche, kaputte Fenster, Kohleöfen, eingefrorene Leitungen, die beim Auftauen platzen. Das Dach ist undicht. Mit diversen Töpfen fange ich die Tropfen auf. Sie veranstalten bei Regen immer ein kleines Konzert. Jeder Tropfen gibt je nach Wasserstand einen anderen Ton von sich. Der Keller, ein Tonnengewölbe, ist vollkommen vermüllt und versottet vom jahrelangen Hineinschütten der Asche und sonstigem Müll. Bei einer Dachrinne fehlt das untere Teil, und so läuft das Regenwasser daraus direkt in den Keller und lässt die abgelegten Matratzen verfaulen. Es waren zwölf Container nötig, den ganzen Unrat zu entsorgen. Es war ein kleines Holzbrett nötig, um den Regen in den Garten zu leiten.

Zauberhaft! Trotzdem ist nicht nur im Land Aufbruchstimmung, sondern auch bei mir. Gründliches Putzen verwandelt meine Räume in visionäre Zukunftsträume. Bereits im ersten Winter gebe ich meine jährlich folgenden Dresdener Radiertage, die dann jährlich in meiner Werkstatt stattfinden. Wir frieren uns alle die Finger ab, und selbst die Säure zum Radieren friert ein. Für die teilnehmenden Freundinnen aus der Alten Welt sind diese zehn Tage ein tolles Ereignis, wie sie mir im Nachhinein immer wieder staunend berichten. Im Frühjahr kommen Gisela und Aska zu Besuch, und auch für sie ist der Aufenthalt nicht entsetzlich. Ich werde von der Dresdener Künstlergemeinschaft freundlich aufgenommen. Ich darf mich sogar gleich an einem Kunstprojekt beteiligen. Ich habe bereits drei Radiererinnen, die sporadisch in meiner Werkstatt arbeiten. Auffällig ist für mich, dass Eigeninitiative unter Künstlern nicht bekannt ist. Sie warten auf Projektmittel, aber die Projekte denken sie sich nicht selber aus. Sie warten mit aufgehaltenen Händen auf einen Segen von oben. Klar, in Zeiten der DDR bekamen Künstler ein Minimaleinkommen. Das fällt seit dem

Zusammenbruch der kommunistischen DDR weg. Wie soll man da plötzlich privatwirtschaftlichen Strukturen folgen können?

Ich spüre schnell die Vorbehalte meiner Mieter. Allerdings nicht von Familie Liebezeit. Diese ist hocherfreut, dass das Haus aufgeräumt wird, mit einer Sanierung in Aussicht. Sie leiden unter der Chaoswirtschaft der anderen. Als Blumenverkäuferin und mit einem handwerklichen Beruf des Mannes sind beide fleißige und freundliche Menschen. Sie geben mir das nötige Rückgrat.

Eine der beiden anderen Familien sind ganz schreckliche Mieter. Ein Ehepaar mit einem kleinen Buben. Ihr Müll liegt außerhalb der Wohnung. Durch Wände und Türen vernimmt man ihre Streitereien. Wahrscheinlich haben sie wirklich kein Geld, aber im Westen wäre man zur Stadtverwaltung gegangen und hätte um Hilfe gebeten. Hier geht die junge Frau auf den Straßenstrich. Angeblich mit dem Einverständnis ihres Mannes. Er ist arbeitslos, hinzu kommt ein heranwachsender Junge – von was sollen sie leben! Ich kann die drei Störenfriede mit viel Geschick nach einigen Monaten mit einer Abfindung loswerden. Die andere Familie, beide Eltern arbeitslos, schlägt sich mit Gelegenheitsarbeit durch. Sie sind nicht bösartig. Aber auch sie sehen in mir die reiche Westlerin, die man über den Tisch ziehen kann. Unterm Strich ist es sehr hart gewesen, dem Haus eine gewisse Ordnung aufzuzwingen.

Bereits im ersten Jahr beginnt die Sanierung. Das Dach wird zunächst notdürftig abgedichtet. Am wichtigsten ist die Heizung in Verbindung mit einer Warmwasserversorgung. Innerhalb von ein paar Wochen ist diese installiert. Noch gibt es keine Anschlüsse für die geplanten Bäder. Für die Innenausbauarbeiten finde ich arbeitslose Handwerker, die erst einmal die alten Fenster und Türen abschleifen und lackieren. Sie reißen die alten Bleirohre heraus, die alten Stromleitungen. Der Fenstertrupp übernahm auch das Verputzen und Anstreichen der Decken und Wände. Ich habe zu ihnen ein nettes Verhältnis. Die vielen Teepausen übersehe ich gerne, denn es geht trotz allem voran. Der Chef des Trupps,

Herr Kursave, ruft mich noch Jahre später immer wieder an. Einfach aus Anhänglichkeit.

Für die Elektrik habe ich eine Firma, auch für die Heizung und für die Installationen der Bäder. Für Heizung und Dach konnte ich ebenfalls Firmen anstellen. Ich muss mit den Ausgaben höllisch aufpassen, damit mir das Projekt nicht aus dem Ruder läuft.

Was mich vor dem Absturz rettet, ist die Vermittlung eines bestimmten Menschen. Dieser soll anonym bleiben. Er kommt aus dem Westen. Er ist ein Flüchtling vor dem Gesetz. Flieht in den noch undurchschaubaren Osten. Er gehörte bislang zu jenen, die zum Kaffeetrinken mal kurz nach New York fliegen. Er machte Geschäfte auf der Reeperbahn. War verwickelt in Geldwäsche, Betrügereien, Waffenhandel. Die Buschtrommel flüstert von noch Schlimmerem. Der Boden wurde ihm zu heiß. So versteckt er sich im Osten unter einer neuen Identität. Eigentlich unter gar keiner. Er ist nicht gemeldet. Es gibt zwar irgendeine Frau, aber er wohnt dort illegal. Er schafft sich als ehemaliger Bauingenieur eine Arbeitsmöglichkeit. Kauft sich einen Ford Transit für sein Büro und seine mobile Werkstatt. Er stellt illegale Gastarbeiter an und findet an allen möglichen Baustellen Arbeit. So auch bei mir.

Unser Deal sind 20 DM für ihn in der Stunde. Seine Arbeiter bekommen davon 10 DM. Er besorgt das nötige Baumaterial und das nötige Equipment für die Baustelle. Denn meine Baustelle wird nun auch die seine. Er findet Gefallen daran, dass ich selbst mit zulange, so wie er. Ich bin jeden Tag, auch am Wochenende, ab sechs Uhr auf den Beinen. Ich bin ununterbrochen damit beschäftigt, den Baudreck wegzuschaufeln und wegzukehren. Kratze die allgegenwärtige Hundekacke täglich vom Gehsteig am Haus entlang, beaufsichtigte die Arbeiter, plane die Lage der Strom- und Wasseranschlüsse. Bin das Mädchen für alles. Ich schleife mit einer schweren Bodenschleifmaschine die wunderbaren Holzdielenbretter ab. Ich versiegle sie mit Leinöl. Einige hundert Quadratmeter. Ich pinsele aber auch geschmiedete, verzierte Eisenkanten und sonstige Feinheiten an.

Die schlimmste Drecksarbeit und die kleinsten Verschönerungen gehören zu meinen Aufgaben. Alle schönen Architekturdetails kann ich erhalten, wie das geschmiedete Treppengeländer, die Treppen selbst aus Marmor und deren Wendelung in den Zwischenstockwerken.

Und N.N. ist vom selben Schlag. Ich kann es nicht begreifen, wie jemand mit solch einem Hintergrund so zuverlässig und kompetent sein kann. Er kommt täglich und da manchmal dreimal. Er kommt manchmal sogar an den Sonntagen, um mir eine andere, bessere Möglichkeit einer Problembehebung vorzuschlagen. In der Wahl seiner Arbeiter hat er auch ein gutes Händchen. Die zwei Hauptgesellen für meine Baustelle sind Gynäkologen aus der Ukraine. Sie schuften also in Deutschland mit Schwerstarbeit für 10 DM in der Stunde. Und senden die Hälfte davon ihren Familien. Sie finden in ihrem Heimatland keine Arbeit. Und hier staune ich nur, wie gut sie sind, die Männer fürs Grobe. Sie reißen Mauern ein und bauen neue auf. Im Keller machen sie tabula rasa. Das Ausbessern einiger Dachbalken und das Dachdecken und Verschalen übernehmen sie. Ebenso das Sandstrahlen der offenen Balken und das Sandstrahlen der Sandsteinumrandungen der Fenster an der Fassade. Anwohner regen sich wegen der Staubbelästigung auf und holen die Polizei. Die Beiden fliehen über die Dächer. Sind am nächsten Tag wieder zur Stelle und beenden die Arbeit. Immer mit dem Blick nach hinten, ob sie gleich wieder abtauchen müssen. Ein weiterer Arbeiter aus Polen, zwei aus der Türkei, waren für Putzarbeiten im Keller zuständig. An der Hausfassade bekommen die Balkone mit ihren schmiedeeisernen Geländern von mir einen Anstrich. Mehrere Arbeiten mit Buntglas entstehen auch in meiner Werkstatt.

Aus dem grässlichen Hinterhof wird ein schmucker Garten mit einem riesigen Tisch in der Mitte. Eine Kiesschüttung in einem abgegrenzten Rund soll die Pflege vereinfachen. Leider finden die zahlreichen Katzen der Umgebung den regensicheren Platz unter dem Tisch mit der von mir lackierten Stahlplatte ideal, dort ihr

Geschäft zu verrichten. Auch kein Antikatzenspray kann es ihnen verleiden. Aber irgendwann ist der Schar das Gemeinschaftsklo zu voll geworden, und somit war Ruhe. Nach einer Säuberung hatte ich gewonnen.

Eine riesige Esche verleiht dem Garten seine Schönheit. Der Baum ist sicherlich mehr als hundert Jahre alt. Er steht allerdings genau auf der Stützmauer zum Nachbargrundstück, das zwei Meter tiefer liegt. So liegt ein Teil des Wurzelstocks außen, und er sucht sich an der Mauer hinunter einen Weg ins Erdreich. Die Nachbarn beschweren sich, dass der Baum bei einem Unwetter umfallen und Schaden anrichten könne. Sie wollen, dass ich das edle Stück fällen lasse. Ich liebe diesen Baum und will ihn unbedingt erhalten. So kommt mir eine glorreiche Idee: Ich gehe zum Bauamt und stelle einen Antrag, den alten Riesen zu fällen. Natürlich bekomme ich keine Genehmigung. Aber den Nachbarn kann ich die Ablehnung zeigen. Sie hingegen werden beauftragt, das freistehende Wurzelwerk an der Mauer auf ihrem Grund mit einer Betonschale zu stützen.

Der Denkmalschutz ist mit mir sehr zufrieden und gestattet mir sogar, für die Fassade drei Farbabstufungen zu verwenden. Und in sage und schreibe zwei Jahren ist das Werk vollendet. Obwohl ich jährlich Monate im Jemen verbringe und archäologische Funde zeichne. In diesen Zeiten ruhte die Bautätigkeit.

Ein letzter Container ist zum Abtransport bereit, doch N.N. kommt nicht. Einer der illegalen Arbeiter berichtet mir atemlos, dass der Chef verhaftet worden sei. Wegen Falschparkens! Er kommt nach Chemnitz – Besuche sind verboten und auch Briefe. Fernsehen ist nicht gestattet – verschärfte Haftbedingungen. Einmal kann ich mit ihm telefonieren. Er faltet Einlegpapiere für Werbungen in den Quelle-Katalog und für ähnliche Firmenangebote. So leid mir seine kriminelle Karriere tut, wenn sie denn wirklich so verwerfenswert gewesen war, so wunderbar war sein Einsatz für meine Baustelle und somit für mich. Ich wäre ohne ihn untergegangen. So gerne würde ich ihm sagen, wie dankbar ich ihm bin.

Die Sanierung kostet mich eine fast übermenschliche Anstrengung. Aber ich finde auch große Freude am Wachsen und dann an der Vollendung, der Erneuerung des wunderbaren Jugendstilhauses. Und prompt bekomme ich von zwei Parteien keine Mietzahlungen mehr. Eine Katastrophe schlechthin. Denn damit finanziere ich den Kredit. Aus heutiger Sicht wäre ein sofortiger Rückzug mit Verkauf das einzig Richtige gewesen. Denn zu diesem Zeitpunkt hat es noch viele Interessenten gegeben, die im Osten ihr Glück versuchen wollten. Meine Liebe zu diesem Gebäude und mein Stolz ließen es nicht zu. Noch nicht.

Als mich meine Hausmeisteraufgaben immer mehr nervten, vor allem die täglichen Hundehaufen auf dem Gehsteig, bin ich so weit. Allerdings hat sich bis dahin etwas gewendet – ein drastischer Rückgang von Kaufwilligen. Somit ein drastischer Geldverlust. Ich verliere mein Erbe, und wäre da nicht doch noch dieser Prinz aus seinem Schloss gewesen, um mir die geliehenen Geschmeide zu schenken, dann wäre dieses Dilemma anders ausgegangen. Doch das ist wiederum eine ganz, ganz andere Geschichte …

ONKEL ALOIS

So lange habe ich um Onkel Alois einen Bogen gemacht. Aber jetzt ist er dran, das schwarze Schaf der Familie. Er ist der älteste der Högerle-Kinder. Erst stirbt der Alois, dann die Tante Hanna und dann meine Mama. Sie im Alter von 96 Jahren. Alle lebten in dem von Großvater Högerle wohnbar gemachten Elternhaus. Alois war ein aufgeweckter Bub und kommt ganz nach dem Vater. Bei ihm macht er eine Lehre zum Maurer und darf dann in München Architektur studieren. Sein hoffnungsvoller Lebensweg wird aber von einer unglücklichen Liebe durchkreuzt: Alois verliebt sich zum Schrecken der Familie in eine zwanzig Jahre ältere „Geschiedene". Das also auch noch, eine Geschiedene! Und schwängert sie auch gleich. Obwohl die Liebe rasch verflogen ist, wird Alois von der Familie genötigt, des Kindes wegen zu heiraten. Damals ist das ein Muss ohne Wenn und Aber. Das fast vollendete Studium ist gelaufen. Alois muss Geld verdienen. Selbst mit gutem Willen reicht es nicht aus, wenigstens eine Harmonie im Eheleben zu erreichen. So geht das nicht lange gut. Erst kommt die Trennung, dann die Scheidung. Und Alois Sohn Werner wächst bei seiner Mutter in Oberstdorf auf. Den Vater darf er nur ab und zu einmal sehen. Meinem armen Cousin Werner wird von Anfang an ein gewisses Misstrauen entgegengebracht, verbunden mit dem Ruch einer sündigen Zeugung.

Der Bub leidet im engen Allgäu. Gleich nach seiner Lehre, natürlich wieder eine Maurerlehre, findet er in Basel in der Schweiz eine Arbeit. Ich habe als Mädchen den großen Cousin vielleicht nur ein- oder zweimal gesehen. Aber nach ein paar Jahren zieht es Werner doch wieder zurück in die Heimat, und so rückt er wieder in den Familienkreis. Er heiratet Luise, und sie bekommen fünf Kinder, wia d'Orgalpfüfa, meint er einmal launig. Der Kontakt wird wieder enger, denn Luise ist ein richtiges Goldstück. Werner arbeitet bis in die Rente hinein und sogar etwas darüber hinaus bei der Oberstdorfer Nebelhornbahn. Ich kenne ihn nur mit zünftigem Trachtlergewand. Dazu gehören auch sein Berglerhut mit einem prächtigen Gamsbart darauf und Wadlstutzen.

Onkel Alois, Werners Vater, stürzt allerdings mit der erzwungenen, dann gescheiterten Ehe und mit dem verlorenen Sohn in einen Abgrund. Er beginnt zu trinken. Zunächst hat er eher mal einen über den Durst genommen. Aber das häuft sich zusehends. Er wohnt in zwei Zimmern in unserem Haus in der Grünbaumgasse. Den Arbeitsaufträgen seines Vaters geht er recht und schlecht noch nach. Dann stirbt der Vater, mein Großvater. Er ist für Alois immer die Instanz gewesen, die den Sohn vor dem Totalabsturz bewahrte. Nach dessen Tod geht es mit der Trinkerei immer schneller bergab. Es wird für Alois schwieriger, an Aufträge ranzukommen. Aber irgendwelche Freunderln und Saufgenossen verschaffen ihm doch ab und zu wieder Arbeit. Doch sobald Zahltag ist, versäuft er das Geld restlos. Er trinkt nicht, er säuft inzwischen. Er ist ein Quartalssäufer geworden, der sich mit dem ersten Geld ins Koma befördert und dann drei Tage seinen Rausch ausschläft, oder vier. Und das geschieht inzwischen oft mit einer noch nicht abgeschlossenen Arbeit. Die Kumpels klopfen an sein Fenster, um ihn zum Aufstehen zu bewegen, aber es ist nichts zu machen. Er rührt sich einfach nicht. Nach dem ausgeschlafenen Rausch erhebt sich der Unglücksrabe und trinkt nichts mehr bis zum nächsten Zahltag.

Oft hatte er es sich mit dem Auftraggeber verdorben. Dass der Onkel überhaupt immer wieder genommen wird, liegt daran, dass er ein ausgezeichneter Maurer ist. Trotzdem vermehren sich die brotlosen Tage und die Saufexzesse ebenfalls. Ein nicht aufzuhaltender Kreislauf mit einer Sogwirkung nach unten. Die gute Oma, meine Großmutter, steckt ihm immer wieder Geld zu, das Onkel Alois aber nur in Alkohol umsetzt. Über Jahre zieht sich der Absturz hin.

Generell ist Onkel Alois ein freundlicher, friedfertiger Mensch. Er randaliert nie. Verschwindet einfach in seinen zwei Räumen, wo er inzwischen die Fenster dauerhaft dicht verhängt hat. Mit seinem feinen Humor machte er sich über sich selbst lustig.

Aber die Alkoholsucht hält ihn am Wickel. Seine zwei Schwestern bekommen mit, dass die Oma dem schwarzen Schaf ihr ganzes Geld immer wieder heimlich zugeschoben hat. Langsam kristallisiert es sich heraus, dass er sein anstehendes Erbe, ein Drittel des Hauses, schlichtweg versaufen würde. Vielleicht ist ja auch Omas Krebsleiden von der Hoffnungslosigkeit ihres Sohnes mit verursacht. Jedenfalls sieht sie ganz klar, dass Alois nichts erben darf. Eines Tages wären die Gläubiger vor der Türe und hätten die anderen zwei Drittel des Hauses mitgepfändet. Und das darf nicht sein. Meine Eltern und Tante Hanna mit Onkel Friedel, die ja mit den Kindern Gertrud und Heini auch im Haus wohnen, sehen das ebenso, so traurig und ungerecht die Entscheidung auch sein mag.

Schon lange lässt Onkel Alois niemanden mehr in seine Wohnung. Ich bin da eine kleine Ausnahme gewesen. Er malt für mich in mein Poesiealbum ein wunderbares Aquarell, einen Strauß aus Alpenveilchen. Dabei darf ich ihm zusehen. Am Schluss überreichte er mir die Fibel und meint: „So etwas kann ich also auch."

Im Laufe der Jahre führt das Abschotten zu heißen Spekulationen über den Zustand seiner Räume. Vor allem ist dies seinen beiden Schwestern ein Dorn im Auge. Und als der Bruder eines Tages für eine Woche einen Maurerauftrag in Lindau ausführt, schreiten sie zur Tat. Sie halten es einfach nicht länger aus zuzusehen, wie ihr Alois so langsam vor die Hunde geht.

Gewaltsam öffnen sie seine Wohnungstüre. Was sie da erwartet, wird von der Realität noch übertrumpft. Die zwei Räume sehen nicht nach einer Wohnung aus, sondern nach einer verdreckten Rumpelkammer, die schon fünfzig Jahre vor sich hin geschlafen hat. Eine Ecke am Tisch ist frei, um sich ein Brot zu streichen, alles andere mit Gerümpel und Müll belegt. Das Schlimmste tut sich aber im Schlafraum auf: Da stapeln sich an die zwölf ausgediente Matratzen übereinander. Plus eine aktuelle daneben auf dem Boden. Alle sind zerlumpt – und stinken. Stinken nach Urin. Und jede hat in der Mitte ein durchgefaultes großes Loch. Klar, im Vollrausch geht keiner zum Pieseln aufs Klo. Meine Oma musste dies alles nicht mehr erleben, wie gut.

Als sich der Schock etwas gelegt hat, schreiten Hanna und Resi zur Tat. Fenster auf und Luft rein. Aller Unrat in den Hof hinaus. Gnadenlos wird entrümpelt. Die Matratzen entsorgen die beiden Schwäger bei Nacht und Nebel. Mit Kernseife und Wurzelbürste werden Fenster, Schränke, Tisch und Stuhl und der Fußboden geschrubbt. Hübsche Vorhänge, eilends genäht, und Lampen werden aufgehängt. Eine Bettstatt mit neuer Matratze wird gekauft. Zwei übrige Teppiche der Schwestern kommen auf die nun gescheuerten und eingewachsten Holzdielen. Ein paar Grundlebensmittel in den Küchenschrank, auf den Küchentisch sogar ein Blumenväsle mit Alpenveilchen und Bergfotos in Rähmchen aufgehängt – in fünf Tagen erkennt man die ehemalige Gruft nicht wieder. Am sechsten Tag kommt Alois. Der Schock vernichtet ihn beinahe: die Wut über den Einbruch, die Scham über sein sichtbar gemachtes Leben.

Die Tat seiner beiden Schwestern bringen einen Umbruch von Onkel Alois Leben zustande. Seltsamerweise kann er sogar die Sauferei eindämmen. Er sucht sich Arbeit und er findet eine feine Nische: Für die Firma Bohlinger malt er mit seinen Pinseln Edelweiß und Enzian auf touristische Utensilien. Kuhglocken und Lederhosenträger verziert er. Malt Postkarten. Malt Verkaufsschildchen. Mit dieser Arbeit kann er nun sein Leben bescheiden fristen. Auch ist er auf seine saubere Kleidung stolz geworden, besonders auf seine Tracht. Ich darf ihn ab und zu wieder besuchen. Charakteristisch ist für ihn ein Zigarillo zwischen den Lippen. Vielleicht ein kleiner Suchtersatz. Sein ausgemergelter Körper erholt sich im Laufe der kommenden Jahre zusehends. Allerdings hat sein Herz die Alkoholexzesse nicht ganz vergessen. Und so hört es eines Tages einfach auf zu schlagen.

Onkel Alois

Rosalia und ihre Kinder –
Kindergärtnerin und Köchin

RUSSLAND. KASACHSTAN. DEUTSCHLAND. ROSALIA.

Katharina die Große – Zarin Katherina II. – verehrt und geschmäht! Man dichtet ihr ein Heer von Liebhabern an. Immerhin soll sie ihrem Gemahl, dem Zaren Peter III., bis zu seinem Tod treu gewesen sein. Sie war eine deutsche Prinzessin. Mit sechzehn Jahren kommt sie an den russischen Zarenhof und wird verheiratet. Das war im Jahre 1745.

Als Leitbild ihrer Regierung entwickelt Katharina die These, dass im Jahrhundert der Aufklärung nicht mehr die großen Waffentaten gewürdigt werden sollen. Mit einem Staatsstreich entmachtet sie ihren Gatten, den Zaren Peter III. Gleich darauf verkündet sie in einem Manifest, wie sie ihr Land regieren wolle: *auf gesetzlichem Wege solche staatliche Institutionen schaffen, durch die die Regierung unseres lieben Vaterlandes ihren Lauf nehmen kann, auf dass auch in Zukunft jede Staatsbehörde ihre Grenzen und Gesetze zum Zwecke der Wahrung der guten Ordnung habe.*

Katharina II. legt großen Wert darauf, in die europäische Elitekultur aufzusteigen. Sie legt großen Wert auf die ökonomische und gesellschaftliche Entwicklung ihres Landes. Das Allgemeinwohl ist ihr ein Anliegen und sie versteht Landwirtschaft als Quelle des Wohlstands.

Und die Kaiserin hat Visionen: Sie will in ihrem riesigen Reich unbewohnte und dünn besiedelte Gebiete durch zuverlässige neue Untertanen besiedeln und bewirtschaften lassen. Ein richtungsweisendes Einladungsmanifest verbreitet sie im Juli 1763 in ganz Europa. Tausende von deutschen Bauern holt sie damit ins Land, denn viele Vergünstigungen locken die Auswanderer. Bis weit in die Regentschaft von Zar Alexander II., 1881 bis 1894, wird diese Besiedelungspolitik im Schwarzmeergebiet um die Wolga und auf der damals russischen Halbinsel Krim aufrechterhalten.

Unter diesen Deutschen, die auf der heute noch umstrittenen Halbinsel ihre neue Heimat finden, waren auch die Vorfahren von Rosalia Zainolin. Ihre turbulente Lebensgeschichte hat sie im Oktober 2002 nach Kempten ins Allgäu verschlagen. Ich kenne Rosalia nun seit sechzehn Jahren. Wir sind befreundet, und sie hat mir erlaubt, ihre Geschichte zu erzählen. Sie selbst kann sie bis zu ihrem Ururgroßvater zurückverfolgen. Und dieser lebte als deutscher Aussiedler auf der Krim. Letztlich von Katharina der Großen in ihr Land gerufen.

Auch Rosalias Urgroßvater, der Großvater und der Vater werden auf der Krim geboren. Der Vater heiratet dort eine fesche Russlanddeutsche, und Rosalias ältester Bruder Alexander und Schwester Olga werden somit noch auf russischem Boden geboren. Damals sind dort ganze Landstriche Russlanddeutsch. Rosalia ist noch nicht an der Reihe, das Licht der Welt zu erblicken. Sie wird erst 1955 geboren. Da ist sie dann Tausende von Kilometern vom Geburtsland ihrer Väter entfernt.

Denn nach dem deutschen Überfall auf die Sowjetunion 1941 beginnen die ethnisch motivierten Deportationen von zunächst 700.000 in der Sowjetunion lebenden Deutschen. Vorwiegend nach Sibirien, nach Kasachstan und an den Ural werden ganze Völker umgesiedelt. So auch die Krimdeutschen. Mit der Umsiedelung will die Sowjetunion einer Spionage und Kollaboration mit Hitlers Vasallen vorbeugen. Spätestens nach der Machtergreifung der Nationalsozialisten in Deutschland werden die Russlanddeutschen wieder als „innerer Feind" betrachtet. Zehntausende deutschstämmige Soldaten werden vom Dienst in der Roten Armee suspendiert und in die Strafbataillone der Arbeitsarmee versetzt. Schon kurz nach dem Einmarsch Hitlers in die Sowjetunion verordnet Stalin 1941 die Vertreibung von fast 53.000 Krimdeutschen hauptsächlich nach Kasachstan.

Und blitzartig gelingt es Hitler, die Halbinsel Krim einzunehmen. Viele verbünden sich mit den Besatzungstruppen und der SS. Sie säen auf diese Weise den Grundstock für die nazidurchsetzten ukrainischen Gebiete.

Auch Rosalias Familie wird von der Krim zwangsdeportiert. Insgesamt sollen es 800.000 Russlanddeutsche gewesen sein. Innerhalb von vierundzwanzig Stunden müssen die Koffer mit nur den notwendigsten Dingen gepackt sein. Haus, Vieh und Land bleiben zurück und sind konfisziert. In Viehwaggons geht die Reise ins Unbekannte. Die Menschen werden zwischen Kühe, Pferde, Esel, Schafe, Hühner gepfercht. Sie müssen auf dem Boden auf Heu schlafen. Es gibt nichts zu essen und fast kein Wasser. Keine Toiletten. Zudem herrschen während des Transports die schlimmsten Witterungsbedingungen des Jahrhunderts. Schnell breiten sich Krankheiten aus, besonders bei Kindern. Viele sind während der Deportierung erfroren oder an Infektionen gestorben.

Rosalias Familie überlebt. Schwester Olga ist noch ein Säugling. Die Mutter trocknet die Windeln unter ihrer Kleidung auf ihrer Brust. Sie hat keine Milch mehr. Der Stress lässt sie versiegen. Trotzdem ist der Überlebenswille stärker. Von der Krim nach Kasachstan sind es fast 4.000 Kilometer. Die Umsiedler werden nicht direkt als Gefangene behandelt. Aber wie lassen sich diese Umstände als Zwangsverschickung sonst benennen? Fluchtversuch wird mit zehn Jahren Gefängnis bestraft. Man braucht keine große Fantasie zu haben, um sich den Zustand der Deportierten vorzustellen. Auch bereits angekommen, sterben noch viele an den Strapazen der langen Reise.

Selbst die Wenigen, die heutzutage von der Existenz dieses Landes wissen, können benennen, wo sich Kasachstan befindet. Klickt man dieses Land bei Wikipedia an, dann erscheint es als großer, roter Fleck inmitten von ganz Asien. Erst da kann man erkennen, wie zentral es liegt, wie groß es ist und wie weit weg es sich von uns befindet. Von Berlin nach Astana, der Hauptstadt, sind es knapp 4.600 Kilometer Luftlinie. Also gut ein Zehntel des Erdumfangs am Äquator. Im ganzen Land leben an die zwanzig Millionen Menschen. Da kommen sieben Einwohner auf einen Quadratkilometer. Bei uns in Deutschland sind es 236. Es ist der größte Binnenstaat und der neuntgrößte Staat der Welt. In Kasachstan wird kasachisch und russisch gesprochen. Es ist eines der rohstoffreichsten Länder

der Erde. Riesige Erdölreserven und Steinkohle haben für das Land große Bedeutung. Zudem besitzt es Schätze an Silber, Phosphor, Mangan, Kupfer und Uran. Die Grenze zum heutigen Russland hat im Norden eine Länge von 7.600 Kilometern.

Damals war das Land ein Teil der UdSSR. Damals kommen die Deutschen freiwillig nach Russland und bauten sich vor hundert, zweihundert Jahren mit ihrer Hände Arbeit eine Existenz auf. Nun stehen sie als Deportierte wieder vor dem Nichts. Als erstes bekommen sie das harte kontinentale Klima zu spüren. Die Sommer über vierzig Grad Celsius plus, die Winter unter vierzig Grad minus. Von Steppen und Waldsteppen über fruchtbare Ebenen und Gletscher bis auf 7.000 Meter Höhe sind die Wüsten am verbreitetsten. Fast die Hälfte des Landes ist von ihnen bedeckt. In diesem Zentralasien besteht ein Vielvölkergemisch. Kök-Türken und Sassaniden spielen in historischen Zeiten eine Rolle, die Byzantiner und Chinesen. Die Mongolen fallen unter Dschingis Khan ein, auch die Usbeken. Schließlich kommen die Kasachen, die sich später den russischen Zaren unterstellen. Und schlussendlich werden während des Zweiten Weltkriegs unzählige Russlanddeutsche nach Kasachstan zwangsumgesiedelt.

Das Dorf Selinagrad wird der Rosalia-Familie zugewiesen. Und dort wird Rosalia geboren. Es liegt im Norden des Landes. Und wieder soll mit Landwirtschaft und Handwerk ein unterentwickeltes Gebiet zu blühenden Landen gemacht werden. Die Familie kann zu anderen Angehörigen im Land Kontakt aufnehmen. So beschließt sie, zu ihnen nach Pasolak Novasiolowka zu ziehen. Das allein hat schon etwas Trost gegeben. Die Neuankömmlinge versuchen alles, um wie vor langer Zeit auf der Halbinsel Krim, ein sinnvolles Leben zu führen. Sie schuften und kommen trotzdem nicht aus den ärmlichen Verhältnissen heraus. Mutter Rosalia hat noch neun weitere Kinder geboren. Allerdings sterben zwei Zwillingspaare gleich nach der Geburt. Die drei Schwestern heißen Olga, Alexandra, Rosalia und Jelena, die Brüder Alexander, Johann und Waldemar. Olga und Johann sind Jahre später in Deutschland verstorben. Olga in Kempten, Johann in Kitzingen.

Der Vater baut für seine Familie in Pasolak Novasiolowka ein Haus. Wie üblich, helfen alle Nachbarn mit, und wiederum hilft der Vater bei den anderen Baustellen. Die Mutter ist die Seele des neuen Heims. Ihre Kinder können nun behütet und beschützt aufwachsen. Der Vater ist Mechaniker für Traktoren. Die Mutter putzt im kleinen Theater ihres Dorfes. Aber zu der ganzen Kinderschar hat sie mit ihrem Mann auch eine Landwirtschaft zu betreiben. Denn man sorgt dafür, dass möglichst viel zum Lebensunterhalt selbst angebaut werden kann. Tiere für Fleisch und Milch und Eier sind zur Ernährung wichtig und so betreiben sie Ackerbau und Viehzucht. Butter und Käse stellt man selber her. Und Vorratswirtschaft für den Winter ist notwendig. So wächst die Kinderschar mit Pferden, Kühen, Schafen, Ziegen und Hühnern auf. Hunde und Katzen gehören natürlich als Streicheltiere auch dazu. Und alle, alle halten wie Pech und Schwefel zusammen. Nicht nur der enge Familienkreis mit den Verwandten, sondern auch die ebenfalls in Pasola Novasiolowka angesiedelten russlanddeutschen Familien. Das gemeinsame Schicksal, alles verloren zu haben, verbindet und gibt Halt. Es sind nicht nur Dinge die fehlen. Die Heimat auf der Krim fehlt, die Scholle.

Für uns verwöhnte Wohlstandsbürger hört sich das trotz allem paradiesisch an. Weites Land, Freiheit über den Horizont hinaus. Unbegrenzte Möglichkeiten. Vielleicht kommt anfangs auch eine Goldgräbereuphorie hinzu, dass im wilden Osten doch das Glück liegen könne. Aber so ganz funktioniert dies nicht. Die Realität sieht anders aus. Allein mit seinem kontinentalen Klima verlangt die neue Heimat viel Lebenskraft. Auf der hügeligen Steppenlandschaft wird mit Mühe Ackerbau betrieben. Die medizinische Versorgung dürfte auch nicht auf dem Niveau unserer Schulmedizin gewesen sein. Stalins Arm und der seiner Nachfolger von Chruschtschow, Breschnew bis zur amerikanischen Marionettenfigur Jelzin reichen nicht ganz so weit über den Ural hinaus. Moskau war weit, weit in Europa. Entwurzelt findet man sich schwer mit dem Aufbau einer neuen Heimat ab.

Erst unter Chruschtschow werden die seit dem Zweiten Weltkrieg verfemten Russlanddeutschen wieder rehabilitiert. Die multinationale

Vielvölkergemeinschaft Kasachstan beherbergt nun unter anderem Kasachen, Russen, Uiguren, Tataren, Usbeken, Kirgisen, Ukrainer und Deutsche. Dieses Völkergemisch lebt auch in Rosalias Dorf friedlich zusammen. Nach dem Zerfall der Sowjetunion gibt es wieder eine freie Religionsausübung. Muslime und Christen, eine Judenminderheit, auch Buddhisten sind die Hauptrichtungen. Rassistische Vorkommnisse hat es sicherlich auch gegeben. Aber wenn man in so einem Gemisch von Völkern und Religionen lebt, dann dürfte im Zusammenleben nur der Mensch an sich etwas zählen. Und nicht Hautfarbe und Religion. So sei es auch bei ihnen gewesen, bekräftigt es Rosalia. Kurz vor der Staatsgründung 1989 sprechen mehr als 80 Prozent der Bevölkerung Russisch. Auch noch lange Zeit nach der Unabhängigkeit. Inzwischen ist aber Kasachisch als Staatssprache eingeführt worden.

Rosalia wird 1955 in Selinagrad geboren und wächst zusammen mit ihren Geschwistern in Pasolak Novasiolowka auf. Und weitere Geschwister folgen. Auch innerhalb der Familie wird Russisch gesprochen. Im engen Zusammenhalt ihrer Familie und dem mit den Nachbarn macht Rosalia ihren Schulabschluss. Sie wird Erzieherin. Später kocht sie in der Schulküche. Sie lernt, was es heißt, sparsam zu wirtschaften und trotzdem Freude am Leben zu haben. 1968 stirbt ihre Mutter an Krebs. Die vier Mädchen Alexandra, Olga, Rosalia, zwölfjährig, und die jüngste Jelena übernehmen den Haushalt. Auch den Vater müssen die drei Buben bald ersetzen. Rosalia reift zu einer schmucken jungen Frau heran. Sie ist ein fröhlicher, zupackender Mensch. Sie heiratet mit zweiundzwanzig Jahren. Bald kommen Sergej und Andrej zur Welt. Einige Jahre später noch Alexander. Der russische Kosename für ihn ist Sascha.

Und schon gleich kommt unter Gorbatschow das Ende der UdSSR. In den kommenden Jahren wird das eh schon marode Dorf Pasolak Novasiolowka noch weiter heruntergewirtschaftet. Es gibt kein Material, keine Baustoffe für Instandhaltungen. Die Jugend wandert ab, das Dorf verwaist wie andere Landstriche. Rosalia beschreibt ihr Dorf als kaputt und leer. Deutschland signalisiert, dass

Rückführungen möglich sind und auch eine zügige Wiedereingliederung. So setzt sich in die Herzen der hoffnungslosen Dorfbewohner langsam der Wunsch fest, auszuwandern. Von Rosalias Familie wagt den ersten Schritt Schwester Olga. Mit ihrem Mann Eduard und den drei Kindern können sie als Spätaussiedler nach Deutschland fliegen und landen in Kempten im schönen Allgäu. Die Brüder Johann und Waldemar stürzen sich mit ihren Familien ebenfalls ins Deutschlandabenteuer und landen in Kitzingen. Wo Waldemar heute noch lebt. Im Jahre 2002, zwei Jahre später, entschließt sich auch Rosalia, mit ihren drei Söhnen aufzubrechen und alles hinter sich zu lassen. Mit ihr folgen noch weitere sechzig Dorffamilien.

So werden wieder einmal nur zwei Taschen gepackt. Ein kurzer Blick zurück – und schon fliegt Rosalia mit Sergej, Andrej und Alexander übers Kaspische Meer und den Ural, fliegt über Moskau hinein ins deutsche Wunderland. Dank Olgas Vorarbeit ist der mutige Schritt nicht ganz so angstbesetzt. Olga hat alle Papiere besorgt. Für das Ausländeramt ist das Prozedere fast schon Routine, da sich etliche Familien aus demselben kasachschen Dorf für Kempten entschieden haben.

Das Lager Friedland ist die erste Station. Rosalia erinnert sich peinlich berührt an das Anstehen für Essen in langen Schlangen. Das sei demütigend gewesen. Nach einer Woche geht es weiter nach Nürnberg. Dort gibt es bereits Essensmarken und man kann sich selbst versorgen. Und – dort werden Rosalia die lebensnotwendigen Papiere ausgehändigt. Ihr großes Aufatmen ist sicher bis hinter den Ural zu spüren. Die dritte Station ist dann schon Kempten. Im Asylanten- und Aussiedlerheim in der Duracher Straße in Sankt Mang bekommen die vier Immigranten ein Zimmer mit zwei Stockbetten – und dort leben sie eineinhalb Jahre.

Deutschlernen ist angesagt. Denn alle sprechen nur Russisch. Rosalia wird für den Deutschkurs von der Behörde ausgeklammert. Aber sie wehrt sich erfolgreich und erkämpft sich so den Kurs. Auch sucht sie sich sofort eine Arbeit. Sie putzt in einer Schule.

Die Olgafamilie steht den Neuankömmlingen zur Seite und auch Falidas Familie. Diese kommt aus dem Dorf Karaganda. Ihr Mann ist der Bruder von Olgas Mann Eduard. Überhaupt finden sich die Aussiedler aus Kasachstan schnell zusammen und unterstützen sich auf allen Ebenen.

Alexander ist noch ein Schulkind, aber Sergej mit zweiundzwanzig und Andrej mit zwanzig machen als junge, schmucke und tüchtige Männer gewaltig etwas her. Sie finden schnell eine Arbeit als Fahrer in großen Kemptener Firmen. Schnell bekommen sie auch Kredite, um sich Autos zu kaufen. Viele Jahre bezahlen sie ihre Raten. Beide heiraten, und jeder gründet seinen eigenen Hausstand. Sergej heiratet Marina. Sie haben zwei Söhne: Thomas ist zwölf und Maxim ist zehn. Andrej heiratet Natascha. Sie haben zwei Mädchen: Lina ist wie Maxim ebenfalls zehn und sie gehen in die vierte Klasse. Diana ist gerade sechzehn geworden. Alexander, der dritte Sohn von Rosalia besucht anfangs noch die Lindenbergschule. Dort bekommt er eine sehr aufgeschlossene Lehrerin, die sich seiner besonders annimmt und somit auch seiner Familie.

Es ist Aska Ramelov, die wiederum seit achtunddreißig Jahren meine Freundin ist. In der Eingewöhnungszeit der Familie hilft sie auf allen Ebenen, besorgt Kleidung und geht, wenn es nötig ist, auch heute noch bei Arztbesuchen und Behördengängen mit. Sie ist Rosalia und Olga und Falida zur engen Freundin geworden. Vor allem unterstützte sie Olga, als diese krank wird. Bei vielen Arztbesuchen ist Aska an ihrer Seite. Bald aber hat Olga nach einem harten Ringen gegen den Tod verloren. Sie hinterlässt eine trauernde Familie.

Rosalia findet eine eigene Wohnung in der Theaterstraße. Sie ist schrecklich heruntergekommen und hat Schimmel an den Wänden. Zusammen mit Alexander putzt sie energisch die verdreckten zwei Zimmer mit Küche und Bad. Aber so eine kasachsche Überlebende schreckt das nicht. In kurzer Zeit verwandelt Rosalia ihr Zuhause in ein gemütliches Heim, trotz dunklen und feuchten Zimmern. Inzwischen hat auch Alexander den Schulabschluss in der Tasche.

Und bald bittet er Rosalia, ob sein Mädchen Katharina auch hier mit wohnen dürfe. Natürlich sagt sie ja, und so leben alle drei froh zusammen. Schon längst hat das junge Paar auch geheiratet. Ihre zwei Buben sind Niclas mit zehn Jahren und Leon mit sechzehn. Er geht in die Staatliche Wirtschaftsschule Kempten und hat schon gleich den Schulabschluss erreicht.

Rosalia wohnt inzwischen im Stadtteil Thingers in einer wunderschönen kleinen und feinen Wohnung. Alles ist hell und freundlich und gemütlich. Und blitzeblank. Von ihren sechs Enkelkindern sind ein paar schon fast erwachsen. Und alle streiten sich darum, sie zu besuchen und bei ihr zu sein. Vor allem die kleinen Enkel lieben es, bei ihrer Oma zu übernachten. In der dritten Generation sind sie hier und sprechen akzentfrei Deutsch. Diana will Polizistin werden. Sie besucht die Maria Ward-Schule in der letzten Klasse. Und ihren Lehrvertrag hat sie schon in der Tasche. Enkel Leon ist sechzehn und will Zollbeamter werden. Er muss aber noch die Schule zu Ende bringen. Was aus den jüngeren Enkeln Thomas und Maxim, Lina und Niclas wohl werden wird? Die ganze Welt steht ihnen offen und das Universum dazu.

Die unermüdliche Oma arbeitet immer noch. Denn die Sozialhilfe ist zum Leben zu wenig und zum Sterben zu viel. Auch bei mir hat Rosalia immer wieder einen Einsatz. Sie hilft mir umsichtig und patent, meine Wohnung in Ordnung zu halten.

Einmal fliegen Rosalia und Olga in fünf Flugstunden zurück in ihre alte asiatische Heimat. Sie besuchen ihre Schwester Jelena, die noch in Kasachstan lebt. Es geht ihr gut. Sie kann sich sogar eine kleine Wohnung kaufen. Auch Alexander besucht einmal seinen Kindheitsort. Mit dem Flixbus ist er dorthin fünf Tage durchgehend unterwegs. Die Schwester Alexandra ging zurück nach Russland. Dort ist sie leider verstorben. Bruder Alexander lebt noch in der Ukraine, in Unrine Djepropetrowsk. Es ist Kriegsgebiet und er muss um sein Leben und um das seiner Familie bangen.

Ich frage Rosalia, ob sie manchmal Heimweh hat. Ohne zu überlegen schüttelt sie den Kopf und sagt sehr bestimmt: „Nein! Ich fühle mich hier so gut, als ob ich hier geboren worden wäre!“ Ich frage sie nach ihrem schlimmsten Erlebnis. Es war der Tod ihrer geliebten Schwester Olga. Rosalia könnte bei all ihren Kindern wohnen. Bei allen wäre sie herzlich willkommen. Aber sie will selbstständig bleiben. Ihre Söhne und ihre Schwiegertöchter sind trotzdem immer bereit, zu helfen. Mich berührt der Familienzusammenhalt sehr. Sie verdorrt später einmal sicher nicht in einem anonymen Altersheim. Umsorgt und geliebt wird sie einmal im Kreise all ihrer Lieben den Lebensabend verbringen.

Für mich ist Rosalia ein großes Vorbild. Was Genügsamkeit anbelangt, was Bescheidenheit anbelangt. Und ein Vorbild, mit welch einfachen Mitteln sie die besten Suppen der Welt kochen kann.

Der erste Tag in Kempten,
18. September 2002

SALTO MORTALE

Beinahe hätte ich schon einmal das Zeitliche gesegnet. Ohne Georg, meinem Girgi, würde ich mich seit sieben Jahren schon in den ewigen Jagdgründen befinden. Aber es hat nicht sollen sein, und so wandle ich weiter gut gelaunt durch meine Wunderkammer und ihre Geschichten.

Wenn ich eine dumme Warze oder einen komischen Fleck an mir entdecke, dann gehe ich normalerweise ziemlich zügig zu „meiner" Hautärztin. Ich mag sie, weil sie kompetent ist, einem ohne großes Tamtam schlimme Dinger wegschneidet oder auch harmlosere, sie einen sehr verantwortungsbewusst untersucht und wir beide, was das normale Leben betrifft, wunderbar auf einer Linie sind. Einmal gehe ich aber nicht gleich zu ihr, obwohl sich an meinem linken Oberschenkel ein Bollen bildet. Man könnte ihn auch als Knoten bezeichnen. Und bei Knoten sollte irgendwas bei einem zu klingeln anfangen. Hat es bei mir nicht. Als aber wieder einmal ein Check fällig war, denke ich, dass Frau Dr. Ulich diesen Bollen einfach mal wegschneiden könne. Da zieht sie die Stirne kraus. Sie entnimmt eine Probe, und sagt zwei Wochen darauf, dass ein böses Merkelzell-Karzinom zugeschlagen hat. Das ich mir in einer netten kleinen Klinik in München wegoperieren lassen müsse. Ein Fleischstück, so groß wie ein Schnitzel. „Scheiß drauf", war Frau Doktors Rat. Den ich brav befolgte.

Den Bösewicht bin ich dann los. Nicht die Möglichkeit eines schnellen Nachwachsens. Er, der Tumor, soll ein ganz besonders stark streuender und ein besonders stark wachsender sein. Und leider hat er sich schon die linke Leistengegend geschnappt und hämisch Metastasen gebildet. Die werden dann natürlich ebenfalls herausgeschnitten. Bange Wochen, bis dann weitere Termine vergeben werden. Was so ein Merkelzell in dieser Zeit noch so alles hätte anstellen können. Aber seine Umgebung verhält sich ruhig. Vier Wochen Bestrahlung weisen ihn weiter in seine Schranken.

Aber wegen seiner Unberechenbarkeit und Gier könne der Krankheitsverlauf schlecht eingeschätzt werden, sagt Frau Doktor. Deshalb muss ich alle Vierteljahre Untersuchungen mit CT, MRT und Ultraschall machen lassen.

Und so sitze ich jetzt hier in Kairo im Anglo-American-Hospital im Diagnostic-Center und trinke über sechs Stunden verteilt eineinhalb Liter Flüssigkeit mit einer bestimmten Tinktur. Damit kann das CT-Ergebnis gut eruiert werden. So viel Flüssigkeit so schnell trinken ist für mich fast eine Folter. Ich sitze im kalten Februar mit fünf Schichten angetan in der Sonne im Hospitalgarten. Ich nutze die Zeit, um an meinem Überlebenstext für mein Wunderkammerbuch zu basteln. Dabei stelle ich fest, dass das mit den Jagdgründen ja eine ganz andere Story ist. Aber mein Motto „Außer Krebs – pumperlgsund" lässt mich solche Dinge einfach vergessen.

Nun spiele ich aber selber Frau Doktor mit einem Nachtrag zu meinem schnitzelgroßen Fleischverlust. Ich bin etwas skeptisch von wegen Hautkrebs aufgrund von zu viel Sonnenbestrahlung. Denn seit Jahrzehnten verbringe ich wenigstens die Hälfte des Jahres im Orient. Und da bin ich immer züchtig gekleidet, komplett körperbedeckt. Durch die heißen Sommermonate in Ägypten empfinde ich den Deutschlandsommer eher kühl. So gehe ich hier nicht mal mehr zum Schwimmen, geschweige denn zum Sonnenbaden. Und da frage ich mich natürlich: Wie kann ich Hautkrebs kriegen?

Kommt der böse Bollen vielleicht von einem der Flöhe, denen ich im Orient jahrzehntelang immer in Massen begegnet bin? Ich frage dies bei Gelegenheit den Chef-Onkologen in Kempten. Er meint, dass dies durchaus möglich sei, denn mein Übeltäter könne auch durch Viren übertragen werden. Meine Flohbisse belaufen sich insgesamt sicherlich auf mehr als fünfhundert an der Zahl. Und wenn nur einer der Flöhe dabei war, der sich vorher irgendwo anders gesättigt hat, vielleicht an einer infizierten Fledermaus, dann hätte ich mir das Problem auf diese Weise aufgehalst. Und ich glaube echt, dass es sich so zugetragen hat. Ich glaube, dass dies die Rache der

Flöhe war. Ich hatte sie, die Flöhe, auf den Arm genommen und verlacht, nämlich in meinem Buch *Weihrauch, Qat und Pfeffer – Erinnerungen an den Jemen*. Da allein ein einziger Flohbiss über Tage hin schrecklich juckt und viele Bisse auf einmal sogar Fieber verursachen können, hatte ich im Buch eines der Kapitel eben dieser Plage gewidmet. Über fünfzehn Seiten beschrieb ich launig, wie man sie erstens bekommt und zweitens wieder loskriegt. Und vielleicht haben all die so lächerlich gemachten Plagegeister mir zur Strafe eben diesen Merkelzell-Karzinom-Unhold geschickt.

Aber nun zurück zu meiner Verwechslung: Die Rache der Flöhe schlägt 2019 zu, während sich 2017 ein anderer Tumor gerührt hat. Ich klappe nach einem üppigen Essen zusammen, mein Girgi ruft den Notarzt. Ich komme nach Memmingen in die Klinik – Tumor an der Bauchspeicheldrüse. Gottseidank kein bösartiger. Empfohlen wird trotz meines Alters eine Whipple-Operation. Diese bedeutet, dass von Magen, Darm, Galle und Bauchspeicheldrüse ein Teil weggeschnitten wird. Und der Zwölffingerdarm kommt ganz heraus. Welch ein Kunststück dann, das alles wieder richtig zusammenzuflicken! Meine Bauchdecke ist allerdings sehr stümperhaft zugenäht worden. Sicherlich von einem, der so etwas zum ersten Mal gemacht hat. Sie wirft Falten. Ich würde zur Vermeidung eine kleine Schneiderlehre empfehlen.

Erst nach zwei Jahren habe ich bauchmäßig keine Probleme mehr. Der ärztliche Flickkünstler prophezeite es mir. Zu meinem Mann meinte er, dass mein Herz die Operation aushält. Ich würde damit hundsalt werden.

Diese Weitsicht hat sich bisher nicht als falsch herausgestellt. Zehn Tage Intensivstation lassen mich zehn Kilo mehr wiegen, weil da mit irgendeiner Flüssigkeit heilend eingewirkt wird. Diese Flüssigkeit soll ich dann, zurück auf Station, durch Wanderungen in endlosen Krankenhausgängen wieder weglaufen. Meine Beine fühlen sich aber wie Betonsäulen an und der Körper wie gefoltert. So schaffe ich es die ersten Tage nur auf die Toilette. Täglich wird gewogen, wie viel an Gewicht ich verloren habe. So um ein halbes Kilo herum sind immer die Werte. Nach einer Woche zeigt die Waage fünf Kilo Gewichtsverlust an. Auf einen Schlag!

Und am selben Nachmittag erzähle ich Georg im Krankenbett irgend etwas, fange an zu stottern und zu lallen, verdrehe die Augen. Diese treten mir aus den Höhlen – und ich laufe blau an. Georg stürmt auf den Gang und schreit laut um Hilfe. Binnen Sekunden ist sie da. Denn, oh Wunder, an diesem Tag findet ein paar Zimmer weiter für angehende Ärzte aus der Münchner Kardiologie eine Schulung für Reanimation statt. Das Memminger Krankenhaus ist nämlich auch eine Lehrklinik. Im Eilgang werden mir sofort die Kleider aufgeschnitten und die Matratze unter mir herausgezogen, damit die Wiederbeatmungs-Versuche auf dem härteren Bettgestell besser anschlagen. Und weil ich darauf nicht reagiere, folgen Elektroschocks. Zwei reichen, und ich schnappe nach Luft.

Immer noch im Koma, komme ich auf die Reanimierungsstation. Georg zittert derweil in der Außenwelt.

Irgendwann wache ich auf. Schwebe. Bin völlig schmerzfrei. Bin wohlig träge. Sehe einen Mediziner vor mir komisch hantieren. Es sieht aus, als ob er einen verwickelten Strick entwirren würde. Ich wundere mich über seine schwarze Mütze, grübele darüber nach und frage ihn: „Kenne ich Sie?“ Er lächelt und sagt: „Ich schiebe Ihnen gerade einen Schlauch in die Aorta zum Herzen!“ Ich spüre davon nichts. Er ruft zwei weitere Ärzte. Sie kommen dazu und stellen die üblichen Fragen, ob ich weiß, wo ich mich befinde, welcher Tag heute ist, wie ich heiße, und so weiter. Meine Antworten sind wohl zufriedenstellend. Der Dachschaden hält sich also in Grenzen. Ich werde versorgt, bekomme alles nicht wirklich mit und lande wieder auf der Intensivstation.

Am nächsten Morgen marschiert ein ganzer Trupp zur Visite auf. Der Chefarzt steht an meiner Seite und drückt begütigend meinen Unterarm. Neben ihm in einer Reihe mindestens fünf Kollegen, die Stationsschwester und zwei Pfleger. Sie besprechen das gestrige Vorkommen. Ich werde auch nach meinem Befinden gefragt. Aber keiner der Anwesenden sieht mir dabei in die Augen. Keiner. Auch nicht der Chefarzt. Hat hier jemand ein schlechtes Gewissen? Mein zu starker und zu schneller Wasserverlust führte zu einem zu raschen Kaliumabfall. Menschliche Herzen reagieren darauf sehr sensibel. Die Schwestern der Station hätten meinen zu hohen Gewichtsverlust weitergeben müssen. Irgendjemand hat jetzt wohl gewaltig eine auf den Deckel gekriegt.

Aber das mit dem *hundsalt* hat bislang immer noch gut hingehauen.

Ich liege fast zwei Monate in der Klinik. Danach komme ich für drei Wochen in eine Reha. Zuerst will ich partout nicht. Aber einer der Ärzte nimmt mich zur Seite und erklärt mir, dass ich ohne Reha nie wieder den Zustand erreichen würde, wie vor der Operation. Das überzeugt mich. Ich muss wieder laufen lernen. Wieder essen lernen. Georg bringt mich samt meinem Rollstuhl nach Grönenbach. Die Aufnahme in die Reha zieht sich hin, und während der Wartezeit komme ich auch gleich mit anderen neuen Patienten in Blickkontakt. Georg sieht sich währenddessen das für mich vorgesehene Zimmer an und kann mir gleich ein anderes mit einer viel schöneren Aussicht beschaffen.

Da zur Mittagszeit die Tische im Speisesaal alle besetzt sind, soll ich an dem Katzentisch am Eingang Platz nehmen. Die Zeit zum Verabschieden ist da. Wie ein Häuflein Elend sitze ich in meinem Rollstuhl – und fange an zu weinen. Da springt eine andere neue Patientin von ihrem Stuhl auf, stürzt auf mich zu, nimmt mich in die Arme und sagt: „Nicht weinen, hab keine Angst, ich bin für Dich da!“ Die Tränen laufen trotzdem noch eine Weile. Rosmarie wird meine beste Freundin in der Reha-Zeit und eine Seelenfreundin überhaupt. Wer sonst hätte so von Herzen gehandelt – und keine Schrecksekunde gezögert, mich zu trösten. Rosmarie ist einfach großartig.

Nicht mit mir

WEGE INS JENSEITS

Ans Sterben denke ich noch lange nicht. Und wenn es sein muss, dann möchte ich, wie der Brandtner Kaspar, mit dem Boandlkramer verhandeln. Doch was kann ich ihm bieten? Ein Schachspiel? Aber da hab ich gegen Georg schon immer schnell verloren.

Da die Jahre einen aber bald mit der Nase aufs Ableben stoßen, kommt man doch nicht so ganz umhin, darüber einmal zu grübeln. Wohin es einen „danach" verschlägt? Und wie? Von den himmlischen Abteilungen abgesehen, öffnen sich heutzutage ja allerhand Möglichkeiten. Als Katholikin darf ich mich bis ins Jahr 1963 nicht verbrennen lassen. Wenn doch, dann hätte ich kein kirchliches Begräbnis bekommen und wäre zur Strafe auch nicht auf einem katholischen Friedhof begraben worden.

„Also, was wollen wir?", frage ich Georg. Denn immer wieder denkt man doch daran, dass dieses Ereignis einmal eintreffen wird. Aber das Wie und Was und Wo ist offen. Es ist unser Schicksal, unser Sterben nicht voraussehen zu können. Vom Freitod wollen wir hier mal nichts wissen. Die Kindheit kommt einem in den Sinn und *wie* damals gestorben wurde. Die meisten Menschen starben zu Hause in ihrem Bett. Ich erlebte als Zehnjährige den Tod meiner Großmutter. Sie stirbt im eigenen Bett, da, wo sie auch geboren wurde. Ihr Bett war ein Doppelbett, das nach der Trauerzeit über ihren Ehemann geteilt worden war. In diesem ursprünglichen Doppelbett wurde geliebt und wurden die Kinder gekriegt. Da verstarb der Großvater und schließlich sie selbst. Es wurde ihr Sterbebett.

Dem Sterben der Großmutter beizuwohnen war für mich ein aufwühlendes Erlebnis. Es war nicht angstbesetzt, wohl aber zutiefst berührend und ergreifend. In diesen Zeiten ist es üblich, die Verstorbenen noch drei Tage zu Hause zu behalten. Man bahrt sie auf, um sich von den lieben Toten im offenen Sarg verabschieden zu können. Ein spitzenverziertes weißes Tuch umrahmt die Gestalt.

Sie ist schön gekämmt und mit Blumen geschmückt. Oft im Hochzeitskleid, das in den meisten Fällen schwarz war, im Hinblick auf das letzte Bett. Die Männer ebenfalls im Hochzeitsanzug. Die auf Hochglanz polierten Schuhe gehören auch dazu. Die Hände gefaltet, halten sie ein Kreuz oder einen Rosenkranz. Brennende Kerzen tragen zur feierlichen Stimmung bei. Und Weihwasser.

Man nahm damals von den Verstorbenen persönlich Abschied. Von Angesicht zu Angesicht. Allein oder im Familienverband, mit den Nachbarn, mit der Verwandtschaft. Dies verbindet die Trauernden im Leid. Es wird geteilt und erleichtert. Es wird nur geflüstert. Die letzte Ehre kann man nicht laut verkünden. Kann im stillen Gedenken Zwiesprache halten. Auch heute noch darf man die Liebsten bis zu vierundzwanzig Stunden zuhause bei sich behalten. Vielleicht auch zwei Tage. Es ist eher eine Grauzone, je nach Bundesland verschieden festgelegt. Aber in den Heimen und in Krankenhäusern wird nach vorne geschaut, und du hast höchstens noch eine kleine Weile bis zur endgültigen Trennung.

Dann ist die Zeit gekommen, wo man die Toten sofort abholt. Das Aufbahren will man den Familien nicht mehr zumuten. Ein Toter passt nicht mehr zu den Lebenden. Der Verstorbene kommt nun in die Leichenhalle. Als Kind werde ich zu diesen Friedhofsgängen immer mitgenommen. Hauptsächlich von der Mutter. Dort sind nun die Verstorbenen zum Abschiednehmen aufgebahrt. Wir besuchen also noch einmal Frau Hummel, besuchen Fräulein Hieber, besuchen Herrn Dietrich. Die aus der Nachbarschaft Verstorbenen will man einfach noch einmal sehen. Man fühlt sich dazu verpflichtet. Die Särge sind auch damals noch drei Tage lang in der Leichenhalle zugänglich. Sind nicht verschlossen. Die Verstorbenen liegen offen, von einem weißen Tuch umgeben, in ihrem letzten Bett. In den gefalteten Händen wieder der Rosenkranz.

Von den bleichen bis wächsernen Gesichtern bin ich als Kind fasziniert. Jedes Gesicht ist anders. Zwar kann man eine Ähnlichkeit mit der vorher noch lebenden Person erkennen, aber ein Totengesicht sieht anders aus. Nicht mehr gequält vom langen Leiden, nicht mehr verbiestert von der Schwere des Lebens, nicht mehr strahlend bei den Liebenswerten. Aber ein Hauch des ehemaligen Temperaments ist verblieben. Und darüber hat sich eine marmorne Gelassenheit geschoben. Der Friede der Totengesichter ist ein endgültiger.

Irgendwann wird es dann üblich, die Verstorbenen auch nicht mehr in ihrer alten Hülle zu zeigen. Der Sargdeckel hat sie verschlossen. Der Deckel, der einem klarmacht, dass der Tod unansehnlich ist, dass er nicht zum Leben gehört. Und so wächst die Angst vor dem Tod. Auch die Angst, dass einem das Leben nicht alles bieten könnte. Aber es kommen alle *dran*, sagt meine Freundin Elisabeth immer mal wieder.

Die Begräbnisinstitute entstehen. Sie nehmen einem alles ab, was mit Bestattung, mit dem Gottesdienst, mit Behördengängen zu tun hat. Sogar die Trauerrede. Nur die Trauer selbst können sie nicht übernehmen. Sie wird durch sie eher größer. Ein luftleerer Raum entsteht. Die Rituale, die trösten und die durch ihre Pflicht Halt geben, gibt es nicht mehr. Und die Verbrennungen kommen auf. Besser sagt man „Einäscherung", das klingt nicht so brutal. Das klingt edel. Und sauber. Keine Würmer, die durch die leeren Augenöffnungen kriechen. Beim Verbrennen kann man sogar zusehen, wie sich die geliebte Person aufbäumt, wie sie langsam im Feuerwald zerfällt, wie sie durch den Kamin ins Universum verdampft wird. Nicht sieht man das Aufbereiten der Asche. Da werden die groben Knochen geschreddert wie Gelbe Rüben in der Küchenmaschine. Was aber machen sie mit dem Schädel?

Ja, was tun? Soll man alles vorher regeln oder sollen das die Hinterbliebenen tun? Soll es eine Erdbestattung sein oder eine Feuerbestattung? Die Empfindlichen lassen sich vom Feuer zerlegen und zersieden, die Hartgesottenen eher von den Würmern verspeisen. Manche malen sich die zweite Variante so schrecklich aus, dass allein schon das Darandenken sie schüttelt. Ich finde eher das Verbrennen eines geliebten Menschen unwürdig.

Immer mehr Menschen lassen sich verbrennen. Es ist cleaner, es ist eine endgültige Entsorgung, während sich der entleibte Körper nur langsam dem Erdreich anheim gibt. Zu Humus wird. Humus ist reich an Mineralien und lässt Samen sprießen. Also kann aus einem toten Selbst erneut Leben entstehen. Auch aus Asche? Angeblich nicht. Die Mineralien sind mit dem Feuerbrand in die Sphären verflogen. Ich tendiere also immer noch hin zu den Würmern. Wobei da im Weltlexikon Google zu lesen steht, dass diese sich gar nicht so weit ins Erdreich wühlen können, um am gedeckten Tisch zu speisen.

Erdbestattungen verschwinden immer mehr. „Leichenhalle" darf man ja auch nicht mehr sagen, das ruft zu viele negative Assoziationen hervor, Assoziationen, die ein moderner Mensch nicht mehr aushält.

Also ein Sarg: In der Aussegnungshalle sitzen die Hinterbliebenen, schauen auf ihn mit dem schönen Blumenmeer. Vielleicht spielt auch noch ein Freund des Verstorbenen dessen Lieblingsstück auf der Violine. Vielleicht singt eine Freundin ein Lied. Und nach den einfühlsamen Worten eines Priesters wird der Sarg auf Rollen aus der Halle hinausgefahren zum letzten Gang. Und alle, alle begleiten dann den Menschen, der sein Leben gelebt hat. Der schlimmste Moment ist das Hinablassen des Sarges. Die erahnte Endgültigkeit wird wirklich eine endgültige. Die Schaufel Erde von jedem, das Vorbeiziehen an den engsten Hinterbliebenen, das alles hat Stil, hat Tradition, eine Tradition, in der man aufgehoben ist und aufgefangen wird.

All das, womit in der Aussegnungshalle der Tote gewürdigt wird, gibt es zwar auch bei einer Feuerbestattung. Ein wunderschönes Ritual. Aber da steht auch die Urne. Und da drin ist dieser geliebte Mensch. Schon kein Mensch mehr. Mechanisch zerbröselt. Und bevor alle aufstehen und sich nach draußen begeben, fährt ein Gestell diese Urne nach hinten durch einen Vorhang und fort ist der Geliebte, der Vater, die Mutter, auch einmal ein Kind. Das Abschiednehmen geht einfach zu schnell. Wenn ich das so schreibe, dann möchte ich doch lieber in der Erde vermodern.

In all den Ländern, in denen ich auf Ausgrabungen zeichnete, habe ich vielleicht zu viele Gräber, Begräbnisstätten, Nekropolen, Kuppelgräber, Hügelgräber und Gräberfelder gesehen. Tausende von Jahren ruhen hier die Verstorbenen, einst auch dem langsamen Verfall, der Zersetzung, übergeben. Übrig bleiben die Knochen. Übrig bleiben die Grabbeigaben. Die ich zeichnen durfte. Besonders viele aus der Totenstadt des Awwam-Tempels im Jemen. Die Totenhäuser haben mehrere Stockwerke. Ist die unterste Etage voll belegt, dann wird aufgebaut. Wege und Straßen verbinden die Wohnstätten der Toten. Ihre Beigaben verschönern ihnen das Leben im Jenseits. Manchmal sind sie in Originalgröße, manchmal in Miniaturausgabe gefertigt. Gebrauchs- und Ziergegenständen, Schmuck und Waffen sind ihnen beigelegt worden.

In den Emiraten gibt es die runden Kuppelgräber, in denen sich über fünfhundert Verstorbene versammeln. Die Gräber werden versiegelt, sie werden von Grabräubern aufgebrochen, werden wieder versiegelt. Die gestörten Toten liegen, nach Schätzen durchwühlt, weiterhin würdevoll zu ihrer letzten Ruhe. Manche sind in Embryohaltung in riesigen Tongefäßen bestattet. Manche einsam in einem Hügelgrab oben auf einem Berggrat, weithin sichtbar. Wieder andere sogar unter den Wohnstätten der Lebenden. Man wohnt über den Ahnen, deren Geister das Leben weiterbestimmen.

Türme des Schweigens bauen sich die Parsen. Sie legen ihre Toten auf dessen Dach aus einem großen Gitter und bieten die Körper dem Himmel dar. Geier und Raben fressen die Weichteile, und Körpersäfte und Knochen fallen durch das Gitter. Unten fängt eine Art Grube die menschlichen Reste auf. In vielen vorgeschichtlichen Kulturen ist die Verbrennung des toten Körpers gebräuchlich. In der griechischen Antike wird ebenfalls mit Feuer und mit verschiedenen Zeremonien bestattet. In der römischen Epoche sind Erde und Feuer gleichberechtigt. Im Christentum der Antike ist die Feuerbestattung als heidnisch verboten. Karl der Große verbot die vorher noch praktizierte Einäscherung im Jahre 786. Für Juden und Muslime ist sie grundsätzlich verboten. Nun gab und gibt es immer noch die Verbrennung auf dem Scheiterhaufen bei den Buddhisten, bei den Hindus, es gibt sie in Japan. In Tasmanien, in Patagonien fand die Verbrennung schon bei den Jägern und Sammlern statt. Auch in Europa ist mit der Urnenfelder-Kultur die Brandbestattung weit verbreitet. Nur die Kelten bilden mit ihren sippenweise in Hügelgräbern Bestatteten eine Ausnahme.

Inzwischen tragen die Entleibungsarten seltsame Früchte. Von Diamantbestattung zur Seebestattung mit Körper oder als Asche, moderne Einbalsamierung bis zum sich in den Weltraum schießen lassen, bieten für jedes Temperament die richtige Wahlmöglichkeit. Die Meere geben die Urnen teilweise wieder an die Oberflächen zurück. Also besser unter einem Baum, in einem Feld? Allein, zu mehrt? Ganz anonym verscharrt? Bereits kompostiert oder in einem Betonschrein? Besonders empfehlenswert: Die moderne Einbalsamierung mit einer den Körper ausstopfenden Kunstharzfüllung. Noch ein Tipp: Bei Luftbestattung werden unsere Elemente in Pulverform über dem Himalaya verstreut. Und für ganz Ängstliche gibt es Särge mit Klingeln und Luftlöchern.

In Deutschland ist es verboten, die Urne mit nach Hause zu nehmen. Da gibt es aber gute Umwege über die Schweiz. Verträge mit deutschen Krematorien lassen in Deutschland Eingeäscherte als schweizerisch Eingeäscherte ausweisen. Die nach der Kremierung in Deutschland abgefüllte Urne kann man dann als schweizerische abholen. Und schon steht die Oma dekorativ auf dem Kamin im gemütlichen Wohnzimmer. Allerdings liebäugele ich auch schon mal damit, dass mich dereinst meine Enkelin – nach Umwandlung des aus meiner Asche extrahierten Kohlenstoffs in Graphit und einigen weiteren Transformations-Prozessen – in Form eines gepressten Diamanten bis ans Ende ihrer Tage am Finger trägt.

Soumaya

SOUMAYAS ZOLL UND MARYAMS VISA

Das Ausfüllen eines Formulars für eine Reklamation, der Antrag auf Verlängerung des Passes, die Prozedur, ein Dokument beglaubigt zu bekommen, die Begründung dessen, dass einem eventuell Wohngeld zustehen könnte, der Antrag, einen Zuschuss für zwei Zahnkronen zu erhalten – solche Dinge versetzen uns schnell in Schrecken. Und wir fühlen uns wie gelähmt.

Die Bürokratie wächst und wuchert und treibt seltsame Blüten. Nicht nur in Deutschland. Auf der ganzen Welt hat man mit ihr zu tun. Den Deutschen wird nachgesagt, dass sie es besonders genau nehmen. Wahrscheinlich stimmt das sogar. Aber in einem anderen Land kann es einen auch zur Verzweiflung bringen. Zum Beispiel in Ägypten.

Soumayas Sohn Pepi schreibt seiner Mutter, dass sie von ihm ein Päckchen aus Frankreich nach Kairo geschickt bekommt. Mit ein paar Weihnachtsgeschenken. Groß ist die Vorfreude. Diese dauert sehr lange, denn die Post lässt sich Zeit. Nach ein paar Wochen läutet es bei unserer Freundin Soumaya, und ein Postbote steht vor der Wohnungstüre mit hundert Zetteln bewaffnet. Das ersehnte Päckchen ist angekommen. Aber wo ist es denn? Natürlich im Zollbereich des Kairoer Flughafens. Wann sie es denn holen darf? Nun, zuerst muss sie bestätigen, dass sie in Erwartung eben jenes Päckchens sei – mit Unterschrift auf eines der raschelnden Papiere. Ein zweites Papier bekommt Soumaya ausgehändigt, mit dem ihr bestätigt wird, dass sie zum Abholen berechtigt ist. Aber erst muss sie sich mit ihrem Pass als Soumaya Ibrahim ausweisen. Sie brauche nur die eine Fahrstunde mit einem Taxi zum Cargo-Flughafen kommen, auf Terminal zwei liege das Postgut.

Das macht unsere Freundin dann am nächsten Tag. Der Taxifahrer fährt erst einmal zum falschen Terminal. Dann ist das Gebäude mit viel Fragerei endlich gefunden. Entschlossen steigt Soumaya die

Marmortreppen zum Haupteingang hoch. Und wird von Hunderten von Menschen verschluckt, die anscheinend ähnliche Anliegen haben. Verschiedene Stockwerke sind für verschiedene Zollverfahren zur Auswahl. Mit viel Herumfragen soll das zweite Stockwerk der richtige Ort sein. Das Menschengewühl und das Geschrei verunsichern Soumaya total. Hilflos steht sie im Gedränge und weiß nicht weiter. Fast kommen ihr die Tränen. Da erbarmt sich ein netter älterer Herr und erklärt ihr die Vorgehensweise. Erklärt ihr, dass sie eine Nummer ziehen muss und wo der Apparat dazu steht und wo sie dann warten soll, bis sie aufgerufen wird. Nach zwei Stunden ertönt über eine Ansage dann tatsächlich ihre Nummer und zugleich, welcher Schalter sie erwartet. Ein netter Mensch hinter dem Schalter studiert das Genehmigungsschreiben. Dort steht auch die Nummer des zu erwartenden Päckchens. Der Beamte bewegt sich nach rückwärts, wo ein Stauraum verrät, dass sich das begehrte Objekt dort befinden könnte. Es wird gefunden.

Große Erleichterung breitet sich in Körper und Geist von Soumaya aus. Aber der Hüter des Gesetzes reicht ihr das Geschenk von Sohn Pepi noch lange nicht über den Tresen. Nein. Er fragt, was das Päckchen denn enthalte. Normalerweise weiß man das als Empfänger nicht so ganz genau, es soll ja ein Geschenk sein. So kann diese Frage nicht geklärt werden, und der nette Beamte öffnet das Päckchen mit einem Stanleymesser, nicht sehr behutsam. Aber was verpackt da an Artikeln zutage kommt, lässt den hehren Gesetzeshüter nur den Kopf schütteln. „So geht das nicht. Da ist ja Schokolade drin, und hier ein Buch und dort eine Hautcreme und ein Parfüm und sogar noch ein Kleidungsstück. Das muss alles separat verzollt werden. Sie müssen zu vier Zollstellen gehen. Aber Sie schaffen bestenfalls nur eine am Tag." Soumayas Augen werden immer runder. „Es hilft nichts. Sie müssen für die Einfuhrstücke den Zoll auch separat bezahlen. Natürlich können Sie die Annahme auch verweigern. Hm?"

Als Soumaya auch noch die Summe genannt bekommt, was die Freigabe des Päckchens kostet, muss sie sich erst einmal hinsetzen.

Immerhin sind es vier Hin- und Herfahrten zum Flughafen. Die Taxipreise sind auch nicht mehr ohne. Aber das Geschenk möchte sie natürlich nicht zurückschicken. Das würde ja auch etwas kosten. So fügt sich Soumaya in ihr Schicksal und fährt noch dreimal zum Cargo-Flughafen und bezahlt für die Schokolade den Zoll für Lebensmittel, für das Buch den Zoll für die Einfuhr im Zusammenhang mit Zensurlesen, für die Hautcreme und das Parfüm den Zoll für flüssige Ingredienzien und schließlich für das Kleidungsstück den Zoll für allgemeine Zollbestimmungen. Erschöpft drückt sie dann am vierten Tag ihr Weihnachtsgeschenk an die Brust und ein Alhamdulilla entströmt mit einem tiefen Seufzer ihren Lungen.

Soumaya erzählt uns ihr Erlebnis bei einem Essen im Estoril noch immer genervt. Ich, mit dem arabischen Namen Maryam, verkünde hingegen, dass man in Drittweltländern Vorschriften viel leichter umgehen kann, als in unserem bürokratieverseuchten Deutschland. Aber der ägyptische Zoll scheint unserem System nachzueifern.

Meine Visa-Stories klingen jedoch anders. Vorschriften zu umgehen, funktioniert meist, wenn menschliche Belange eine Rolle spielen. Das heißt, dass dann der Ermessensspielraum zugunsten des Bittstellers ausgelegt wird. Wenn höflich gefragt oder gebeten oder gar gebettelt wird, erbarmen sich die sonst so strengen Gesetzeshüter gerne. Die Hilfsbereitschaft ist dann meistens recht groß. Einfach aus Freundlichkeit.

So singe ich nun mein Lob nach unserer ausgezeichneten Hühnerleber, mein Lob auf ein paar Begebenheiten, bei denen ich ohne großzügige Hilfe dumm ausgeschaut hätte. Bis der Krieg im Jemen begann, arbeitete ich dort immer noch monateweise für das Deutsche Archäologische Institut. Zugleich war ich für dieselbe Institution auch in Äthiopien tätig. So lege ich einmal diese zwei Aufenthalte aneinander, indem ich zuerst im Jemen arbeite, von dort aus nach Äthiopien fliege, um nach dem dortigen Arbeitseinsatz wieder zur Arbeitsstelle in den Jemen zurückzukehren. Mein Visum dafür hatte ich in Deutschland von der jemenitischen Botschaft bekommen.

In Äthiopien ist die Arbeit getan, und ich sitze im Flieger zurück nach Sanaa im Jemen. Kurz vor der Landung fällt es mir siedend heiß ein, dass ich ja kein Visum für die Einreise habe. Das von Deutschland ausgestellte gilt doch nur einmal! Oh je, was tun? Erst einmal stelle ich mich bei der Passkontrolle einfach dumm. Behaupte dass dieses erste Visum für die zweite Einreise auch gilt. Rede auf Arabisch, was meistens einen guten Eindruck macht. Habe mit meinem Rumgejammere aber keinen Erfolg. Ich werde in die Aufenthaltshalle bugsiert. Ich berichte mit feuchten Augen von meinem Arbeitseinsatz im Deutschen Archäologischen Institut hier in Sanaa. Ein paar vom Flughafenpersonal stehen neugierig um mich herum, sicherlich sind welche vom Geheimdienst dabei. Ich hocke auf meinem Gepäck und schrumpfe immer weiter zusammen. Normalerweise würde ich nach Addis Abeba zurückgeschickt werden. Dann Übernachtung dort im Hotel, dann stundenlanges Anstehen in der dortigen jemenitischen Botschaft, um ein Visum zu bekommen. Vielleicht noch eine Übernachtung, und schließlich müsste ich auch die Flugkosten aufbringen.

Der Chef meiner Belagerer am Flughafen wiegt sein Haupt und gibt mir vertraulich zu verstehen, dass er wegschauen könne. Ich müsse allerdings vierhundert Dollar bezahlen. Was ich natürlich keine Sekunde überlege. So bekomme ich meinen Stempel in den Pass, winke mit wackeligen Beinen der fröhlichen Männerrunde noch einmal zu, die sich mein Bakschisch erst einmal teilt und mit einem ganzen Brathuhn den Erfolg feiert, stürme durch die Glastüre ins Freie, blinzele mit meinem Gepäck in die gelben, abgeernteten Felder von Rawdah rundum, steige in ein Taxi und schicke tausend Dankgebete zu Allah.

Äthiopien hat es anscheinend in sich. Bei meiner vorletzten Einreise bekomme ich am Schalter in Addis Abeba Probleme mit einem korrupten Passkontrolleur. In meiner Passnummer befindet sich eine Null. Diese wurde bei der Vergabe des Visums als Großbuchstabe O gesehen und auch so geschrieben. Der Kerl am Schalter dreht und wendet mein Visum ewig lange hin und her und sagt dann, dass ich keinen Stempel bekommen könne. Das O hätte eine 0 sein müssen. Er brauche hundert Euro, dann könne er mir helfen. So blättere ich ihm den Schein wütend hin. Er verschwindet irgendwo, lässt mich lange warten, kommt dann grinsend zurück und gibt mir den Weg frei.

Im Jahr darauf gehe ich anders an die Sache heran. Besorge mir das Visum aufs Handy. Ich warte, bis sich die Schlange am roten Teppich aufgelöst hat, stürme an den Schalter mit gezücktem Pass, bitte den Passmann um Durchlass zur Immigration, sage, dass ich dort mein Visum auf dem Handy geöffnet bekommen muss, weil ich das selbst nicht kann. Ich hatte mir gemerkt, in welcher Richtung der Typ vom Vorjahr hingelaufen war. Witsche um die Ecke mit „Ich bin gleich zurück!". Und da ist auch schon das richtige Büro. Ich hinein und bitte gleich um Hilfe. Ich zeige der sehr netten Frau meine Bestätigung für mein Visum auf dem Handy. Sie lädt mir das richtige Dokument herunter, geht mit mir zurück zum VIP-Schalter und weist den Passmann ziemlich rüde an, mir endlich den Stempel zu geben.

Probleme mit dem Visum bekomme ich noch ein viertes Mal. Ohne Gelbfieberimpfung darf man nicht nach Kamerun. Man bekommt sein Visum erst in Verbindung mit diesem Nachweis. Geimpft beim Gesundheitsamt und dort abgestempelt, habe ich nach ein paar Tagen mein Einreisevisum vom Konsulat bekommen. Beim Kofferpacken und Zusammenstellen von Geld, Pass und Visum nickte ich zufrieden. Alles habe ich beisammen. Von Frankfurt bringt mich ein Nachtflug nach Zentralafrika, nach Yaoundé, der Hauptstadt Kameruns. Problemlos geht es gleich zur Passkontrolle. Dort lege ich meinen Pass und das Visum hin. Der Beamte schaut mich fragend an und will meinen Impfpass. Ohne den kann er mich nicht ins Land lassen. Mir fällt der Unterkiefer herunter. Dachte in Deutschland schlau, dass ich den Impfpass nicht brauche. Ich bekomme das Visum doch nur, wenn ich meine Gelbfieberimpfung nachweisen kann. Aber ganz so schlau war das denn doch nicht. Ich versuche, diese meine Schlussfolgerung dem Beamten zu erklären.

Er schüttelt den Kopf. Da sehe ich auf dem auf Deutsch geschriebenen Beilageblatt des Visums oben bei einer Werbung einen gelben Punkt. Darauf deute ich, klopfe mit dem Zeigefinger heftig darauf und behaupte, dass dies mein Nachweis für die Impfung sei. Yellow Fever – Yellow Point. Und tatsächlich bekomme ich so meinen Einreisestempel.

Wir Beide

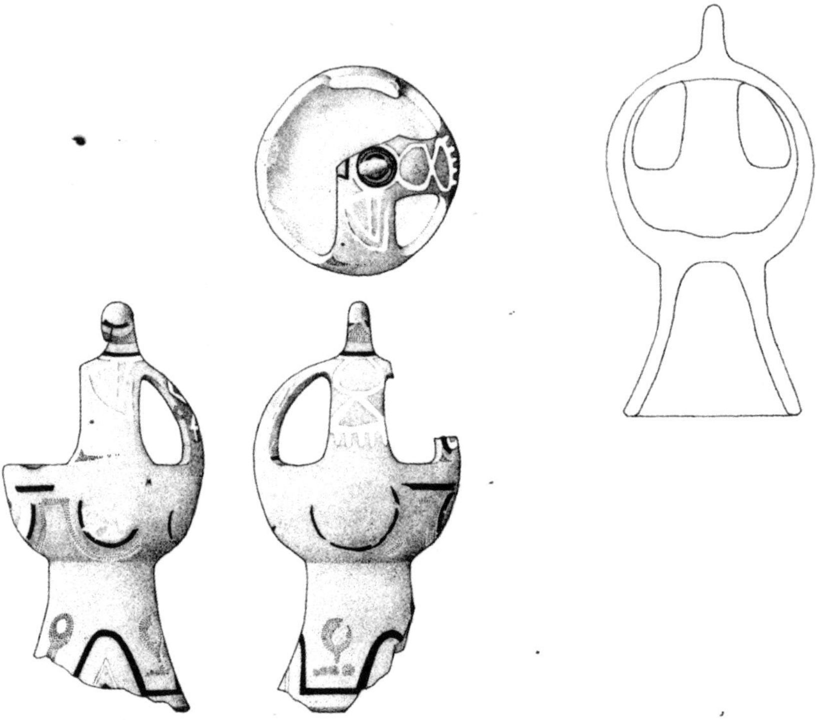

Archäologische Zeichnung eines Räuchergefäßes

RÄUCHERN

Einräuchern, ausräuchern, beräuchern: Dazu gehören Feuer und Rauch. Beim Einräuchern kann es des Guten viel zu viel gewesen sein. Beim Ausräuchern braucht man dagegen wieder viel, denn Diebe oder ihre Höhlen oder gar der Beelzebub müssen gründlich bedacht werden. Damit es wirkt. Beräuchern kann man Dinge oder Personen, Götter gar. Und zu allem ist Weihrauch nötig.

Sofort denkt man an Arabien und an die Weihrauchstraße. Man denkt an die Römer, denkt auch an China und an die Ureinwohner Nordamerikas. Weniger ist im Bewusstsein, dass vor allem die Kelten und später auch die Germanen räucherten. Ihr Räucherwerk bestand aus harzreichen Hölzern und Wurzeln und aus Kräutern. Erst die Römer kommen durch die Weihrauchstraße in den Genuss der orientalischen Wohlgerüche. Zuvor mussten aber unsere Nutztiere domestiziert werden. Im elften Jahrtausend vor unserer Zeit beginnt dieser Prozess. Doch erst im achten Jahrtausend vor unserer Zeit wird das Kamel, und dazu gehört auch das einhöckerige Dromedar, von Menschen gezähmt. Dieses camelus dromedarius ist in Arabien daheim, während sein Zwillingsbruder mit den beiden Höckern mehr im östlichen Asien seine Heimat hat. Mit der Besonderheit, hundertfünfzig Liter Wasser auf einmal trinken zu können, kommt das Arabische Kamel tagelang damit aus, ohne zu verdursten. Die Genügsamkeit der Tiere ermöglicht die Einrichtung von Handelswegen durch die Wüste. So entstand die Weihrauchstraße.

Kamelkarawanen ziehen also durch die arabischen Wüsten. Große und schwere Lasten tragen diese Wüstenschiffe über Hunderte von Kilometern. Auf ihnen werden hauptsächlich Gewürze, Edelsteine und eben Weihrauch transportiert. Teilweise kommen die teuren Waren bereits aus Indien, der Weihrauch aber aus Dhofar, dem heutigen Oman. Die arabische und auch die römische Welt wird nach dem Duft süchtig. Das begehrte Harz wird aber auch für medizinische Zwecke verwendet, in der orientalischen Medizin bis heute.

Und man desinfiziert immer noch mit dem Rauch des verglühenden Harzes Räume und Kleider von Ungeziefer und lässt sie duften.

Räucherwerk als Zeremonie wird verwendet, um Götter und Göttinnen zu huldigen. Als Bittopfer, als Dankopfer, als Sühneopfer wabert und kräuselt sich der Rauch aus allen Tempeln. Sowohl die getrockneten Weihrauchharzgranulate als auch die Räucherhölzer sind sehr teuer. Die kostbarsten Hölzer aus Wurzeln, Oud genannt, können stückweise oder geraspelt mit weiteren Duftstoffen, verglüht werden. Vor allem im Jemen gehört das Räuchern zum täglichen Leben. Beginnt ein neuer Tag, dann wird auf Straßen und Wegen von Dienstleistern Holzkohle in Schalen zum Glühen gebracht. Dann kommen die Hausfrauen oder deren Kinder und kaufen für ein, zwei Cent die von ihnen gewünschte Menge in alten Blechdosen mit angelötetem Blechhenkel. Zurück in der Wohnung, werden mit einem Zänglein zwei, drei Kohlestückchen in den Weihrauchbrenner gelegt und oben darauf die gewünschte Menge Weihrauch. Ist die Sonne über dem Horizont erschienen, zieht bereits aus allen Fenstern der Lehmhäuser der wunderbare Duft. Es gibt sogar Gestelle aus gebogenen Ruten, hübsch mit farbigem Bast umwickelt, in die so ein Räuchergefäß gestellt wird. Über den Korb werden Frauenkleider gehängt. So versengen sie nicht und nehmen den Weihrauchduft an, der einen ganzen Tag anhält. Ein guter Geruch ist dort auch für Männer ein Gebot. Schon längst werden aus den Ingredienzien fürs Räuchern Parfüme hergestellt. Am teuersten ist das destillierte ätherische Öl aus den Oud-Hölzern. Von der allerbesten Qualität kostet davon ein Kilogramm Holz bis zu 250.000 Euro. Von den für Normalsterbliche gerade noch bezahlbaren Parfüms der Firma Ajmal aus den Emiraten behalten Körper und Kleidung die Duftstoffe eine ganze Woche.

In keltischen und germanischen Landen bestehen die duftenden Rauchschwaden aus Kräutern, Hölzern und Gewürzen. Vielleicht sind Schamanen für das Sammeln zuständig. Vielleicht haben sie auch die Oberhoheit über das Feuer. Sicher ist eines: Die

Räuchert-Tradition unserer Vorfahren hat sich bis heute erhalten. An Weihnachten und in den Raunächten bis Dreikönig werden in ländlichen Gegenden immer noch die Kuhställe ausgeräuchert. Das Vieh soll gesund bleiben. Glück soll auf dem Hof liegen und auf allem, was oder wer damit zu tun hat. Es gibt dafür eigene Räucherpfannen für den Stall. Entsteht ein Anbau am Stall, in der Tenne oder am Wohngebäude, so wird nach der Fertigstellung ebenfalls gründlich ausgeräuchert. Alles Böse soll damit vertrieben werden.

Die Katholische Kirche räuchert während der Gottesdienst-Zeremonien. Der „Kirchenweihrauch" besteht aus dem Granulat vom Weihrauchbusch, vermischt mit Styrax und Gewürzen, wie Anis und Fenchel. Ihren großen jährlichen Auftritt haben die Ministranten am Dreikönigstag. Sie schlüpfen in die Gewänder der orientalischen Könige Kaspar, Melchior und Balthasar aus dem Morgenland. Es sind die *Sternsinger*. Sie ziehen von Haus zu Haus, einer davon schwenkt den Weihrauchkessel. Durch das Luftfächeln glüht die Holzkohle auf und der Weihrauch verdampft. Ein anderer trägt einen Stab mit einem Stern darauf. Das erinnert an den Stern von Bethlehem, der die drei Könige bis nach Bethlehem führte. Der dritte König hat einen Kreidestift. Über den Türstock eines jeden Hauses schreibt er damit das Symbol für die drei Weisen: K-M-B und dann die Jahreszahl. Damit soll Gottes Segen ein ganzes Jahr auf die Bewohner dieses Hauses scheinen. Es werden Sprüchlein gesagt, wie: *Ich, der Schwarze, bin fürwahr: der Mohrenkönig Balthasar.* Die *Sternsinger* sollen bei ihrem Gang von Haus zu Haus auch singen. Inzwischen kommen die Töne aus den Gewändern der himmlischen Gesandten. Wie in Zukunft der *Mohr* wohl eingedeutscht wird? Jedenfalls darf der Balthasar inzwischen nur noch ein echter Schwarzer sein. Angemalt ist verboten. All dessen ungeachtet, schielen die drei Stellvertreter der Heiligen an jeder Haustüre auf Leckereien, die dann auch reichlich geschenkt werden.

Die schönste Räucherzeremonie auf westlichem Boden gibt es in der Kathedrale in Santiago de Compostela zu sehen. Das Weihrauchfass wird von sechs bis acht Spezialisten durch das Längsschiff zum

Schwingen gebracht. Dabei berührt es fast die zwanzig Meter hohe Tonnendecke des Kirchengewölbes. Das Fass heißt Bota Fumeiro, ist eineinhalb Meter hoch und wiegt an die sechzig Kilogramm. Es erreicht eine Geschwindigkeit von achtungsechzig Kilometern in der Stunde. Der Weihrauch verglüht dabei in riesigen Schwaden, die sich wie dicker Nebel im gesamten Kirchenraum ausbreiten. Die Kathedrale wurde im achten Jahrhundert auf den Gebeinen des Heiligen Jakobs erbaut. Santiago de Compostela entwickelte sich mit Rom und Jerusalem zu einem der größten Wallfahrtsorte der Christenheit. Das berühmte Räucherfass der Kathedrale hatte ursprünglich den Zweck, die mitgebrachten Ungeziefer der Pilger zu eliminieren. Heute ist es eine Touristenattraktion geworden.

Freundin Stefanie ist Architektin. Da zählt in erster Linie das Winkelmaß. Innerhalb und außerhalb dieser Grenzen sind Visionen aber zugelassen. Und solche Höhenflüge erreicht Stefanie mit einem Räuchergefäß. Mit einem mit Ketten daran zum Schwenken. Allein, wenn sie davon erzählt, leuchten ihre Augen. Erzählt mit weit ausgebreiteten Armen. Beschreibt begeistert ihre jährlichen Räuchereinsätze. Sie wächst im ländlichen Raum in Bayern auf. Ihr Vater hatte beruflich mit der Landwirtschaft zu tun, was verschiedene Wohnsitze in einigen Dörfern mit sich brachte. So lernt Stefanie schon in ihrer Kindheit die bayrische Seele kennen und lieben. Die Bräuche und Gebräuche gehen ihr ins Blut über. Und vor allem das Räuchern. Einerseits ist dies ein frommer katholischer Brauch, andererseits stammt er aus der heidnischen Zeit der Germanengötter.

Schon am Heiligabend rüsten sich manche Bauern, ihre Ställe und ihr Vieh auszuräuchern. Wie jedes Jahr. Kurz vorher ist Wintersonnwend, auch so ein magischer Tag. Und mit dem Heiligen Abend beginnen die Raunächte, wo allerlei Geister in stürmischen Nächten ihr Unwesen treiben. Der Geruch von Weihrauch vertreibt nicht nur Krankheiten, sondern verhindert auch das Verhexen und Verzaubern durch böse Geister. Ausgiebig zischt der verglühende Weihrauch auf den speziellen fast glühenden Pfannen. Der Rauch dringt in jede Ritze der Ställe. Er segnet Kühe, Schweine, Schafe und Ziegen und auch das Federvieh. Sogar die Bauersleut bekommen noch etwas davon ab. Silvester ist auch so ein spezieller Räuchertag, soll er doch keinerlei Ungemach ins neue Jahr hineinkommen lassen. Aber mit Dreikönig, dem letzten Tag des Räucherns mit den Sternsingern, ist dann das größte Räucherfest da. Denn die Könige aus dem Morgenland bringen dem Christkind Weihrauch, Gold und Myrrhe.

Und Stefanie hat ihr eigenes Räucherfass. Sie schwenkt es besonders an diesem Tag mit Begeisterung in den Ställen ihrer Verwandtschaft und Bekanntschaft gegen Pest und Cholera. Ihre Schwester weiß dazu die nötigen Beschwörungsformeln und deklamiert sie theatralisch. Sie gehören ebenso zur Zeremonie. Stefanies Mann Bernd ist der Dritte im Bunde der Beschwörer. Er ist ein Architekt mit künstlerischen Höhenflügen. Seine Aufgabe ist es, oben an die Haustüren der Höfe das Kaspar-Melchior-Balthasar-Symbol zu schreiben. Und mit weißer Kreide muss das gemacht werden. Sonst hilft es nicht. Wenn der Teufel weiße Kreide isst, kann er seine Stimme so verstellen, dass man seinen Einflüsterungen erliegt – und dabei auch noch glaubt, etwas Gutes zu tun. Aber wenn auf die oberen Türrahmen der Haustüren das Symbol mit weißer Kreide geschrieben steht, dann hat der leibhaftige Gottseibeiuns keinen Zutritt mehr. Fluchtartig verschwindet er in sein dunkles Reich.

Hat das Sternsinger-Räucher-Trio seine Beschwörungen geräuchert, besprochen und geschrieben, dann sind die jeweiligen Riten erfüllt. Dann ist von jedem der beräucherten Bauern ein Schnaps fällig. Für jeden. Und wenn da aus fünf Höfen oder mehr die bösen Geister ausgetrieben sind, dann waren diese vor dem Trio schon von selbst geflohen.

Und genau das ist Stefanies Onkel passiert. Er ist ein Dorfpfarrer. An Dreikönig obwaltet er ebenfalls seines Amtes. Sein ganzer Stolz ist sein eigenes, antikes, silbernes Räuchergefäß zum Schwenken. Damit dampft er jedes Jahr viele Ställe und Häuser ein und aus. Der Winter lässt auch diesmal den Schnee unter den Schuhen knirschen, und da sind die Schnäpsle sehr willkommen. Sie tun ihm zu gut. Er lässt seinen Pfarrhof Pfarrhof sein und legt sich nach den ausgiebigen Räucherstunden mit dem nötigen Segenstrank einfach beim letzten Bauern aufs Sofa im Stüble. Er schläft bis in den nächsten Mittag hinein seinen Rausch aus. Und als er mit noch etwas Restalkohol im Blut und einer kleinen Rauchvergiftung sein Weihrauchgefäß sucht, findet er es nicht mehr. Und es bleibt auf Nimmerwiedersehen verschwunden …

Das Räuchern hat im Orient keinen religiösen Hintergrund. Es ist kulturell verankert. Sehr wohl aber werden damit Geister vertrieben oder in Schach gehalten. Sogar fromme Muslime neigen dazu, an die Existenz von Geistern zu glauben. Für manche sind diese sogar eine unbestrittene Realität. Da gibt es die bösen Geister und die guten, die Engel. Gabriel ist der wichtigste. Er war für Mohamed, den Religionsstifter und höchsten Propheten, der Überbringer von Allahs Botschaft. Die Dschinn sind Dämonen. Meist haben sie mit den Menschen nichts Gutes vor. Beide werden in der islamischen Offenbarung häufig erwähnt. Vor allem aber der Teufel selbst.

So hat das Räuchern als Zeremonie nun versteckt doch etwas mit dem Glauben zu tun. Wenn bei Frauen ein Kinderwunsch besteht, dann lüften sie ihre Röcke über ein Räuchergefäß und wedeln den Rauch darunter. Sicherlich wird dabei Allah als Helfer angerufen. Die bittere Verwandte von den Weihrauch-Extrakten ist die Myrrhe. „Murr" heiß auf arabisch bitter. Und diese nicht so gut riechenden Granulate werden verräuchert, um Krankheiten zu heilen. In der traditionellen arabischen Medizin gehört dieser Aspekt dazu. Und wieder wird dabei Allah angerufen.

Ich bin von einer jemenitischen Familie adoptiert. Als Tochter, Schwester, Tante, Schwägerin, Cousine und Cousin und so weiter. Sie alle leben in Aden am Indischen Ozean. Ich baute dort ein Haus. Und als es fertig ist, bereitet mir meine Familie ein Fest. Es soll in meinem Garten stattfinden. Die ganze Großfamilie erscheint schon früh am Morgen. Die Männer bringen eine besonders ausgesuchte Ziege mit. Das Oberhaupt der Familie ist Souhail. Er ist ein Sheikh. Der oberste, ein Sheikh El Thaman. Gewählt von den Abgeordneten, eingesetzt vom Sultan. Das heißt, ein Mann mit besonderen Fähigkeiten und mit besonderen Privilegien. Er spricht Recht, anerkannt bei Gericht. Er und seine Leibwächter werden von der Regierung bezahlt.

Und er übernimmt nun das Töten des Tieres. Es ist für mich eine besondere Ehre. Souhail geht vorher in die Moschee zum Beten. Dann übernimmt er das Schlachttier. Es wird gestreichelt. Ihm und Allah wird gedankt für seinen Beitrag für unser Wohlbefinden. Nun liegt es auf der Erde, die Vorder- und Hinterbeine jeweils mit einem Strick gebunden. Souhail geht in die Hocke, spricht ein Gebet und mit einem raschen Schnitt seines sehr scharfen Messers hat er dem Tier die Kehle durchgeschnitten. Das Blut fließt stoßweise in einem dicken Strahl. Die Beine zappeln. Die Ziege ist augenblicklich bewusstlos und nach ein paar Minuten ausgeblutet. Sie liegt ruhig da. Nun kommen die jungen Männer an die Reihe. Sie hängen das Tier an einen Haken und nehmen es aus. Sachgerecht wird es auch gleich in handliche Stücke geteilt.

Nun ist aber der Teil des Tages gekommen, wo Souhail das Blut der Ziege auf alle Türschwellen streicht, die ins Haus führen. Der Opfertod der Ziege soll mit ihrem Blut alles Böse fernhalten. Dabei spricht Souhail wieder Gebete. Nun kann man wohlbehalten das Haus betreten. Und Großmutter, die Giddah, hat ihren großen Auftritt. Sie hält ein großes Räuchergefäß in ihren Armen. Glühende Holzkohle zirrt und knackt, und darauf legt Souhail nun ein teures Stück Oud-Holz. Dieses kokelt sofort an und in langen Rauchfäden steigt der wunderbare Harzduft in die Luft. Giddah geht langsam und gemessen von Zimmer zu Zimmer, von Raum zu Raum. Geht in jede Ecke. Schwenkt den schweren Topf. Die ganze Großfamilie geht mit mir hinter Giddah her. Sie hält immer wieder inne und murmelt Anrufungen an Allah. Ich werde mit dem Rauchanwedeln besonders bedacht. Dann ist es aber gut, und fröhlich versammeln wir uns mit Kind und Kegel im Garten. Der Grillmeister ist wieder Souhail, assistiert von Amin und Saleh Hussein. In großer Runde sitzen wir auf Teppichen am Boden.

Auf großen Platten ist der Reis angerichtet. Er ist mit Rosinen, Nelken und Kardamom angereichert. Und darauf liegen nun die fertig gegrillten Fleischstücke. Das Oberhaupt Souhail reicht mir mit den Händen eines der schönsten Stücke. Damit ist das Essen eröffnet. In kurzer Zeit ist alles vertilgt, einschließlich eines Nachtischs. Bei einsetzender Dunkelheit und dem aufsteigenden Mond klingt das Fest langsam aus.

Und ganz zum Schluss verrate ich noch etwas: Es gibt ganz in meiner Nähe einen Räuchermeister, der mich schon in jungen Jahren mit diesem glücksbringenden Zauberrauch beräucherte. Es gibt ihn immer noch.

Beatrice-Family

WIE EIN MÄRCHEN

Ein sintflutartiger Regen erfüllt die Luft und lässt ihr selbst fast keinen Raum. Noch ein bisschen mehr, und ich schwimme durch den Garten. Die Zypressen umarmen sich gegenseitig und tanzen regenschwarz und wild zu den Windstößen einen Reigen. Obwohl mir das Meer zu Füßen liegt, scheint der Horizont im Himmel verschwunden zu sein.

Odysseus hat sich genau hier in der Bucht an den Strand gerettet und findet mit dem stürmischsten der acht Winde nicht mehr zurück. Das Mare Nostrum schäumt auch heute und würde ihn wieder verschlucken.

Ich sitze mit meiner Patenfamilie zusammen. Sava und Ambrosius wettstreiten in Erzählungen über die Bucht von Trapani, die dem griechischen Helden fast zum Verhängnis wurde. Sie philosophieren über den Unterschied von Flanieren, Schlendern und Spazierengehen. Sie kabbeln sich über die Strophen und den Rhythmus von Haikus, erörtern Ambrosius Lateinarbeit, besprechen Savas Text über Boccaccios Dekamerone, knuddeln die Katze Hilma, erzählen etwas übers Brotbacken und dass man es hier meterweise kaufen kann, sinnieren über die guten Seiten vom Auswendiglernen, streiten sich mit einem der jüngeren Brüder, kurz, sie sind die Lebendigkeit und Klugheit in Person.

Ambrosius ist fünfzehn, Sava sechzehn Jahre alt. Beide sind hochbegabt und haben schon zwei Klassen übersprungen. Sava hat sogar jene Prüfung bestanden, die ihm erlaubt, an allen Unis der Welt zu studieren. Nur an zwei europäischen Orten kann man sie ablegen: In Genf und in Budapest. Ununterbrochen befragen beide die Welt nach Sinn und Zusammenhang. Speichern Wissen über physikalische Gesetze und geistige Verbindungen von Poesie, Philosophie, Filmkunst und der neuesten Eurovisionssendung.

Innocent besteht nur aus Fragen und erzähltem Wissen. Über all die Antworten, die er ununterbrochen bekommt, sucht er sofort Querverbindungen. Er ist an Pferdestärken, an Eseln und an Mulis interessiert. Will wissen, wie das spezielle Metall heißt, das für Batterien eine so wichtige Rolle spielt und in China große Vorkommen hat. Dabei fällt ihm, dem Achtjährigen, das dort ausgegrabene Soldatenheer ein, will wissen, ob es bei den Indianern auch Sklaven gab und schwenkt zurück in den Orient mit der Frage, ob es im Innern der Sphinx Gräber gibt. Er hat dort eine Türe gesehen. Er will wie Hermes sein mit all seinen Flügeln.

Ludovica träumt, einmal Archäologin zu werden. Ich erzähle ihr von der Abgeschiedenheit der Osterinsel, von Rapa Nui. Erzähle von dem vulkanischen Gipfel Mont Terevaka, der sich 507 Meter über den Meeresspiegel erhebt und 3.000 Meter senkrecht zum Meeresgrund abfällt, ohne Korallenriffe zu bilden. Erzähle von den Tausenden von Seemeilen zu den nächsten Landbewohnern. Ludovika fragt, von woher die Ureinwohner gekommen sind. Ich erzähle weiter vom Abholzen der riesigen Palmenwälder. Sie fragt, ob die nicht wieder aufgeforstet werden. Ich erzähle von der Muschelhaufenkultur am Indischen Ozean westlich von Aden. Die dreißig Meter hohen Hügel bestehen aus angewehtem Sand und Jakobsmuschelschalen. Ludovika fragt weiter, ob die Steinzeitfischer nicht auch Fische gegessen hätten. Sie ist zehn Jahre alt und setzt sich ihr Weltbild auch aus ununterbrochen bekommenden Antworten zusammen. Die griechischen Götter mit all ihren Eigenschaften kennt sie auswendig und die nordischen dazu. Ludovika weiß schon von der Unvollkommenheit in der Welt. Sie betrachtet alles in Ruhe und mit Gründlichkeit. Ihr reiches Innenleben entsteht in ihr selbst, wo sie Rückzug und Kreativität findet. Manchmal tanzt sie verhalten Ballettfiguren, sehr zart und elfenhaft.

Der fünfjährige Cyrillo ist ein Schlitzohr. Kleine Ansätze zum Tyrannen erstickt Mama Beatrice im Keim. Sie ist eine Cyrillo-Flüsterin – kann sein Ungestüm in Charme verwandeln. Sie ist das geistige Herdfeuer der Familie. Zusammen mit Vater Trevor schufen sie fünf Kinder, denen es nie langweilig ist, die nie quengeln. Streiten, ja und sich laut anfauchen. So können auch mal die Fetzen fliegen. Aber quengeln, nein. Wenn nicht über Gott und die Welt diskutiert wird, hat jeder ein Buch in der Hand. Sie mäkeln nicht am Essen herum. Was auf den Tisch kommt, verschwindet im Flug in hungrigen Mägen. Im Restaurant sind alle in die Gespräche eingebunden, wenn Innocent nicht gerade sein Erzähl-Potpourri aufgelegt hat. Vorgestern ging es beim Abendessen um Cheerleader, mehr ein Thema für die älteren Geschwister und für uns Erwachsene. Wir finden das gehüpfte Getue einfach albern. Aber im Laufe des Gesprächs kommen wir auf Grundsätzlicheres: Hier wird Sex eingesetzt, um sich Stipendien zu ergattern. Als Gedankenspiel erklärt Beatrice leidenschaftlich: Wenn Ludovica eine Cheerleaderin werden wolle, wäre sie darüber entsetzt. Solch behindertes Weibchenverhalten findet hier aber sowieso keinen Boden, um Wurzeln zu schlagen.

Gestern führt uns Don Libro zwei Stunden durch seine mit Liebe und Geduld restaurierte Kirche San Rocco mit integrierten Räumen für Kunst. Anschließend sitzen wir noch eine weitere Stunde zusammen und erörtern, ob meine Kunst hierher passen könne. Ohne Murren begleiten uns auch die drei Kleinen und schlafen bei der Besprechung auf einem Sofa einfach ein. Die beiden Großen beteiligen sich lebhaft und interessiert am Gespräch. Unglaublich.

Trevor, immer Gentleman. Seine Geduld ist für ihn charakteristisch. Er hält auf seine Weise ebenfalls die Familie zusammen. Fraglos kauft er ein, kocht und spült, wenn es nottut, und trotzdem gelingt es ihm, seine spirituelle Seite nicht zu vernachlässigen. Als Paar ergänzen sich die beiden Liebenden mit abwechselnd stärkeren Gewichten. Wie bei einer Waage ist eine Seite einmal höher und einmal tiefer. Ihre Werte und Prinzipien werden den Kindern von klein auf vermittelt. Ein „Wie betrachte ich die Welt?“, ein „Was will ich von der Welt?“, „Was ist gut, was schlecht?“, und immer wieder „Warum?“, das sind die Grundlagen ihrer Erziehung.

Woher nehmen alle die Kraft füreinander? Ja, sie sind religiös. Das erdet sie. Das macht sie demütig. Das macht sie dankbar. Sie sind neugierig und schaffen auf diese Weise fünf neugierige Kinder. Sie sprechen mehrere Sprachen. Die kleineren Kinder schon drei, die größeren wohl vier und Beatrice sechs oder gar sieben. Trevor ist der Meister in den verschiedenen Grammatiken. Sie lebten kürzer und länger in Deutschland, Österreich, Schweden, Finnland, Spanien, Italien, Israel und in den USA, Trevors Heimatland. Und immer ist die ganze Familie zusammen. Zu jedem Vortrag reisen sie alle gemeinsam. Jeden Lehrauftrag verbringen sie zusammen in der entsprechenden Stadt im entsprechenden Land. Beatrice ist Philosophin, am stärksten im kulturphilosophischen Bereich zu Hause. Bei ihrer Habilitations-Verteidigung ist Cyrillo als Säugling auch mit dabei. Beim Ansatz eines Weinens gibt sie ihm unbeirrt etwas zu trinken und fährt mit ihrem Vortrag fort.

Trevor ist Jurist und Philosoph. Er ist der Kopf der Familie. Er weiß, wie die Gerichtsbarkeit in unseren Demokratien die Gesetze „absucht“, bis sie für schwierig durchzusetzende Vorhaben regierungstreu passen. Dann kann sogar Unsinniges problemlos verabschiedet werden. Trevor hat ein feines Gespür für Ungerechtigkeiten. Er arbeitete länger in den Emiraten. Hat inzwischen den Doktortitel für Philosophie und eine Professur für Jura in Oklahoma. Was die Familie in eine große Zwickmühle versetzt. Wo soll der nächste Lebensmittelpunkt sein? Wahrscheinlich lässt sich keine befriedigende Lösung für alle finden. Vielleicht wird es Trapani auf Sizilien. Wo uns derzeit der Wind forttragen will.

Der Venus-Göttin unweit oben auf Erice würde es gefallen, wenn sich diese Familie unter ihren Schutz stellen würde. Sie thront auf ihrem Berg seit mehr als zweitausend Jahren. Manchmal besucht sie ihren Liebsten. Aber wenn sie zu Hause ist, verkünden dies ihre Wolken ums Haupt. Heute hüllt sie sich sogar in ihren Regenschleier bis zum Fuße von Valderice hinunter.

Beatrice kann in ihre Gedanken verwoben sein, kann Mythen erzählen, kann die Hausaufgaben erklären, kann sich tanzend durchs Zimmer drehen, kann schnell mal ein Mittagessen kochen, kann Schmeicheleien ins Ohr flüstern, kann böse werden, wenn ein Kinderstreit in Handgreiflichkeiten ausarten will, sehr böse. Sie ist sehr emotional. Ihre Tentakel fühlen seismisch in alle Kinderherzen und auch in Trevors.

Einer Eingebung folgend, erzählt mir Beatrice, wie sie und Trevor sich kennengelernt haben: Bei einer kirchlichen Tagung in Salzburg finden sie sich sympathisch und verabreden sich zu einer Tasse Kaffee. Im Laufe des Gesprächs fragt Trevor, ob Beatrice Vegetarierin sei. Vom moralischen Getue des so guten Teils der Menschheit abgestoßen, wallt in ihr ein Zorn hoch, sie springt auf und ruft wild und leidenschaftlich, dass sie, um sich Fleisch zu beschaffen, zur Mänade werde, sich ein Leopardenfell umhänge und einen Hirsch anfalle. Sie schlitze ihm mit ihrem Messer die Brust auf, reiße ihm das Herz heraus und verschlinge es. Und Trevor? Ein Blitz fährt ihm glasklar ins Herz: Sie ist es. Nur sie.

Und so kam es auch.

Wenigstens drei Sprachen flirren immer durch die Luft. Ein junger Hund, genannt Charles Darwin, mischt als Wirbelwind die Familienmitglieder zudem tüchtig auf. Aber am schönsten ist es, wenn sich alle auf einem der Sofas zusammenkuscheln. Wer müde ist, schläft dabei einfach ein. Und wer klein ist, wird später ins Bett getragen. Und in der Nacht fliegen dann alle den eigenen Träumen nach, die im Grunde genommen denselben Ursprung haben: Unsere Familie ist unsere Behausung, unser Schutz und unsere Quelle.

Das Mare Nostrum zeigt sich mir von seiner stürmischen Seite. Odysseus irrt weiter an fremden Küsten. Ich wäre gerne geblieben. Aber Beatrice und all ihre Liebsten folgen den Stürmen des Lebens.

WUNDERKAMMER – ABSPANN

Wenn Fürsten mit ihrem Herrschaftswissen vor dem einfachen Volk prahlen wollten, dann sammelten sie Raritäten und Kuriositäten und zeigten ihre Schätze in Kabinetten. Man kann sie auch Kunstkammern oder Wunderkammern nennen. Die Betrachter staunten über das Sammelsurium von Goldschmiedearbeiten und Narwalzähnen, von Spielautomaten, Himmelsgloben, Elfenbeinschnitzereien und ausgestopften Affen. Sie staunten über große Mördermuscheln, Totenköpfe, chirurgische Instrumente, Schmuck, Straußenfedern, Uhren und Bergkristallen. Ostasiatisches Porzellan, seltene Gläser, Korallengebilde und Gorgonien mischten sich mit Seeigeln, Schlangenhäuten und Schildkrötenpanzern. Figuren aus der Mythen- und Sagenwelt erzählten ihre Geschichten. Versteinerungen, Perlmutt, Kreuze und Frösche lugten aus den Vitrinen.

In der Spätrenaissance und im Barock entstehen die Sammlungen ohne wissenschaftlichen Anspruch. Naturwissenschaft mischt sich mit Handwerkskunst, Artefakte mit antiker Sagenwelt. Von einem Zeitalter des Staunens wird gesprochen. Objekte aus fremden Welten und wundersame Dinge der Entdeckungsfahrten des fünfzehnten bis siebzehnten Jahrhunderts wecken die Neugierde, das Interesse am Sichwundern, am Bestaunen der Wunder. Aus diesen Sammlungen sind unsere heutigen Museen hervorgegangen. Sie sind sogar die Vorstufen unserer Warenhauskataloge.

In *meiner* Wunderkammer entfalten sich Geschichten von Menschen. Von meiner Familie, von Freundinnen und Freunden – und von mir selbst. Sie umspannen mein ganzes Leben. Ich sammelte alltägliche und nicht alltägliche Begebenheiten. Ich schenke sie an alle, die gerne staunen, lachen, schmunzeln und auch mal eine Träne der Anteilnahme vergießen.

Meine Geschichten beginnen mit der Widmung meiner Wunderkammer für meine liebe Schwiegertochter Marion. Ich bewundere ihre Klugheit und Kraft, die Geschicke ihrer und somit auch meiner Familie zu leiten. Sie weiß von Freude und Liebe, von Sorge und Pflicht, von Halten und Loslassen. Sie ist das Herz für Roman und für ihre Kinder Alina, Jonas, Yannick und Jerome, – mein Sohn und meine Enkel. Ich weiß sie bei ihr gut aufgehoben.

Meine eigene Geschichte beginnt hier in meiner Wunderkammer mit dem Wunsch, Naturforscherin zu werden. Da hatte ich die Vorstellung von Savanne und Würgeschlange und Schmetterlingsnetz. Dieses setzte ich dann tatsächlich einmal für den Entwurf eines Plakats für einen Allgäuer Burgenverein ein: Ein müder Ritter kommt auf seinem Pferd schwer mit Schätzen beladen aus dem Orient zurück. Sein Schwert hängt noch müder an seiner Seite. Aber in der Hand hält er ein Schmetterlingsnetz hoch. Entrüstet wurde der Entwurf abgelehnt: „Was, unser Ritter? Mit einem Schmetterlingsnetz?“ Meine Geschichten sind vielleicht mit solch einem Netz eingefangen. Eine Naturforscherin wurde ich trotzdem nicht. Aber, wie schon anfangs erwähnt – die Natur erforschte mich. Ich war der Liebling der jemenitischen Flöhe, der syrischen, der türkischen, der aller arabischen Länder und auch der äthiopischen. Bei einer Ausgrabungskampagne auf dem über 3.000 Meter hohen Dschebal Al Awd saugten sie mich fast völlig aus. So lasse ich jetzt meine Geschichten mit dem Vergleich enden, dass ich auszog, das Fürchten zu lernen. Aber wirklich gefürchtet habe ich letztlich nur eines: die Flöhe, die Bettwanzen und ähnliche Plagegeister.

Wird es in einem Ameisenstaat zu eng, dann wachsen der jungen Brut Flügel. Sie wird flügge. In Schwärmen beginnt der Hochzeitsflug. Er dauert nur mehrere Stunden. Dann lässt sich die Königin an einem geeigneten Ort nieder, und sie und alle Weibchen und Männchen verlieren ihre Flügel. Nie mehr können sie sich zu Höhenflügen aufschwingen. Das Erdendasein mit Begatten, Nachwuchs bekommen, Arbeiten, den Staat bewehren beginnt. Fast so wie im menschlichen Leben.

Ein fliegender Staat auf Ortssuche kann auch mal in menschlichen Behausungen einen Zwischenstopp einlegen. Etwas beunruhigend, wenn Tausende von diesen geflügelten Insekten das offene Fenster belagern. In den Tropen kann sich solch ein Schwarm eines ganzen Zimmers bemächtigen. Immerhin beherbergt ein Ameisenstaat zwischen zehn bis zwanzig Millionen Individuen. Er hat sich aber nur verirrt und nach einiger Zeit ist die Invasion wieder verschwunden.

Bei Reinhard in Indien war es aber nicht ganz so. Auf einen Schlag ist sein Zimmerfußboden schwarz von einer geflügelten Hochzeitsgesellschaft. Entsetzt entflieht er und ruft um Hilfe. Seine Nachbarn haben es aber nicht besonders eilig. Sie wissen Bescheid. Und siehe da, nach einiger Zeit ist, oh Wunder, der Fußboden nicht mehr schwarz, sondern nur noch dicht mit den Flügeln der Invasion übersät. Die werden zusammengekehrt, und laut unserem Freund Wolferl war das dann der Geflügelsalat des Hauses. Reinhard hingegen glaubt, dass die verschwundenen Körper von anderen Ameisen gefressen wurden. Dass die Entflügelten einfach in diversen Mauerritzen verschwunden waren, um flügellos einen weiteren Staat zu bilden, das will er mir bis heue nicht so recht glauben.

DANK

Und wieder ist ein Buch entstanden. Und wieder danke ich ganz herzlich Helmut Wegenkittl. Mit Freude und Einfühlungsvermögen setzt er die Seiten. Geduldig geht er auf Wünsche ein. So gestaltet er Text und Bild zu einem Kunstwerk. Mein großer Dank gilt auch Volker Toth, dem freundlichen Verleger von Edition Tandem, Salzburg / Wien. Erlesene Bücher lässt er entstehen. Danke, liebe Claudia Weiss. Sie übernahm einfühlsam und gründlich das Lektorat und sorgte für den letzten i-Punkt.

Den vorletzten i-Punkt setzte Georg Meggle und viele, viele andere Zeichen. Sein Rat und seine Tat halfen mir, mit Lust und Freude meine Wunderkammer zu öffnen und zu schließen.

Mein wunderkammerliches Danke

MARIANNE MANDA

ist studierte bildende Künstlerin, Maschinenbauerin, Garten- und Landschaftsgestalterin und erwarb an der Sprengschule Dresden den Erlaubnisschein für spreng- und pyrotechnische Einsätze.

Sie lebte und zeichnete auf archäologischen Ausgrabungen über 40 Jahre in der Türkei, in Syrien, in den Emiraten, in Äthiopien, in Ägypten und davon volle 20 Jahre im Jemen.

Marianne Manda erhielt internationale und nationale Kunstpreise und 2018 den von der Deutsch-Arabischen Gesellschaft (d.a.g.) erstmalig vergebenen Carsten Niebuhr-Preis für besondere Verdienste um den deutsch-arabischen Kulturaustausch.

www.mariannemanda.com

Impressum
Marianne Manda
GESCHICHTEN AUS MEINER WUNDERKAMMER
Lektorat: Claudia Weiss
Buchtitel: „Meine Wunderkammer", Fotoobjekt
Leuchtkasten 140x100x8 cm, Marianne Manda, 2024
(Foto Jérôme Jugel)
Vor- und Nachsatz: „Meine Wunderkammer", Bleistiftzeichnung
HB/B, 140x100 cm, Marianne Manda, 2024
Gestaltung: Helmut Wegenkittl
Druck: Jelgavas Tipogrāfija, Jelgava
ISBN 978-3-903516-12-0

www.edition-tandem.at
Gefördert von Stadt und Land Salzburg,
Bundesministerium Kunst, Kultur, öffentlicher Dienst und Sport

Marianne Manda
Grafik & Aktionen
1978-2018

EDITION TANDEM
ISBN 978-3-902932-83-9

Marianne Manda
Weihrauch, Khat und Pfeffer
Erinnerungen an den Jemen

EDITION TANDEM
ISBN 978-3-904068-04-8

Marianne Manda
Mit Löwen und Göttinnen an den Ufern des Euphrats
Erzählungen

EDITION TANDEM
ISBN 978-3-904068-09-3

Marianne Manda
Der Atem Kairos
Deutsch – Arabisch

EDITION TANDEM
ISBN 978-3-904068-48-2

Trunkener Sommer